AVEC L'IMMIGRATION: MESURER, DÉBATTRE, AGIR

FRANÇOIS HÉRAN

移民とともに——計測・討論・行動するための人口統計学

フランソワ・エラン［著者］
林昌宏［訳者］

白水社

移民とともに——計測・討論・行動するための人口統計学

目次

2 サルコジ後、あるいは彼の負の遺産 097

凡例

＊本書はFrançois Héran, *Avec l'immigration : Mesurer, débattre, agir* (La Découverte, 2017)の全訳である。

＊原則として、原文における引用符《 》は鉤括弧「 」にする。
イタリック体は**太字**で強調する。

＊原註は［1］［2］の形式で行間に示し、
本文は巻末に一括して収録する。

＊訳註は★印で行間に示し、
本文は該当する段落の後ろに収録する。

＊亀甲括弧〔 〕は訳者による補足・説明を表わすために用いる。

日本語版への序文

才能あふれる翻訳家である林昌宏氏の知的好奇心のおかげで、日本の読者が移民問題に関する私の著書を、再び手に取ることができるのを大変光栄に思っている。[1] 私は日本語版の本書が原書のフランス語版を上回る出来栄えになったと確信している。その理由は、著者と訳者との濃密で頻繁なやり取りによって、フランス語版のいくつかの間違いを訂正し、概念や論証を明確にし、フランスで暮らす人にしかわからないだろうほのめかしを日本の読者のためにわかりやすく書き換えたからだ。社会科学の評論の翻訳書を完成させるのに、著者と訳者がこれほど入念に協力するのはきわめて稀《まれ》なことだろう。

しかしながら、私は本書の内容を明確にするためのそうした努力だけによって、フランスと日本という非常に異なる国の間にもち上がるだろう難解さを克服できるとは考えていない。では一体、移民という現象に関してフランスと日本に共通することとは何か。ほとんど何もないと言わざるをえない。経済協力開発機構（ＯＥＣＤ）と国連の専門機関がまとめた二国間の移民データによると、日本の人口の一・八％が移民であり、これは自由諸国では（ポーランドと並んで）最も低く、一二％のフランスとは大違いである。これらの数値が概算だとしても、日本とフランスの違いは著しい。これと似た違いは自国民の移住率にも確認できる。自国民が外国で暮らす割合をみると、フランスは三・五％だが（ドイツはその一・五倍、イギリスはその二倍）、日本はさらに低い〇・八％である。

日本の特異な状況を把握するには比較対象を拡大する必要がある。移民の受け入れと自国民の移住に関して、日本は「先進諸国」（アメリカ、カナダ、ヨーロッパ諸国、オーストラリア、ニュージーランドなど、国連が定める三九ヵ国）において、どのような位置にあるのか。その答えは最下位である。日本は、移民受け入れだけでなく自国民の移住もきわめて少ない唯一の先進国なのだ。先進諸国あるいは自由諸国において、日本人ほど孤立して暮らしている国民はいない。そうした状況に加え、日本の合計特殊出生率は人口置き換え水準を大きく下回っている（人口置き換え水準の二・一人に対し、日本人女性一人当たり子供の数は一・四人）。このように、日本は自己の殻に閉じこもる国という特異なイメージを醸し出す。通常の社会では当たり前の「新入り」という二つの人口カテゴリーに対して門戸が閉ざされようとしているのだ。すなわち、子供と移民である。一方、フランスは、先進諸国のなかでは自国民の移住は少ないが、移民の受け入れでは中位に位置する（三九ヵ国中、一九位）。

世論はこうした状況を正確に把握しているか。本書に記したように、移民に関する世間の討論は内向的になることがあまりにも多い。そうした議論では、国際比較による比率の概念が欠如している。外国の事例が紹介されることがあっても、それは一般的に、表面上あるいは歪められた紹介の仕方によって相手の意見を拒絶するためであり、距離を置いて物事を考えたり、問題に対する自己中心的な見方を相対化したりするためではない。そうであっても、二〇一八年春にピュー研究所が発表した調査は参考になる。一〇ヵ国の先進国と一七ヵ国の途上国で実施したこの調査によると、日本国民の移民問題に関する意見は分断されているという[2]。移民の受け入れを増やすべきか、減らすべきか、あるいは現状の受け入れを維持すべきかを質問したところ、五八％の日本人は現状維持と答えた。これは調査対象の二七ヵ国中、カナダ（五三％）と韓国（五二％）を抜き、最も高い割合である。日本では現状維持を望む人々が多数派だとしても、移民の受け入れを増やすべきと答えた人々の割合は二三％であり、少数派としては高い割合である。この割合が日本よりも大きいのは、スペインとアメリカだけだ。そして三番目の選択肢である移民の受け入れを減らすべきと答えた日本人の割合はたったの一三％であり、これは調査対象国のなかで突出して低い数値だ（二七カ国の中央値は四五％）。この調査からは、日本国民の少数派ながらも多くの人々は、自国の人口に占める移民の割合が非常に低いことをはっきり意識しているとわかる。もっとも、日本国民の多数派はそうした状況に満足しているようだ。

この調査のフランスでの回答の分布は大きく異なる。移民の受け入れを減らすべきは四一％、現状維持は四二％、移民の受け入れを増やすべきはたったの一六％である。だが、これは人口に占める移民の割合が日本のおよそ七倍の国の調査結果である。一般的に、先進国と途上国を対象にするピュー研究所のこの幅広い調査の結果からは、自国の人口に占める移民の実際の割合と、移民人口を修正ないし安定化させたいという願いとの間には、相関関係が見られないことがわかる。その典型がハンガリーだ。

ハンガリー国民の七二％は移民の数を減らしたいと望んでいるが、ハンガリーの人口に占める移民の割合はごくわずかである（五％：先進諸国中、三四位）。似たような傾向としては、四〇年間にわたる共産主義体制を強いられた旧東ドイツ地域で勃発した外国人排斥運動が挙げられる。この地域の人口に占める移民の割合は三％未満でしかない。共産主義のおもな特徴の一つは、戦後の経済復興のために途上国の移民が提供する労働力という助けを求めるのを拒否して自国民を孤立させたことだ。「兄弟国」の移民（ベトナム人）に対して家族呼び寄せを禁じ、彼らを回転させて利用する「一時滞在の労働力」として扱ったのである。世論がポピュリストの演説や自国のアイデンティティの問題に感化されると（ハンガリー首相オルバーン・ヴィクトルは、反体制的なメディアの抑圧に没頭した）、移民の割合が非常に低い国において移民の数を減らすべきだという声が勢いを増すというパラドックスが生じても驚きではない。

　フランスや日本のような自由な民主国における状況は異なる。矛盾が生じて激化しやすい移民に関する議論では、社会通念や理性的な論証が衝突する。そこでは、フェイクニュース（虚偽報道）とファクト・チェッキング（検証行為）がぶつかり合うのだ。移民に対して賛成あるいは反対の確固たる意見を表明する者たちがいる一方で、意見を決めかねて自問する者たちがいる。移民問題は、理念政治《イデアルポリティーク》あるいは現実政治《リアルポリティーク》、つまり、人道追求型あるいは自国民の安全追求型（あるいは自国民のアイデンティティ追求型）によってだけ解決されると世論は考えるが、この両極端の考えの間には、広大な中間領域が存在するのだ。私は、両極端な立場からは何も得られないと考える。そうではなく、不変の歯止め、すなわち、普遍的な人権が遵守されているのかに注意しながら理性的に説くほうが賢明だ。本書は、フランスではそうした読者層に向けて出版された。私の願いは、移民に関する疑問について国内の枠組みに閉じこもるのでなく国際的な比較に基づいて客観的な知識を得たいと真摯に願う日本の読者が本書に興味をもってくれることだ。フランスの移民政策の成功と失敗からは、将来の解決策を熟考する人々全員に有益になりうる、プラスあるいはマイナスの教訓が得られるはずだ。同様に相互して、両国の研究者たちの協働作業によって、私がフランスの同僚に日本の事例を詳述しながらレクチャーできる日が来ることを願っている。

　フランスでは日本と同じく、エリン・エラン・チャン〔ジョンズ・ホプキンス大学政治科学部の准教授〕がエッセイや学術論文[3]などで述べているように、移民政策においてきわめて重要な役割を担うのは、市民社会の団体である非政府組織（NGO）だ。NGOは地方自治体と協力して少数派の移民の人権を確約することに成功した。日本では、二〇〇一年に移民が集中する地方都市〔浜松市〕の呼びかけによって「外国人集住都市会議」が設立されたことに続き、日本政府は地域共同体に「多文化共生推進プラン」を策定した。フランスの研究者にとって「民族的、文化的な均質性」に大きな価値を置く国が「多文化共生」という理想を掲げるのは驚きである。しかし、このプランの中核になる考えが、出自の文化から逃れるのは不可能だという思いだとわかれば、矛盾はおそらく解消されるだろう。よって、分離したままの状態であっても文化的な領域を地方規模で平和裏に共存させようとすることが、日本の文化的な差異に関する政策的な対応だろう。日本のこうした計画から思い起こされるのは、オランダで過去に行われた「支柱政策」だ。この政策では、宗教に基づいて区分された共同体が本当の意味で統合されることはなかった。一方、フランスの計画は大きく異なる。野心的で中央集権型（エリン・エラン・チャンも指摘するように、韓国も中央集権型）であると同時に、多くの問題を抱えている。すなわち、フランスは、経済的、社会的な参加を目指す比較的柔軟な「統合型」と、移民に対して出自の文化を捨て去るように強いることになるかもしれない厳格な「同化型」という、二つのモデルの間でさまよっているのだ。私の個人的な見解を述べるなら、モデルの選択は移民自身と彼らの子供たちに任せるべきだ。

日本とフランスの大きな違いは、日本のきわめて限定的な帰化政策である。日本のこの政策により、日本では日本で生まれた両親をもつ日本で生まれた人々が生涯外国人であり続けている。これはある種の差別であり、こうした制度を存続させていたドイツは、二〇〇〇年にこれを廃止することを余儀なくされた。本書の帰化の権利について記した部分（第19章）では、フランスの帰化制度の根幹となる哲学を紹介したつもりだ。私の見解では、それは「出生地による権利」でも「血縁による権利」でもなく、「滞在期間による権利」なのだ。

両国のもう一つの顕著な違いは、日本の技能実習制度だ。この制度のおかげで、これまで日本の産業界は数年間に限って脆弱な条件（賃金や労働組合に関する権利、家族に関するきわめて限定的な権利）下にある労働力を利用できた。昨年の制度改革では、労働市場の二元性が一部修正されたにすぎないと思われる。日本とは対照的に、一九七八年にフランスはアメリカを真似て「家族の転換」となる移民の権利を認めた。この権利はヨーロッパの「人権と基本的自由の保護のための条約」によって追認された。その結果、今日、フランスで毎年発給される滞在許可証の多くが、家族呼び寄せや家族移民を対象とするようになり（三分の一以上）、移民流入数の増加に寄与した。

この序文の最後に、国家の「民族的な均質性」や「文化的な均質性」という、きわめてセンシティブなテーマについて再度言及することをお許しいただきたい。これらの言葉は日本の孤立した移民政策を正当化する際にしばしば引用される。この論証は、国家の社会的な結束を確保する唯一の手段は均質性だという考えに基づいているのだろう。私は思わず世界屈指のオーケストラであるウィーン・フィルハーモニー管弦楽団やベルリン・フィルハーモニー管弦楽団の、かつての採用政策を想起してしまう。数十年間にもわたって、オーケストラの結束と豊かな音質を維持するには、女性を除外して楽団員を募集しなければならないという理屈がまかり通っていたのだ。これらのオーケストラが女性の楽団員の採用も認める人材の多様化を余儀なくされると（あらゆる種類の差別的な採用を避けるために、ついたての背後でコンクールを行なう必要があった）、この理屈はあっさりと崩壊した。女性楽団員の存在（まだ少数だが）のせいでオーケストラの結束力が失われ、ウィーン・フィルハーモニー管弦楽団とベルリン・フィルハーモニー管弦楽団の演奏の質が落ちたと主張する者は存在するだろうか。オーケストラは社会の隠喩である。重要なのは、楽団員の出自ではなく合奏する能力であり、演奏の質、各編成の結束力（あるいはオーケストラ全体）、指揮者の才能である。

日本を訪れる西洋の観察者は、移民の増加は国の文化的な均質性にとって有害だという論証に驚愕する。日本に到着したその日から日本文化の影響力に魅了されるのだ。洗練された文字、都市部の美しい景観、儀式化された対人関係、質の高い学校教育など、日本文化の影響力はいたるところに絶えず現われている。これまでにも日本文化は、明治時代や進駐軍の支配という衝撃を乗り越えてきた。過去にはそのようなレジリエンスを発揮し、現在では世界中の人々が憧れる影響力を誇る威信ある日本文化が、移民の人口に占める割合が二％でなく一〇％になったからといって脅かされるようなことがあるのだろうか。さらに言えば、移民の大部分は中華圏からやってくる人々である。私の頭には、フランスについてもまったく同じ疑問がよぎる。フランスでは、移民を標的にして商業的な成功を収めた書籍には、『フランスの自殺行為』、『フランスのメランコリー』、『不幸なアイデンティティ』、『心神喪失状態のフランス』などの否定的なタイトルが付けられている。国の凋落と愛国心の低下を嘆くこれらのエッセイの著者は、決して存在しなかった世界を夢みる。すなわち、移民のいない世界である。しかし、彼らはおかしなことに、自分たちがあれほど危惧する凋落が起きることを願う。なぜなら、自身の予言が正しかったことを証明したいからだ。結局のところ彼らは、移民の受け入れおよび統合から生じる困難を乗り越える能力はフランスにはないという憐れなイメージを流布しているにすぎないのだ。

私はフランスの「凋落主義」や敗北主義という思考に対する驚きを表明しながらも、移民に関する日本の状況が想像以上に複雑であることを承知している。そのことを象徴するエピソードとして、台湾や朝鮮半島から徴用されて第二次世界大戦終結まで日本で暮らした二五〇万人の植民地出身者に対する政策が挙げられる。戦後、彼らの大半は帰国した。そして一九五二年に進駐軍の占領が終わると、旧植民地の人々が日本に再び訪れるのを阻止するために厳格な国境管理体制を敷いた。一方、フランスのポスト植民地政策の様相はまったく異なる。フランス人は自国が植民地をもったという過去を否定しようとせず、とくにフランス企業は、一九五〇年代から六〇年代にかけて経済復興を確かなものにして（一九七四年の石油ショックまで）経済成長を下支えするための労働力を必要とした。

だからこそ、フランス企業はフランス本土へ向かうアルジェリア移民を後押ししたのである。こうして、大量の移民が自動的にフランスに押し寄せる経路が開かれたのだ。

したがって、どの国にも固有の歴史があり、歴史は消し去ることができない。だが、歴史という基盤にこそ、各人は自身の創意から抱く信条によって未来を築くのであり、こうした未来には新たな世界観が組み込まれる。すなわち、国際移民は今後日常的な出来事になる、人権は絶対的な価値である、移民を否定するのではなく「移民とともに暮らす」必要があるという世界観である。これらの点に関して私は、日本とフランスの研究者が互いに切磋琢磨して両国の公的な討論を有意義なものにするために尽力するだろうと確信している。

フランソワ・エラン

二〇一九年二月二五日

はじめに

ほとんどのヨーロッパ諸国とアメリカでは、これまで以上に移民の社会的な地位が議論されている。話題になるのは、すべての移民ではなく「人目につきやすい」移民〔非白人〕でもない。フランスでは、マグレブ〔北西アフリカ諸国〕、中近東、アフリカ・サハラ砂漠以南、アフリカの角〔ソマリア全域とエチオピアの一部などを占める半島〕からやって来る移民たちの存在が話題になっているのだ。大半がイスラーム教徒だという理由から、彼らはわれわれと文化的にかけ離れた存在だと見なされているようだ。フランスは長年にわたってそれらの地域から多数の移民を受け入れてきただけに、激しい議論が巻き起こっている。

フランス社会に占める移民の割合は、ここ四〇年間に急速に高まった。一九七五年の調査では、フランスで暮らす移民のうち、マグレブをはじめとするアフリカ地域出身者の割合はたったの二〇%だったが、二〇一二年の調査では、この割合は四三%に達した。同期間に、フランスの移民全体に占めるヨーロッパ諸国出身者の割合は六六%から三七%に低下した。そのおもな理由は、スペインとポルトガルからの移民が枯渇したからだ。当然ながら、世論は移民の出身地域のこうした大きな変化を感じとっている。

片親ないし両親が移民の、フランスで生まれた若者たちの間で、敬虔なイスラーム教徒が増えてきたこともあって、世論は移民問題に敏感になっている。「イスラーム教徒としての誇り」を抱くようになったそうした若者たちは、彼らの親世代としばしば対立している。公共の場から宗教的な行事や属性を示す印を禁じるという「脱宗教《ライシテ》の闘い」に身を投じる人々は、そうした若者たちのイスラーム化に警鐘を鳴らしている。この闘いの標的は、とくにイスラーム教徒である。たとえば、二〇一六年八月の「ブルキニ問題」〔全身を覆い隠すイスラーム教徒の女性用水着であるブルキニの着用がフランスの公共のビーチで禁止された〕の際には、激しい議論が巻き起こった。世論は、翌年に行なわれる五年任期のフランス大統領選の行方よりも「ブルキニ問題」に強い関心を示したのである。

二〇一五年の夏、フランス社会は重苦しい空気に包まれた。国際連合難民高等弁務官事務所（UNHCR）の警告にそれまで耳を貸さなかった欧州連合（EU）は、数十万人のシリア難民（さらには、アフガニスタン、イラク、エリトリア、南スーダンなどの難民）が「バルカン半島」経由で押し寄せてくるのを、突如として目の当たりにしたのである。彼らは、戦争や迫害、あるいはトルコの難民キャンプの劣悪な生活条件から逃れてきたのだ。そして一〇〇万人以上の人々が生命の危険を冒して地中海を渡り、オーストリア、ドイツ、北欧諸国を目指した。稀にではあるが、フランスやオランダを目指す者たちもいた。国境が封鎖されると、難民たちは粗末な船に乗って新たな経路を模索した。その結果、二〇一四年には三三〇〇人、二〇一五年には三八〇〇人、二〇一六年には五〇〇〇人が地中海で溺死した。[1]

これと同時期、フランス国内では、イスラーム過激派によるテロ事件が連続して勃発した。実行犯は、若い移民やフランスやベルギーで生まれた移民の子供たちだった。過激派になった彼らの標的は、明確（ユダヤ人、キリスト教徒、風刺ジャーナリスト、警察や軍隊）であると同時に、無作為（カフェのテラス、コンサート会場、建国記念日の花火大会に居合わせた人々）であった。フランスでは二〇一五年から二〇一六年にかけて、ジハード主義者のテロ事件により、死亡者の数は二四八人、そしてけが人の数は死亡者をはるかに上回った。多くのフランス人は、移民、イスラーム、過激派への転向、テロ行為という現実に、何らかの関連があるのではないかと考えるようになった。一方、BBCの元特派員たちが結成した「すべての死傷者」などの非政府組織（NGO）は、こうした事態の全体像を把握しようとしている。だが、全体像に関心を抱く人々は、まだあまりいない。研究者やジャーナリストをメンバーとする「すべての死傷者」というNGOの基本理念は、分け隔てなく人命の損失を数えることである。この団体によると、二〇一四年七月から二〇一六年一二月にかけて、有志連合（国際的反テロ連合）の攻撃によって、イラクとシリアでは一九〇〇人の民間人が犠牲になったという。また、「エアウォーズ」というNGOによると、同期間にフランス空軍は、二五〇〇人以上のジハード主義者を殺害したという[2]。

西側諸国はシリア問題に関して対立し、EUの足並みは難民の流入によっても乱れた。二〇一五年、ドイツが受け入れた難民の数は、自国の人口比でフランスの一〇倍、イギリスの二五倍だった。統治主義への回帰により、国境の存在を軽視する新たな「脱国家的な移動論」は激しく否定された。EU加盟国は、二〇一五年の五月と九月にEU本部が提唱した、国の人口比に応じて難民認定申請者を振り分ける計画の実施を阻止し、ギリシアとイタリアに対し、両国の段階で移民を選別するように働きかけた。二〇一六年三月、窮地に陥ったEUは、トルコに対して六〇億ユーロの支援金と引き換えに、難民を引き受けてほしいとさえ打診した……。EUの「移民危機」は、しばしばいわれるような人口学上のものではなく、政治的、道徳的なものなのである。

政策の変化に反応しない通常の移民

一部の人々は、戦争や紛争によって生じる特殊な移民の存在に目を奪われ、自国の法制度に準じて受け入れ続けている通常の移民のことを忘れているようだ。ご存じのように、移民の動機は、国際結婚、家族呼び寄せ、留学であり、熟練労働者と難民認定者の数は少ない。二〇〇四年以降、EU市民であればフランス政府に滞在許可を申請する必要がなくなったため、移民統計の調査対象者は、所轄の県庁から一年以上の滞在許可証を取得する第三国[3]の移民だけである。この数は一九九〇年代に急増した後、二〇〇二年以降は二〇万前後で推移している。

この二〇万という数値は長年にわたって一般に知られていなかったが、二〇一二年の大統領選の公開討論の際に大きな話題になった。そして二〇一七年の大統領選の際にも再び脚光を浴びた。注目すべきは、ここ一五年間、移民政策の変更にもかかわらず、この数値にはあまり変化が見られないことだ。二〇〇七年と二〇〇八年に減少した（一〇％減）のは、二〇〇六年に移民管理に関する法律が施行されたためである。申請書類の処理の遅れが解消されると、ヨーロッパ共同体外からの移民流入数は、年間二〇万人というペースに戻り、それはサルコジ大統領とフィヨン首相との組み合わせによる五年任期が終わるまで続いた。

さらに注目すべきは、移民流入のおもな内訳が変わらないことだ[4]。シリア難民を（控えめに）受け入れる以前の、二〇〇五年から二〇一四年までの期間の平均値を知りたいのなら、二〇一〇年が参考になる。第三国人に発給された滞在許可書の内訳は、一年以上滞在する六万五〇〇〇人の学生、フランス人と結婚するためにフランスに移民する五万人（彼らはいわゆる「フランス人の配偶者」という項目に分類される。フランス人は彼らと結婚する権利をもつ）、家族呼び寄せという資格の三万三〇〇〇人の移民（フランスで暮らす外国人は、家族で暮らす権利をもつ）、難民認定者および長期医療サービスの受給を認められた一万八〇〇〇人の難民と患者、季節労働ではなく正式な労働契約を結んで入国する一万七〇〇〇人の労働者である。内訳の残りは、こうした表にありがちな一万二〇〇〇人の「その他」に分類される。たとえば、身寄りのない未成年者や「訪問者」（就労しないと約束した近親者）である[5]。

この時期、全体では総じて安定的に推移した。ヨーロッパ圏外の学生が増え、婚姻のための移民がわずかに減った。二〇〇六年のサルコジ法の革新的な点と紹介された熟練労働者（あるいは「選択された移民」）を即時雇用できるようになっても、情勢は変化しなかった。というのは、特例措置や非正規滞在者の正規化による移民流入数は、すでに年間およそ一万人だったからだ。二〇〇六年の法律によって、この数値は一万六〇〇〇人になった（三年以上連続でやって来る季節労働者は統計に含まれない）。

移民政策が変化しても、なぜ移民流入数は安定的なのか。人口六五〇〇万人のフランスにとって、ヨーロッパ圏外からの年間二〇万人の合法移民の流入数は、どの程度のものなのか。右派ならびに極右の人々は過剰だという。物事を相対的に論じる人口学者は、年間の移民流入率は三‰《パーミル》、すなわち〇・三%だと述べる。これはEU諸国の平均値だ。年間二〇万人を「過剰」と見なす根拠は何か。一体誰が過剰なのか。本書では、それらの問いをより一般的な枠組みに落とし込み、通常の移民が、人口学、経済学、社会におよぼす長期的な影響を検証する。さらには、移民に関する政策の妥当性と余地について検討していく。

　フランスには、冷静に議論し、偏見にとらわれずに物事を判断したいという市民が存在すると仮定しよう。そのような人々なら、五年任期の次期大統領候補の政策綱領について吟味する前に、過去の政策の評価を知りたいと思うだろう。彼らの頭には、次のような単純な疑問がよぎるに違いない。二〇〇二年から二〇一五年にかけて、移民政策の変更があったのに、なぜ非ヨーロッパ人の移民流入数は二〇万人前後で推移したのか。その一四年間、隣国の移民流入数は大きく変動したのに、フランスの移民流入数は、どうして変化せずに推移したのか。

　これらの疑問に答えるには、このかなりの期間に一人の同じ政治家が施した移民政策を詳細に検証する必要がある。その政治家とはニコラ・サルコジである。彼は三度、移民政策を取り仕切った。内務大臣として二〇〇二年五月から二〇〇四年三月までの期間、同じく内務大臣として二〇〇五年六月から二〇〇七年三月までの期間、そしてフランス大統領として二〇〇七年五月から二〇一二年五月までの期間である。大統領に就任したサルコジは、閣僚に細かい指示を出しながらフランスの移民政策に深く関与した。[6]

ニコラ・サルコジの移民政策——その評価はいかに？

それでは検証してみよう。先ほど述べたように、二〇〇二年から二〇一五年までの一四年間、ヨーロッパ圏外からの合法移民の流入数は二〇万人前後で推移した。ニコラ・サルコジが移民政策を管理したのは、その約三分の二の期間にあたる九年間である。その期間中、移民管理に関する六つの法律が施行された。フランス第五共和制〔一九五八年に打ち立てられた現在のフランスの共和政体〕において、フランスの移民政策にこれほどまで熱心に取り組んだ政治家は、ニコラ・サルコジをおいてほかにいない。したがって、サルコジに対する評価は、当然ながら本書のかなりの部分を占める。二〇一六年一一月にサルコジが中道右派の大統領予備選で敗退したからといって、彼の政策を評価しないわけにはいかない。

彼の政策を正確に評価するには、サルコジが掲げた目標から検証しなければならないだろう。ニコラ・サルコジが「長期にわたって非ヨーロッパ合法移民の流入数を二〇万人に抑え込めたのは私のおかげだ」と自慢したとしても、不思議ではないかもしれない。実際に、移民の申請手続きを厳格化させて不正行為を取り締まらなければ、この数値は急増していただろう。しかし、申請手続きの厳格化はそれまでの政権の既定路線だったのだ（一九八〇年代末のミシェル・ロカール〔元首相〕の改革、一九八六年と一九九三年のパスクア法、一九九七年のドブレ法など）。

二〇〇五年に公表され、二〇〇六年の法律に盛り込まれた目標は、「急変」を成し遂げることだった。

合法移民の流入数を抑え込むのではなく、減らすことが目標だったのだ。この目標を達成するために「押しつけられた移民〔例：家族呼び寄せ〕」よりも「選択された移民〔熟練労働者〕」を優先すると宣言したのだ。そして長期的には、フランスのアイデンティティを守るために、フランス人口に対する移民の寄与度を後退させなければならないと説いたのである。[7] ところが、この政策は二〇一一年三月に突如として中断された。完全な失敗に帰したのだ。第三国から来る合法移民の数は変動せず、「選択された移民」が本格的に増加することはなかったのである。われわれはその原因を究明してみる必要がある。

二〇〇〇年代以降、二つの厳然たる現実がフランスの移民政策の機能不全、あるいは狭まる政策余地を象徴している。一つには、ヨーロッパ圏外から来る移民に対して毎年二〇万枚の滞在許可証が発行されているという通常移民に関する現実である。もう一つは、イギリスに入国しようとする数千人の移民がサンガット〔フランス北東部のカレー近郊の街〕やカレー〔ドーバー海峡の北海の出口に面した港街〕の難民キャンプに閉じ込められたという特殊難民に関する現実である。

九年間にわたって移民政策を取り仕切ったニコラ・サルコジは、きわめて明快な広報戦略をとった。年間二〇万枚の滞在許可書の発行という事実には蓋をして、サンガットの難民キャンプにスポットライトを当てたのだ。サンガットの難民キャンプを撤去して、政府は不法移民の流入に対して厳しく対応すると誇示したのである。その結末はご存じの通りだ。問題は、数キロメートル離れたカレーの難民キャンプ、通称「ジャングル」に移っただけだった。

サルコジが選んだ広報戦略は奇妙だった。不法移民がカレーに集結したことは、国家にとっては耐え難い困難になり、この地域の政治家や住民にとっては大きな負担になった。イギリスに渡ろうとしてカレー周辺の駅や港で足止めを食らった数千人の若者たちの境遇により、自由貿易協定を交わしているのに移民の流入を遮断する壁によって分断されるという、二つの大国に関する不条理なパラドックスが浮き彫りになった。それまで人々はそのような矛盾はアメリカとメキシコの話だと思っていたが、今後、フランス人はイギリス人とともにこうした矛盾を抱えることになったのだ。移動中の移民は、商品を輸送するトラックに潜り込む羽目になった。なぜなら、商品には国境を越えて自由に流通する権利がある一方で、人間にはそうした権利がないからだ。以上が、サンガット、次にカレーに足止めされた移民たちのやり場のない怒りを示す光景だった。

しかし他方で、なぜ世論は長年にわたって、この一件がフランス移民政策の核心だと信じてきたのだろうか。この一件は移民問題を象徴する出来事にさえなった。サンガットやカレーで足止めされた移動中の移民は、フランスにやって来る通常移民、さらには特殊移民の代表でさえない。二〇一五年までのそうした移民の年間流入数は、二〇〇〇人から四〇〇〇人と推定されている。この数字は、第三国からやって来る移民に毎年発行される滞在許可証の数の五〇分の一から一〇〇分の一だ。カレーの移民の大半は、人口統計に含まれなかった。その理由は、彼らは一年以上滞在するためにフランスに入居しているのではなかったからだ。三ヵ月の観光ビザの期限が切れて不法滞在者になるのと、一年以上の滞在後に国際的な定義に従って移民になるのとでは立場が異なる。イギリスに渡ることが禁止されただけで、移動中の移民たちは不法滞在者になったのだ。

そうはいっても、カレーの問題を何とかしなければならなかった。二〇一六年一〇月、マニュエル・ヴァルス首相とベルナール・カズヌーヴ内務大臣は、それまでにない解決策を選択した。「難民および無国籍者保護局（OFPRA）」と「移民局（OFII）」の職員を現場に派遣したのである。その目的を列挙すると、窮地に追い込まれた数千の人々がフランスに対して難民認定申請の手続きをできるようにするためであり、その後に申請者たちをフランス各地にある収容施設に搬送するためであり、移民の手配師たちが「新たな顧客」をカレーに送り込まないように難民キャンプを解体するためであり、イギリスに近親者のいる身寄りのない未成年者たちを受け入れるようにイギリス政府を説得するためだった。それがその場しのぎの解決策だったのかどうかは、もう少し時間が経過しなければわからないだろう。しかし、この解決策は、難民認定申請者には門戸を閉じるという過去の決断に反して門戸を開くため、現実に大きな影響をおよぼす。事実、フランス政府は難民当事者らを「ダブリン化」するのを断念した。つまり、最初に入国したEU加盟国に難民認定申請者を送り返すという、二〇一三年六月に制定された「ダブリン規約」を彼らに適用するのをあきらめ、難民認定申請をフランスで処理することにしたのだ。

二〇一六年の中道右派の大統領予備選の際に、政治家たちはカレーの問題の原因をあらためて検討することになった。すなわち、二〇〇三年二月に締結したテュケ条約である。この条約により、シェンゲン協定〔ヨーロッパの諸国間で出入国審査なしに自由に国境を越えることを認める〕に加盟していないイギリスは、英仏の国境管理をフランスに行なわせることになった。二〇一六年一〇月、ニコラ・サルコジは、自分が大統領に選出されたらテュケ条約を破棄すると宣言した。だが事実は、この条約は七年前に内務大臣だったサルコジ自身が調印したのである。

ヨーロッパの危機に直面したシリア難民

移動中の人々が難民になったカレーの出来事により、世論の関心はフランスの移民政策の核心から逸れてしまった。フランスは、シリアからの難民を臆病とはいわないまでも積極的に受け入れなかった。たしかに、二〇一五年に「難民および無国籍者保護局（ＯＦＰＲＡ）」が受理した難民認定申請者の数は急増したが、一番多かったのはスーダン人の五一〇〇人であり、シリア人はわずか三四〇〇人だった。シリア情勢の深刻さを考慮すると、これはひどく少ない数といえる[8]。

フランス政府は、シリア人の難民認定申請者の数が少なかった理由として、フランスを希望する者が少なかったからだと釈明したが、事実はまったく異なる。亡命者たちは、自分たちを受け入れてくれる準備のある国を望んだのである。二〇一五年八月末、ドイツの首相アンゲラ・メルケルが難民を積極的に受け入れた本当の理由は、ドイツを除くヨーロッパ諸国が、セルビアとハンガリーの国境が封鎖されたために生じた人道的な惨事を見て見ぬふりをしたからだ。ヨーロッパ市民は、その年の五月に欧州委員会理事長ジャン＝クロード・ユンケルが発表した難民認定申請者の「第一次割り当て計画」に難色を示した。この計画が発表された直後、ニコラ・サルコジはこれを「狂っている」と糾弾した[9]。ＥＵから圧力をかけられても頑なに抵抗したフランス政府は、最終的には二年間で二万四〇〇〇人の難民を受け入れることで妥協した。私はこの問題について公の場で意見を述べた[10]。一年に一万二〇〇〇人は、フランスの人口に対してごくわずかだと訴えたのである。これを相対的にみると、一万人の観客がいるサッカー・スタジアムに、観客が二人余分に加わったにすぎない。結局、二〇一五年にフランスは八万人の難民を受け入れた。これは先ほどのサッカー・スタジアムに一二人が余分に加わった計算だ。人口比では、フランスの難民受け入れはドイツの一〇分の一である（八一〇〇万人のドイツの人口に対して九七万人の難民認定申請者）。

フランスは、ドイツ首相の性急な判断による大量でもなく、フランソワ・オランド大統領の微量でもない、自国の人口規模相応の難民を受け入れることによって「応分の負担をする」ことはできなかったのか。右派や極右が大衆煽動していたという理由から、啓発努力をあきらめなければならなかったのか。事態の深刻さを考慮して、二〇一五年九月三日に私が痛切に訴えた「規模とアプローチの変更」の狙いは、事態の人道的および実際的な側面の整合性をとることだった。無気力なフランスとイギリスに対し、アンゲラ・メルケル首相のドイツは率先して行動した。ドイツは一九九〇年代初頭に旧ユーゴスラビアの難民を積極的に受け入れたときと同様に、自国の割り当てをはるかに上回る数の難民を受け入れた。仮にフランスがドイツと同様の規模で難民を受け入れたのなら、二〇一五年八月から二〇一六年一月にかけて、フランスは七〇万人近くの難民を受け入れたことになる。「狂っている」だろうか。これは一九三九年一月のバルセロナ陥落後、フランコ軍から逃れるために突如としてフランスにやって来た難民の数に等しい。しかも、当時のフランスの人口は四二〇〇万人だった。また七〇万人は、一九六二年にアルジェリアから混乱したフランス本土に帰還した人口よりも少ない。われわれは過去のエピソードを忘却しつつあるのだ。

二〇一五年九月二二日、EU諸国内で難民認定申請者を割り当てる「第二次ユンケル計画」が採択された。各国の難民の割り当て数は、国の人口とGDPの規模に応じて決まり、国内の失業率と過去五年間に受け入れた難民の数によって調整されることになった。先ほど述べたように、私が意見表明した『レゼコー』紙のインタビューにおいて、私はフランスがとくに国際的な普遍的権利を尊重するという立場から毎年二〇万人の通常移民を受け入れ続けてきたことも考慮すべきだと述べた。たしかに、ドイツも通常移民を受け入れてきたが、ドイツの場合は、たったの五年前からである。一方、フランスは長年にわたって通常移民を受け入れてきた。この違いは考慮に入れるべきだ。

フランスが長年にわたって移民を受け入れてきたことが意味するのは、フランスはドイツとは逆に、緊急事態の移民よりも通常移民を受け入れる準備のほうが整っている国だということか。ドイツでは、行政が住民の宗教団体への加入を登録し、教会税を源泉徴収している。ドイツの人道支援の非政府組織(NGO)は、こうした仕組みから大きな恩恵を受けている。そこで私は次のような仮説を立てた(これは仮説であり、証明する必要がある)。脱宗教国家のフランスは、(フランス各地の熱心な地域運動や、「国境なき医師団」や「世界の医療団」などの国際NGOの成功にもかかわらず)奉仕活動というよりも法学の国なのではないか。フランスでは、移民を法的に支援する行政官や団体が新たな入国者の権利を保障するために細心の注意を払う。一方、ドイツの移民の受け入れ活動は、NGO、地区の教会、企業、大学などが主体になって行なっている。

ヨーロッパの分裂は、フランスとドイツだけではない。イギリスはフランスよりも不寛容だった。ハンガリーとポーランドは、ユンケル計画を権力の濫用だとして欧州司法裁判所に訴えた。きわめて保守的なハンガリーとポーランドの両国には、いまだに共産主義時代の精神が宿っている。(東ドイツを含めた)

中央ヨーロッパ諸国の人々は、国境が四〇年間にわたって閉鎖されていたため、国際的な移民と暮らすことになじみがない。ドイツのパラドックスは、そうした事情に原因がある。すなわち、移民は旧西ドイツ地域にいるのに、外国人嫌いが起きるのは旧東ドイツ地域なのだ。

移民問題の人口学的な側面と政治的な側面との整合性を、どのようにとればよいのか。報道するテーマの選択、弱い立場にある者たちに関するイギリスとの交渉、防護壁の建設、難民のヨーロッパ諸国間での割り当て計画の見直しなどは、政治の役割だ。しかし、移民流入数の把握、通常移民と特殊移民との数の比較、継続的な滞在と通過途中の滞在との区別、ヨーロッパの人口動態に関する過去の特殊な出来事に関する考察などは、人口学と政治が交錯する。研究者の使命は、これらの考察をうまく導き、政治討論の場にこれらに関する各種データを提供することだ。

世代を経て

ここまで私は「新たな入国者」に関して、通常もしくは特殊と区別してきた。しかし、年月の流れとともに、彼らの行く末はどうなるのか。フランス語は、（一時的な）「migrants〔移住者、出稼ぎ労働者〕」と（古くからの）「immigrés〔移民〕」を区別する。「immigré」という過去分詞は、過去の行動がもたらす現在の結果を的確に表わす。この過去分詞形は、フランスのケースに見事に当てはまる。というのは、フランスは一九世紀から継続的に移住者を受け入れてきたヨーロッパ唯一の国だからだ。

時の流れとともに彼らの三〇～四〇％は祖国に戻ったが、残りの者たちはフランスに定住した。

では、フランスのような古くからの移民国の人口に移民出身者が占める割合はどのくらいなのか。人口調査ではこの割合が過小評価されることがあるので、フランス国立統計経済研究所（ＩＮＳＥＥ）の調査データを参照にして概算値で考察してみよう。

――フランスに住む人口のおよそ一〇％が移民である。外国で生まれた外国人がフランスに来て一年以上滞在すると移民になる。彼らは後に、フランス国籍を取得する場合もあれば、そうでない場合もある。フランスおよび国際的な統計機関は、国連人口部が外国生まれの者を移民と見なすというアメリカのモデルから着想を得て規定したこの定義を採用している（フランスでの採用は一九九〇年から）。

――両親あるいは片親が移民の、フランスで生まれた次世代の人々は、フランス人口のおよそ一二％に相当する（彼らのうち、両親とも移民は五〇％、父親だけが移民は三〇％、母親だけが移民は二〇％）。移民の第一世代が人口の一〇％、そして第二世代が一二％である。すなわち、フランスの住民の五人に一人以上は、移民あるいは少なくとも移民の子供ということになる。もう数年たてば四人に一人になる。この第二世代はすでに労働力人口に達している。さらにもう一世代進めて検証するなら、フランス人口の三分の一以上は、少なくとも両親のどちらか一方に、あるいは祖父母のどちらか一方に移民をもつ計算になるだろう。

巷でよく聞かれる誤解（論客エリック・ゼムールのエッセイに見られる）に反し、彼らがフランス国籍を取得しても、それらの数値はまったく変化しない。帰化によって外国人の数が減るというのはトートロジー（同語反復）であり、帰化によって移民の数が減ると考えるのは完全な誤りである。定義上、移民という身分は不変である。その人がフランスから立ち去らない限り、変わらないのだ。移民の四〇％以上が帰化したが、彼らは独立した二つの推定値が交差する地点、すなわち、フランス人であると同時に移民なのだ。移民とフランス人は相反しないのである。唯一の適切な区別は、フランス人／外国人（国籍という基準）、あるいは、フランス生まれ／移民（出生国という基準）である。

人口学者がフランス人口のほぼ四人に一人が移民あるいは移民の子供であると語ると、この情報は社会に広く浸透した。[11] しかし、この情報は右派だけでなく左派の人々の間にも、しばしば拒否反応を引き起こした。左派の人々は長年にわたって、出自に関心をもってはならないと考えていたのだ。しかし、状況は進展した。過去には、人口学者が人種差別主義者だと疑われるようなことがないように、出自に関する言及は避けるべきだと主張する者たちがいたのである。彼らは両親の出生国あるいは昔の国籍に関する情報収集は一切禁止すべきだと主張した。[12] だが、こうした極端な立場は社会的な支持を失った。一九九〇年、「情報処理および自由に関する国家委員会（ＣＮＩＬ）」は、「移民の地理的移動と社会統合（ＭＧＩＳ）」という調査のためにそれらのデータの利用を許可し、一九九五年には家族調査にも利用を認めた。二〇〇三年以降、雇用調査など、フランス国立統計経済研究所（ＩＮＳＥＥ）の大規模調査には、両親の出自に関する質問が組み入れられるようになった。[13] この新機軸により、「第二世代」の境遇や差別の実態に関する出版物が社会に数多く出回るようになった。出自に関する関心は邪悪な精神でなく、まったく逆の精神によるものなのだ。

この進展をどう解釈すればよいのか。それにはいくつかの要因がある。人口学者と当局との緊密な情報交換、（フランスの移民に関する社会統合と差別に関するデータ不足を懸念する）欧州委員会の圧力、こうした問いに対する大衆の関心の高まりなどである。ところが今日においても、そうしたデータを利用するのは移民の出自を暴いて非難するのではまったくなく、移民の実情を証拠立てるだけのためなのに、言外の意味をほのめかす輩がいる。たとえば、移民の第二世代も考慮に入れていると主張する「移民のコスト」という奇妙な計算（マリーヌ・ル・ペン〔極右政党である国民戦線の党首〕がしばしば言及する）があるが、これにはまったく意味がない。国民の四分の一が残りの四分の三におよぼすコストを計算することに、一体どんな意味があるのか。

政治家たちの論争とは異なり、インターネットの極右のブログ圏には異なった反応がある。たとえば、フランス人口の二五％が移民あるいは移民の子供だという指摘は、一九七〇年代以来推進してきた移民増加政策の不可逆的な特徴を、人々の脳裏に植えつけるために人口学者がかさ上げした数値に違いないという反応だ。人口学者である私は、移民の流入数を意図的に過小評価していると長年にわたって糾弾されてきただけに、これは奇怪な非難である。私は、インターネット上で急激に拡散し続けるこうした疑念に関して、しかるべき時期に詳述するつもりだ。

往来から人口を増加させる定住へ

移民の人口増加に対する寄与度を推定する利点の一つは、アングロサクソンの世界、とくに人類学者や地理学者の間で現在流行っている「往来論」を相対化して捉えることができる点にある。実際に、著名な研究者たちは「移住」でなく「移動」という概念を説く。彼らによると、移住者は、定住せずに行き来し、世界中に離散し、複数の国で暮らしているという。ところが、地理学者アラン・タリウスが叙述するように、それは仲間内の貿易に従事して国境を往来する一部の人々の話にすぎない[14]。また、「アフリカ人のヨーロッパへの移動」という調査においてクリス・ボシュマン（フランス国立人口研究所（INED）の人口学者）が調査した西アフリカ諸国の移住者についても、事情は同じである[15]。それらの「国境を越える行き来」によっても、おもな事実関係に陰りが生じることはない。すなわち、ヨーロッパ圏外の移住者の大半は、受入国で持続的に暮らし、そこで子孫をつくる。彼らは受入国の人口を増やすことに寄与しているのである。

次のようなメカニズムが作動するのだ。子供たちは大きくなり、彼らは時間の経過とともに受入国の社会に愛着を抱くようになる。両親は、出生国への帰郷は受入国での社会統合よりも多難だと悟る。そして国境が閉鎖されると、出生国へ戻る数が減るため、移民の数は減るのではなく逆に増える。こうして労働移住は家族移住にもなって「人口を増加させる定住」に変わる。後ほど示すように、人口学者にとり、国の人口を増加させる定住者は国の人口に加算されるため、彼らの存在は、国の人口の代替でなく補完を意味する。国の人口に対する移住者の寄与は、フランス社会における人口動態の構成要素なのだ。人口学者とは反対に、国民戦線（FN）（極右政党）と極右の論客にとり、人口を増加させる定住は、「逆植民地化」であり、背徳的な現象である（彼らは先進国と途上国の関係を、植民地支配の関係としか想像できないようだ）。しかし、私のような社会学者や人口学者にとり、移住の二つの側面である往来と定住を結びつけることはきわめて重要である。本書では、「人口を増加させる移住」という概念が誤解されることがないように論じていく。極右の人々は移民がフランスに定住する「人口を増加させる移住」を糾弾する。彼らにとって唯一許容できる移民とは、出生国にすぐに戻る一時滞在の労働者だけである。そのような人々ならフランスの人口を増やすことがないし、人口の構成比も変化させることがない。だが、それは幻想である。労働のためにやって来るすべての移民は家族の移民をともなうからだ（ペルシア湾岸諸国を除く）。フランスの移民の大半は、英語でいうところの「permanent settelement：人口を増加させる移住」だと心得ておくべきだろう。

奇妙な語彙はまだある。「根っこからのフランス人（Français de souche：先祖代々フランス人である白人を指す）」という表現がある一方で、「根っこからの移民」という表現はなぜ存在しないのか。彼らだって受入国で子孫をつくるのだ。この指摘は、極右の人々が主張する「根っこからのフランス人」という表現を覆す一つの手段になるはずだ。人間を苗木に見立てるそのような比喩の論拠は実に曖昧だ。彼らは「根っこからのフランス人」という表現によって、古代から存在する根っこから生えた植物と、突如として付け加えられた接ぎ木による植物との間には、いかんともしがたい違いがあると示唆する。根っこから生えた植物は一枚岩のように頑強であり、大昔から行なってきた接ぎ木の技術は樹木栽培の邪道だと言いたいのだろう。

あらゆる困難にもかかわらず（困難があることには間違いない）、接ぎ木は成功する。必ずしも望みの小枝で成功するのでも、（社会への適応、労働市場への参入、差別などの問題に関して）希望した果実が得られない場合もあるが、一般的に接ぎ木はうまくいくのだ。私がそう断言できる理由は、フランス人口の四分の一は、一世代あるいは二世代において移民とつながりがあるからであり、そして彼らのおよそ半分、つまり、フランス人口の八分の一は、イスラーム教徒の家庭出身であるからだ（これは必ずしも敬虔な信者を意味するのではない）。そのような比率に達した以上、フランスで暮らす人口の四分の一、さらには八分の一であっても、ほとんどがフランス人である彼らがフランス社会に統合していないと主張するのは不条理な話だ。フランス社会自体は不平等かつ分裂しており、アメリカの社会学者たちが述べるように、各自が自身の社会経済区分に閉じこもっているという意味において、フランスの社会統合が「分断化」されているのは確かだ。したがって、社会的な分裂と移住との関連による分裂が、どう錯綜しているのかを把握することが移民問題を解く鍵になる。各分野の専門家たちが提起する「変数の作用による競争」に終止符を打たなければならないのだ。つまり、競争には、世代、性別、社会的な出自、移住に関する出自、宗教、住居など、不平等に関するすべての要因が大きく影響するのである。それらの影響力と相互作用を、網羅的かつ先入観なく計測しなければならない。こうした作業を行なわなければ、社会統合に現実的な評価は下せないだろう。これについては本書の後半で扱う。

主意主義の失敗

世間では、政治家は現実的な感覚の持ち主だが、研究者は具体的な問題とはかけ離れたところで浮世離れしている人物だという先入観がある。だが、移民問題に関しては正反対である。夢物語を語り始める傾向のある政治家を現実主義に引き戻しているのは社会科学なのだ。

わが国の政治システムは、こうした傾向に大きく加担している。そのいくつかの原因は、私ではなく政治科学の専門家が明示してくれる。すなわち、フランスは多数決を用いる選挙制度の国であり、話し合いによる協定行為は無視されることに加え、大統領の任期は五年であることが挙げられる。つまり、大統領は任期中に国の救世主としての役割を自由に演じられるのだ。フランスでは他の国にもまして、権力を勝ち取るためには、実現可能な政策を実行するよりも前に、実現不可能な約束を掲げる必要がある。選挙の勝者はいったん公務に就くと、「危機の続発〔金融、外交、移民などの問題〕」のために選挙民のなかでもきわめて短気な人々を欺かなければならなくなる。これが過去数十年のフランス政治の姿だった。時の政権は、右派であれば極右、左派であれば極左、また野党のライバルや反体制派らが叫ぶ裏切り者という不名誉な非難と戦ってきた。ニコラ・サルコジは移民問題で「フランス人を裏切った」。憤慨した多くの選挙民は国民戦線（FN）を支持するようになった一方、左派の批判者や極左は、地方選での公約や二重国籍に関する公約〔テロ関連の罪で有罪判決を受けたフランス生まれの二重国籍者からフランス国籍を剝奪する内容〕を破ったフランソワ・オランドを糾弾した。

政治指導者たちは、そうした落胆の連続を避けようとは思わないのだろうか。それは彼らの長期的な利益であっても目先の利益にはならない。もっとも、ベルギー系カナダ人の歴史家マーク・アンジェノットの達観した表現を用いると、選挙民は騙されるのが好きなのだ[16]。次回の選挙で苦戦を強いられる危険を冒しても、この悪循環から抜け出そうとする政治指導者は存在すると仮定しよう。民衆煽動をエスカレートさせる活動に与したくないのなら、彼らは賭けに出なければならない。すなわち、自分たちの政策を打ち出す際に客観的な拘束を見定め、現実原則〔現実に適応するために、快楽だけを追究する本能的な欲求を、一次的または永久にあきらめる自我の働き〕によって快楽原則〔人間に生まれつき備わった無意識的、衝動的に、快楽を追究するという精神傾向〕を修正し、世論の神経を逆なですることを覚悟するのだ。

客観的な拘束とは何か。

拘束の一部は人口学のうねりに依存する。当該国の人口学上の移民の立場（たとえば、移民が将来的に人口増加の第一要因になる蓋然性）は、移民の管理あるいは奨励策だけに起因するのではなく、移民とはまったく関係のない現象にも依存する。たとえば、ベビー・ブームの終了、（人口を増加させる）平均寿命の伸び、「第二の人口転換」（結婚と出産の時期が高齢化し、離婚と再婚が増加し、寿命が伸び、移民の寄与が人口バランスを均衡させる状態）である。人口学は、個人の活動を凝集させる学問だ。当時、ベビー・ブームがやがて年金制度に影響をおよぼすようになることなど誰も予想しなかったように、人口学は数十年後に生じる予期せぬ「人口構成がおよぼす効果」を示す。人口学が示す見通しは、若いころに自分たちが変化の立役者になると夢見ていた人々を陰鬱な気持ちにさせる。彼らは、「変化はそうあるべき変化ではなくなった」[17]ことを目の当たりにするのだ。人口学上の新たな状況は否応なく訪れ、人々は事後にその大きさを思い知る。そのような過去賛美主義者たちは、無責任なエリート層による過去の移民政策が失敗に帰したと信じている。彼らはエリート層の権力を過大評価している。この見方がなぜ誤りなのかは、後ほど検証する。

人口学的な変化というおうねりに、留学生の増加、交通費の低下、地球上をかけめぐる情報量の急増（移民同士のつながりの強まりや、彼らのもつ情報量の増加）などの変化が加わる。[18]しかし、人口学的および技術的な変化以上に、移民は、法律、経済、地理などの拘束に依存する。人口を幅広く考察するには、それらの学問を統合しなければならないのである。

移民は、主意主義（意志の働きを重視する思想上の立場）が厳しい限界に達する分野である。主意主義を貫こうとしても無駄なのだ。移民問題に取り組むには、現象を理解する必要がある。研究者は世間に対し、あきらめるのではなく、移民の現実を見定め、これを直視すべきだと訴える。これは政治活動が達成可能な目標に専念するために必要な作業だ。

一部の選挙公約は、拘束を克服する最も確実な手段は突き進むことだと訴える。そのような約束を信じるのなら、代替策は、国際的な協定や条約を再交渉するために、新たな法律を制定するか国民投票を実施するなどして、普遍的な権利の適用を一時的に停止する、あるいは廃止することだろう。ところで、それらの法的な拘束は、思いがけなく現われたのではなく長い歴史の果実であり、フランスの枠を超える必然に対応するためのものだ。国際的な移民はフランスだけに依存しているのではない。移民は国際的な現象なのだ。つまり、それは巨大な盤上で展開するチェス・ゲームのようなものであり、移民送出国を含め、フランスがすべての駒を制御しようとしても無理なのだ。

移住を促す法原則（家族で暮らす権利、自由に結婚する権利、子供の権利、保護される権利）は、ヨーロッパや国際的な機関など、フランスの外部から課せられる拘束としてしばしば紹介される。だが、基本的な権利は、フランス独自の偉大な原則である（たとえそれらすべての原則がフランスで誕生したのではないとしても、である）。それらの原則に対しては、「社会正義のために戦う人（人権活動家の偽善を嘲笑う侮蔑）」という批判がある。すなわち、フランスの法原則を全世界に広めようとするのは、いかにもフランスらしいという批判だ。そうはいっても、一七八九年のフランス革命時にフランス人が全世界に広めようと夢見た人権を、外国がすぐさま受け入れたのは驚きではないか。

過熱を防ぐ手段——議論に用いられるレトリックの分析

移民に関する公開討論がいたるところで催されるようになり、議論は過熱する一方である。本書はそうした議論にかなりのページを費やし、それらの議論を細かく分析する。というよりも、意見交換を禁じようとする論法について分析するといったほうがよいかもしれない。なぜなら、移民に関するわれわれの討論は過熱状態であるため、議論のかなりの部分は、論敵の意見を全面否定し、「自分が街角で見つけた証拠」をもち出して常軌を逸する論法で論敵の考えを拒絶し、論敵を絶対悪〔ナチズムやスターリニズム〕と同列に並べて、敵に寝返る売国奴である「対独協力者」扱いするような内容だからだ。長年にわたってそのような極端な増悪の発露は、インターネット上の怪しげなブログや国民戦線〔FN〕の集会など、あまり人目につかない空間における出来事だったが、これが公共の場にも浮上し、真面目に討論する場と思われていた言論空間にも登場するようになった。極端な憎悪は、極右の人々の間で強まっているだけでなく、極左の人々の間にも広がっている。そうした逸脱に対抗する第一の方法は、議論に用いられるレトリックを暴き出すことだ。そこで、レトリック分析に関する著書が参照になる。たとえば、カイム・ペレルマン〔ベルギーの法哲学者〕、アルバート・ハーシュマン〔ドイツ出身の経済学者〕、ルース・アモシー〔イスラエル在住の修辞学者〕、マーク・アンジェノット〔カナダの文学者〕などの著書である[19]。

アリストテレスの弁論術は、しばしば次のように要約される。すなわち、説得力のある演説には三つの要素を配合すべきだというのだ。一つめの要素は、〔事実の証明からなる〕論証の質を意味する

「ロゴス」である。二つめの要素は、感情に働きかける「パトス」である。三つめの要素は、討論そのものでなく、人物の信用を高めようとする、あるいは貶めようとする「エトス」である。ロゴス、パトス、エトス、つまり、道理、感情、評判である。議論にはそれら三つが必要であり、配合比率は聴衆のタイプに合せて調整しなければならない。ちなみに、アリストテレスが述べたのは、議会、法廷、公衆の面前の三つの場面における聴衆である。もちろん、アリストテレスの想定とは異なる聴衆も存在する。また、意見の違う人々を説得し、より多くの人々に訴えかけることも重要だ。(基本的な権利の尊重を擁護する場合)ペレルマンなら、万国の聴衆までも対象にしなければならないと説くだろう。

フランスをはじめとする多くの西側諸国での移民に関する公開討論の内容を検証すると、それら三つの要素の配合が、ますます不均衡になってきたことがわかる。ロゴスは影をひそめ、パトス、さらに悪いことにはエトスが強まってきたのだ。ロゴスは良識ではなく、論理に基づく判断力である。たとえば、世間には、街角の風景を見れば移民問題は一目瞭然だという考えがある。この分析手法は良識である。移民に囲まれて暮らすことを強いられている人々の身になって論じるという、実に単純な手法は不完全な情報に基づく。だからこそ、統計学者と政府の陰謀だという説明がなされるのだ。街角で独自に行なった統計で充分なら「正式な統計」は一体何の役に立つのか。街角に立って目を大きく見開くだけでよいのなら、なぜ多くの研究者が存在するのか。われわれの目を見開かせるという口実のもとに、こうした主張は反啓蒙主義への道筋を開き、アメリカで盛んな非科学的な動きへとわれわれを導く。たしかに、科学者は、演説者がロゴスにパトスとエトスを配合するのを怠れば、最も頑強なロゴスであっても聴衆を説得できないことを心得ている。さらには、配合比率をマスターし、感情と権威に訴えることにより、信頼できる雰囲気を醸し出さなければならないことも了解している。健全な対策は、論争相手のお気に入りの手法を突き止めて細かく分析し、それらから距離を置くことだ。彼らの得意とするのは、「滑りやすい坂論（一つの例外を認めてしまうと、歯止めがかからなくなるという理屈）」、意図せざる結果が導かれるという主張、論敵を絶対悪（ヒトラーやスターリンなど）に仕立てる手法、何の根拠もない判断、仮説に基づく陰謀論の形成などである。

読者が陰謀論めいたつくり話に騙されないようにするには、フランス社会における移民とその子供たちの社会統合の過程を、客観的に総合評価する必要がある。なぜなら、厳然たる事実に勝る論証はないからだ。事実を把握できれば、正確に比較し、本当の比率を知ることができる。私は、計測方法と結果という二つの観点から移民問題を検証する。そしてこの問題の両端からも検証する。すなわち、フランス社会に溶け込む移民の能力、そして移民を受け入れるフランス社会の能力である。まず言えるのは、移民の社会統合に関する評価はさまざまだということだ。充分に語られていないが、社会統合は成功したという明白な評価がある一方で、とくに第二世代に関しては懸念すべき徴候がある。そうした問題に目をつぶるのは間違いだろう。この問題に対処するには、フランス共和党が提唱するように、入国してからすぐにフランスに同化することを義務づけるべきなのか。あるいは、職業分野や出身国に応じた複数の統合形式を想定すべきなのか。

本書が扱う問題は多岐にわたる。

中立的な立場を明確にするために

私はどのような資格があって本書を執筆しているのか。私は、移民に関する「政府公認の統計」をはじき出した統計学者の一人である。というのは、私は公的統計という巨大なネットワークの中核を担うフランス国立統計経済研究所（ＩＮＳＥＥ）の人口調査研究部門の部長を（一九九三年から一九九八年までの）五年間にわたって務めたからだ。その後、私は一九九九年四月から二〇〇九年九月まで、名誉なことにフランス国立人口研究所（ＩＮＥＤ）の所長の職責を果たした。いうまでもなく、本書の内容はこれら二つの機関とは一切関わりがないことを断っておく。逆に、私はこれらの機関に勤めた経験から、研究に関するある種の倫理や倫理そのものなど、実に多くのことを学んだ。

移民問題に関してＩＮＳＥＥとＩＮＥＤは密接に連携している。というのは、両機関は、フランスで一九九二年と二〇〇八年に、移民に関する大規模な調査を行なったからだ。両機関の報告書はおおむね好評だった。しかし、公的討論の場を占拠しようとする極端な考えの持ち主たちは、それらの報告書には偏りがある、あるいは内容が無分別だと批判した。

誤解が生じる根本的な原因は、ＩＮＳＥＥとＩＮＥＤは移民受け入れに反対でも賛成でもないという事実にある。ＩＮＳＥＥとＩＮＥＤにまったく馴染のない用語で表現すると、両機関は移民推進派でも反移民派でもない。両機関の目的は、移民という現象の輪郭を描き出し、規模を把握し、原因と結果を突き止めることにある。ＩＮＳＥＥとＩＮＥＤの中立な立場は、公的機関としての節度を守るという義務や臆病さに起因するのではなく、統計を扱う専門家だけでなく、私が思うには、国民全員に大きな価値をもたらすに違いない思慮深い立場だといえよう。すなわち、**われわれが移民に「賛成」あるいは「反対」である必要はないのだ。**

移民に賛成だろうが反対だろうが、そのことにはもう意味がない。たとえば、それはわれわれの暮らしを変える大きなうねりともいえる人口の高齢化に、賛成あるいは反対しても意味がないのと同じである。われわれがこの段階を通過すれば、移民に関するフランスの公的討論は、成熟した責任のあるものになるだろう。われわれが暮らす世界では、移民は国際貿易の加速や情報化の進展と同じく、持続的でありふれた日常の現実である。次のことを常に心に留めておく必要がある。移民とフランスで生まれた彼らの子供は、フランス人口のおよそ四分の一を占めるという事実だ。国の人口の四分の三が残りの四分の一に賛成あるいは反対を表明したからといって、それにどのような意味があるのか。望むと望まざるにかかわらず、移民とその子孫は、フランスをはじめとする西側諸国において人口の構成要素になっている。彼らを厄介払いしたいと夢見る人々は、ただ夢を見ているにすぎない。

だが、そのことは公的討論の場で移民を議論すべきではないことを意味するのではない。議題には事欠かない。たとえば、移民の入国条件、必要な管理形態、受け入れ組織や社会統合のあり方、権利と義務に関する学習の推進、差別撲滅などである。フランスは、自分たちの行動とフランス共和国の価値観を両立させる最良の手段を熟考しなければならない。フランス共和国の価値観には、人権の普遍性に関する宣言や、さまざまな国際協定によってフランスが世界に普及させた価値観も含まれる。すべての宗教の信者が普遍的な価値観にうまく順応できるかについても、われわれは注視する必要がある（これは移民問題の枠組みを大きく超える問題である）。

先ほど述べた議題はきわめて重要だが、移民がわれわれの懸念のおもな、さらには唯一のテーマになったのではない。われわれのボキャブラリーに「移民主義」や「移民主義者」という言葉を残しておかなければならないとするなら、それは「社会のあらゆる問題を移民と関連づけて考察する態度」という意味のためではないだろうか。この意味で国民戦線（ＦＮ）は正真正銘の移民主義であり、フランス共和党内の右派も同様だ。その証拠に、彼らの政策綱領は、移民や国のアイデンティティという言葉で埋め尽くされている。★

★「移民主義」の本来の意味は「移民受け入れ推進主義」であり、これは一般的に否定的な意味をもつ。だが、著者は、あらゆる社会問題を移民のせいにする思考こそ「移民主義」ではないかと皮肉を述べている。

それらの議題のどれ一つに対しても、移民のいない社会を目指す、あるいは西側諸国から厳選した一部の人々だけを移民として受け入れるという回答はありえない。国民戦線（ＦＮ）は、移民の流入数を二〇分の一にする、つまり事実上、移民の受け入れを廃止すべきだと主張するが、そのようなことはありえない。同様に、数年間にわたって移民という確固たる人口の構成要素、たとえば、家族移民の受け入れを停止する、あるいは一時的に見合わせることができると考えるのも白昼夢である。それは国民に対して国の財政を均衡させるために三年間歳をとらないでくれと要求するようなものだ。それらの計画は、別の次元の思考へと飛躍する。極右の人々は「現実否認」だと糾弾し続ける。ところが、フランスはヒトの大きな流れと無縁であり続けられる、つまり、地中海の南岸や東岸から移民を受け入れることなく孤立した状態を保てると、彼らのように夢想することこそが現実否認なのだ。

私の一部の同僚や友人を落胆させることになるかもしれないが、私は、各自の好みの国で暮らす権利を完全に認める「国境のない世界的な移住」というシナリオも「現実否認」だと考える。[20] 国境の廃止に意味をもたせるには、国内に存在するあらゆる境界（法律、経済、社会、教育などの制度の違い）も廃止しなければならないだろう。というのは、社会同化および統合を確約するには、滞在許可だけでは不充分だからだ。しかし、遠い将来にならなければ実現できないだろう条件をまとめ上げる努力は必要だろう。まずは、送出国において基本的権利を実際に行使できるようにすることだ。基本的権利が保障されれば、各自はアルバート・ハーシュマンの提示する三つの選択肢の中から自由に選ぶことができるようになる。一つめは出生国の法規を遵守する選択（忠誠）、二つめは出生国の法規に反対するためにそこに留まる選択（発言）、三つめは出生国を離れる選択（離脱）である。[21] 外国へ移住する、あるいは移住しない自由がなければ、二〇一五年から二〇一六年の難民危機の際に目の当たりにしたように、移住を強いられて世界各地に散らばる人々は大きな矛盾に直面する。すなわち、受入国となる国々の間での難民の適正な配分と、亡命者自身が希望する受入国があるという現実を、どう調整すればよいのか誰もわからないのだ。移民をゼロにする、あるいは大幅に削減するという考えがある一方で、移住の障壁を完全に排除するという考えがある。つまり、これが現実否認の二つの形式である。

したがって、本書における私の立場は確固たる中立であり、それも学術的な裏づけのある現実的なものだ。中立であるのは、移民は賛否を問わない厳然たる現実であるからだ。確固たるのは、保守的な考え、邪悪な考え、過激な考えが真っ向からぶつかり合い、そうした考えの持ち主たちが、フランスで進行中の確固たる現実を認めることを拒否するからだ。また、移住に関するリベラルなグローバリゼーションを推進する運動を冷ますためでもある。

移民の大量流入〔大規模な補充〕がフランス人を脅かしているのは確かだ。しかし、この脅威は多数派のカトリック／脱宗教の人口がイスラーム教徒の少数派に置き換わることではなく、国のアイデンティティに関する反啓蒙主義的な考えの台頭にある。われわれはそうした動きを恥ずかしく思うべきである。今日、国の凋落を予言することによって国を凋落に陥れるこうした考えが、フランスの誇る革新的で普遍的な価値観に取って代わられようとしている。フランスは、自分たちの輝かしい過去だけでなく、陰鬱な過去に対しても、後悔の念に駆られて衝動的に叫ぶことなく、目を見開くことができなければならない。人権の発祥地であるフランスは、ヨーロッパそして世界において、中東からの亡命者の宗教に関わらず、彼らを大量に受け入れることになっても、わが国にふさわしい立場を再び担うと主張しなければならない。本書が、フランスが極端な思想や身勝手ではなく寛容と希望とともに歩むための一助になれば幸いである。

サルコジ時代の移民政策（二〇〇二～二〇〇四年、二〇〇五～二〇一二年）

過去の政策を評価するには、政策に点数をつけるのではなく、政策が遭遇した拘束を明確にしなければならない。それは将来の拘束に対処するためだ。このことは移民政策についてもいえる。政策をうまく機能させるには、プラスとマイナスの要因を突き止め、持続的な拘束と変動的な要因を切り分ける必要がある。その際、心得ておくべきことが二つある。一つは、最も主意主義的な改革は持続的な拘束によって失敗を余儀なくされることだ。もう一つは、弾力的な対応を可能にするためには変動的な要因を把握することだ。

ストア学派の哲学者は、「自分たちに依存すること」と「自分たちには依存しないこと」を切り分けた。現在もこの枠組みは役立つ。人口の高齢化、フランスと旧植民地との歴史的なつながり、移民の家族呼び寄せを禁止できるのは強権国家だけだということなど、人口学、歴史、法学の面からみた不可逆的な事実データを把握すれば、無駄な努力を省き、実現可能な領域での活動に専念できる。移民に関する政策余地は一般的に考えられているよりも限られているとわかれば、諦観や事なかれ主義という批判をはねのけ、政策がうまく機能する領域を首尾よく定めることができる。

私はこれらの原則に基づいてサルコジの移民政策を検証していく。フランソワ・オランドの移民政策についても同様である。

ニコラ・サルコジは九年間にわたって移民政策を、充分に討議せずに自分の思うように取り仕切った。世間では、そのことは忘れ去られようとしている。内務大臣としての四年間（二〇〇二年五月から二〇〇四年三月まで、そして二〇〇五年六月から二〇〇七年三月まで）と、大統領としての五年間（二〇〇七年五月から二〇一二年五月まで）のことである。サルコジ内務大臣は一期めには、一九八〇年代に定められた移民政策の骨子を遵守したが、二〇〇五年からの二期めには、大きく舵を切り、具体的には、二〇〇六年七月、二〇〇七年一一月、二〇〇八年八月、二〇一一年六月に、全部で四つの法律を制定した。サルコジはフランスの移民政策を「抜本的に改革する」と意気込んだのである。この時期、移民政策の抜本的改革を目指す主意主義は最高潮に達した。一方、後任フランソワ・オランド大統領はこの風潮を和らげようとしたが、サルコジの路線に異議を唱えようとまではしなかった。

サルコジの九年間にわたる移民政策は、今日にいたるまで異例である。しかし、その評価はいまだに不明だ。サルコジの移民政策は、彼の当初の狙い通り、状況を変化させたのか。それとも、移民の入国条件を厳しくし、移民の管理を強化しただけだったのか。当時の移民政策を客観的に評価するだけでなく、政策実行の妨げになった障害の本質と原因についても検証する必要がある。たとえば、改革に対する反対運動や、移民たちが政策による規制を回避する戦略をとったことなどが挙げられる。だが、それら以外にも根源的かつ長期にわたって大きく作用する、人口、経済、社会、法律に関する現実があったが、これらがおよぼす影響は過小評価されている。

過去の移民政策を評価しようと試みるのは、私が最初ではない。フランス大統領任期末に、外国の研究者たちが政治学の視点からフランスの移民政策を評価した。[1] 表現上の配慮が足りない部分があったにせよ、彼らはきわめて妥当な結論を導き出した。すなわち、ニコラ・サルコジの抜本的な改革戦略は、移民流入数の本質、法律、EUの抵抗に直面したのである。さらには、二〇〇九年に出版された社会学者ディディエ・ファッサンと哲学者ミシェル・フェアーが編集した『あのときのフランス』という著作である。この著作は、サルコジが大統領就任当初に打ち出した移民政策に関する詳細な「監査」を掲載している。[2] また、内容の濃い分析だけでなく、サルコジの政策から個人的に影響を受けた移民や難民の証言、そして専門家の実地調査も紹介している。

この監査は政治的な行為であり、二重の理由で客観性に欠けている。一つめの理由は、この著作は、反対派の国会議員の考え、人道主義者の信念、研究者の業績をひとまとめにしているため、論点が混同していることだ（監査を除くそうした理由から、私はこの著作に参加しなかった）。二つめの理由は、結論を出すには時期尚早だったことだ。当時の政策を、反対派の提唱する政策が仮に実行された場合と比較して反証するのは非現実的だ。右派でなく左派寄りの首相なら、滞在許可証の発給は違った方式になるのか。治安維持と人道的な論理との対立は変化するのか。本書はこの著作と比較すると、当然ながら私個人の見解に基づくものであり、より謙虚で遅ればせなものだが、時間が経過しているだけに、左派ならびに右派の移民政策に持続的に影響をおよぼす拘束に、さらなる注意を払っている。

サルコジの移民政策を評価するには、どのような方法を用いればよいのか。最も簡単なのは、公約が実現したかを確認することだ。つまり、政策実施期間中の特殊事情に配慮しつつ、当初の計画の文言と結果を比較するのだ。ところで、当事者らの証言を検証するのも興味深いと思われる。彼ら自身は、将来の教訓を導き出すために自己のそれまでの経験を分析したのだろうか。前者の外部評価という手法は、社会学者および人口学者としての私自身の経験に基づくものだ。しかし、私は後者の手法にも興味がある。というのは、選挙公約に移民に関する基本データがどの程度組み入れられたかを確かめる必要があるからであり、候補者たちの公約に過去の教訓が生かされているかどうかを注視しなければならないからだ。二〇一五年、権力奪還を狙うニコラ・サルコジは、自身の政策の要に、移民問題、国民のアイデンティティ、イスラームを据えた。二〇一七年のフランス大統領選に向けた選挙キャンペーンに先立ち、サルコジは二冊の本を出版した。二〇一六年一月の回顧録[3]と同年八月の政策綱領[4]である。サルコジのそれらの著書には、二〇〇七年から二〇一二年までの大統領在職の期間だけでなく、フランスの移民政策を取り仕切った九年間全体の期間における、自己批判や自身の政策に対する綿密な評価に関する記述は見当たらない。著書によると、サルコジは大統領という立場を忘れて思わず激昂したことがしばしばあったという。他者との意思疎通においていくつかの間違いを犯したと告白しているが、移民と治安の問題（サルコジにとっては、表裏一体の問題）については一切言及していない。サルコジが唯一認める自己の過ちは、決断力を欠いたことだったという。サルコジは、厳しい内容の演説〔二〇一〇年七月グルノーブルでの、移民と治安悪化には密接なつながりがあると述べた有名な演説〕を即座に行なわなかったと後悔しているのだ。ようするに、自分の意見は正しかったのに、自分はそれをすぐに言わなかったと悔やんでいるのである。

「三つの過ち」という寓話

自己批判などする気のないニコラ・サルコジだが、過去の移民政策に対しては手厳しい。フランスを現在の「惨憺たる状態」に導いた右派の移民政策もサルコジの批判対象に含まれる。フランスはそれまでの移民政策によって、社会に同化しない制御不能な移民に脅かされる国になってしまったと嘆くのだ。元フランス大統領サルコジは、自身の政策綱領を記した著書『すべてはフランスのために』のなかで、フランスの移民問題に関するあらゆる不幸の原因は「三つの過ち」にあると説く。すなわち、一九六〇年代の移民労働者の大量雇用、一九七八年の家族呼び寄せの許可、過去三〇年間にわたって移民に関する「まともな議論」を禁じた「画一思考《パンセ・ユニーク》」〔支配階層であるエリート校出身者たちが示す均質的な思想。サルコジはエリート校卒ではない「たたき上げ」である〕の押しつけである[5]。

サルコジは従来の右派には見られなかった極右のお馴染みの論法を、そのまま拝借した。それも当然である。なぜなら、一九五〇年代に始まった移民労働者の大量雇用は、シャルル・ド・ゴール将軍が大統領だったときも〔一九五九〜一九六九年〕、より大がかりに行なわれたからだ。そして家族呼び寄せは、ヴァレリー・ジスカール・デスタンの七年間の大統領任期中に法的に認可されたからだ。そしていわゆる

「画一思考」という覇権が実際に三〇年間にわたって継続したのなら、それは、ミッテラン、シラク、そしてサルコジ自身が大統領だった期間も含まれるはずだからだ。

そうした論証は奇妙な歴史観と結びつき、政権右派の移民政策に異議を述べる国民戦線（FN）の執拗な攻撃スタイルをそのまま利用することになる。このような歴史観は、極端な思想に特有の歴史哲学に依拠する。この歴史哲学では、大きな変化が社会全体に惨憺たる結果をもたらした場合、原因はその大きな変化を引き起こした当初の邪悪な精神にあると考える。パンドラの神話や蛇に誘惑されたイヴの神話のように、不運なめぐり合わせから無理に脱しようとすれば悪が生じ、社会は常にその代償を支払うことになるというのだ。『すべてはフランスのために』にみられるような極端な虚構では、フランスが移民に侵略されたのには三つの一連の原因があるとみる。一つめは利益団体（賃金を引き下げるために移民労働者の受け入れを推進した業界の圧力団体）、二つめはだらしない政治家（家族呼び寄せに関しては、ヴァレリー・ジスカール・デスタンとジャック・シラク）、そして三つめは社会全体に密かに蔓延するイデオロギー（人々に意見を言わせないようにする左派の「画一思考」や「おめでたい考え」）である。サルコジはこれらのシナリオを提示し、賢者なら惨事を回避できたはずだと示唆する。それらの大きな変化について国民全員で討論し、国民投票によって意見を表明することが許されていたのなら、現状のような惨事は起きなかっただろう述べる。

「三つの過ち」という論証は恐ろしく両義的である。ニコラ・サルコジは、不可逆的な歴史を苦々しいものとしながらも歴史を書き換えたいと表明している。著書のなかでサルコジ（あるいは彼のゴースト・ライター）は、フランス国家の過去の過ちに対して「遺憾の意」を表明しているだけに、彼のこの論証は奇妙だ。世間を憤慨させるために組織的な破局論を展開しながら後戻りできない変化が生じたと嘆き、人々を煽っている。サルコジは困難を大きく描き、それを自身が解決すると主張するのだ。こうした矛盾は、最近話題になった書籍のタイトルにもみられる。『フランスのメランコリー』[6]、『フランスの自殺行為』[7]、『不幸なアイデンティティ』[8]である。著者は、告発者であると同時に絶望した人たちである。それらの著作は、預言者の真似（「フランスよ、目を覚ませ」）と無力感が混ざり合っている。彼らは、一九六八年五月以降のフランスのアイデンティティは「画一思考」によって毀損されていると糾弾するが、彼らの虚無主義に対する攻撃自体が虚無主義的な非難になっている。

「三つの過ち」の根本にあるのは、不毛な後悔という同じ矛盾である。政策綱領が記されたサルコジの著作では、フランスの移民に関する惨憺たる状況の原因は「三つの過ち」にあるとみる。ようするに、一つめは、フランスは北アフリカからの移民労働力に頼ることなく自国の自動車産業や鉱業を再建できたのに、移民を入れてしまったからこそこのような世の中になったのだ。二つめは、家族とともに暮らしたり、好きな人と結婚したりする権利を確約する、人権に関する国際協定にフランスが批准してしまったからこそ、わが国には「移民の第二世代」が存在するのだ。三つめは、三〇年前から今日に至るまで、移民問題に関する考察と行動の自由があれば、フランスは自分たちの思うように行動できたはずだ――である。ドンキホーテもどきの夢を描く者たちもいる。彼らはあたかもタイムマシーンに乗って過去を見てきたかのようなことを述べる。たとえば、ジャンヌ・ダルクの時代なら（カール・マルテル、ユリウス・カエサル……であれば）、そのようなことは起きなかったはずであり、勇気あるフランス人は侵略してくる野蛮人を追い払っただろうと力説する。それらの類の本や極端な思想の持ち主のブログにざっと目を通した読者なら、私が誇張しているのではないとわかってもらえるだろう。

このような不毛な後悔が生じる理由は、歴史と同時に、世界ならびにアイデアの多元性を全否定するからだ。何かにつけて「画一思考」だと批判するのは、思想の討論において自身の考えを押しつけようとするからにほかならない。それは公的討論を二元論に追いやることを意味する。ニコラ・サルコジは、移民担当相エリック・ベッソンが二〇一〇年に企画した「国のアイデンティティに関する討論会」の失敗を「画一思考」のせいだと非難した。討論会は行なわれたが、当局が予想していたのとはかけ離れた内容だった。この討論会は行政が主催する代わりに、新聞やテレビなどの自由な言論空間で行なわれ、さまざまな意見が出た。議論に参加した多くの人々は、国のアイデンティティについて話し合う必要はないことを明らかにするために、国のアイデンティティについて熟議したのだ。これこそがわれわれの国のアイデンティティなのではないか。元大統領サルコジが国のアイデンティティを討論すべきかを問う討論会、すなわち、このメタ討論会を思い出して怒りを覚えたのは理解できる。討論会では、フランスのアイデンティティは、多元的、進歩的、動態的であるべきだと結論づけられた。歴史から見出す過去に関する不変的なイメージ、つまり、過去に未来を見出し、至福千年説の反対版でしかない「一〇〇〇年以上の歴史をもつ国フランス」が自分たちのアイデンティティだという考えは、完全に退けられたのである。

過去三〇年間、われわれフランス人は画一思考に毒されて移民に関する「まともな議論」ができなかったという訴えを支持できるのか。事実は、一九九〇年代以降、平均して二年に一度、議会に移民に関する法案が提出され、わが国では移民問題は繰り返し広く議論されてきたのである。

家族呼び寄せに関する本当の話

同じような論法により、フランス大統領ヴァレリー・ジスカール・デスタン、あるいは首相ジャック・シラクが独断で、家族呼び寄せに関する権利を移民に与えたという、極右が盛んに吹聴する話を信じ、歴史を書き直す人々がいる。移民の家族呼び寄せは、一九七六年四月二九日の政令によって認められたのだ。この政令を制定した政府は、一九七四年七月に移民労働者の受け入れを一時停止させた後、フランスにすでに滞在している移民の社会統合を推進する必要があると考え、そのためには移民が配偶者や未成年の子供をフランスに呼び寄せることは不可避だと判断したのである。この政令が規定したのは、家族呼び寄せの条件だけである。すなわち、世帯主の滞在期間が少なくとも一年以上であること、世帯主の残高証明の下限、家族を迎えるのにふさわしい住環境、公序良俗の維持である。それらの条件は一九九〇年代から二〇〇〇年代にかけて次第に厳しくなった[9]。

一九七八年、構造的な失業に対処しようとしたレイモン・バール内閣は、一九七六年の政令の適用を一時停止し、呼び寄せる家族が労働市場に参入しないことを条件に、家族呼び寄せを認可した。だが、フランス移民支援団体（GISTI）はフランス民主労働総連合（CFDT）〔社会党系労働組合〕とフランス労働総同盟（CGT）〔共産党系労働組合〕とともに、この制限を国務院〔行政訴訟における最高裁判所としての役割を担う〕に提訴した。こうした経緯で一九七八年一二月八日に国務院が下したのが、あの「GISTI判決」である。国務院は、バール内閣の政令を無効と見なし、時代を画する原則を打ち出した。すなわち、「法の一般原則、とくに一九四六年一〇月二七日の憲法前文に準ずると、フランスに在住する外国人は、フランス国民と同様に通常の家族生活を送る権利を有する」。さらに「この権利には、フランスに在住する外国人が自分のもとに自身の配偶者ならびに未成年の子供を呼び寄せる権利が含まれる」という見解を示したのである。つまり、労働する権利がなければ、通常の家族生活を送る権利は担保できないのだ。なぜなら、通常の家族生活を送るために必要な資力を確約するのが労働する権利であるからだ。

「GISTI判決」は、国務院の判例のなかでも「偉大な判決」として名を連ねている。通常の家族生活を送る権利に憲法的な価値観を見出したこの判決は、無からはそうした原則は生じないことを示す見事な示唆である。つまり、憲法的な価値観の優位が確認されたのである。振り返って考えると、国務院の判決は、私生活と家族生活の尊重に関する権利を擁護する欧州人権条約の第八条の現代的な解釈を一二年先取りしたにすぎない（後述のように、フランスが国連の条約に批准したこと）。欧州連合基本権憲章の第二四条二項は、「子供に関わるすべての措置は、子供の最善の利益が優先的に考慮されなければならない」と定めている。同じ原則は、フランスが一九九〇年八月七日に批准した国連の「児童の権利に関する条約」の第三条と第九条にも明記されている。すなわち、両親と離れて暮らすことがその子の最善の利益であると認められる場合を除き、子供を両親から引き離すことはできないのだ。

それらの状況を把握すれば、家族呼び寄せの法的な承認を、大統領であろうが首相であろうが、特定の政治家の個人的な判断のせいにしたり、その後の政治家が過去の政治家の失策だと糾弾したりするのは常軌を逸している。家族呼び寄せは、憲法的かつ普遍的な効力をもつ原則に依拠しているのだ。国民戦線（FN）が自分たちのインターネット・サイトでヨーロッパ法を「ソビエト的な支配」だと糾弾したことに驚きはない。逆に、ニコラ・サルコジの政策綱領が記された本（フランス共和党の他の大統領候補の著作も含む）では、家族呼び寄せの原則は「歴史の過ち」に分類されており、法改正、ヨーロッパとの再交渉、国民投票によって、これを阻止すべきではないかと記されているのには当惑せざるをえない。そのような論証はきわめて軽薄である。

つまり、家族呼び寄せは、ヨーロッパ全体で認められている権利であることを思い起こす必要があるのだ。移民が家族を呼び寄せる際の条件に関する参照文献は、二〇〇三年のヨーロッパの指令（2003/86/CE）である。この指令により、EU圏内の最低ラインの法律が確約され、二〇一一年には、EU各国の法規制を欧州連合基本権憲章の精神に近づけ、前者が後者をさらに遵守するようにするために、前者を評価することが欧州委員会の政策提案書に明記された[10]。国レベルでは制限を設けることが可能であり、とくにデンマークなどの一部のEU加盟国には、すでに多くの制限がある。国によって、親子の血縁関係（申請者の両親が存在しない家族）、配偶者の最低年齢、子供の最高年齢（一六歳にまで引き下げ可能）、結婚の実態（偽装結婚の阻止）、申請者の滞在許可の期間（一年以上なら永住権の取得が充分に見込まれること）、残高証明の下限の計算方法（生活保護手当は含めない）、適正な費用での社会統合試験の義務化、言語習得のための授業を受講することなどの制限を設けている。このように、制限はたくさんある。フランスは設定可能な制限をほぼすべて課している。

家族呼び寄せに関する考察を紹介する。

一つめは、社会統合を家族呼び寄せの前提条件にする傾向が強まっていることだ。ヨーロッパ人権擁護協会（AEDH）は、欧州委員会の政策提案書に対して警鐘を鳴らしている[11]。家族を呼び寄せてから社会に統合させる代わりに、呼び寄せる前に社会に統合させようとする傾向があるのだ（言語習得、社会慣習、経済状態）。

これは本末顚倒である。近親者は申請者と一緒に暮らす前に、社会に統合していなければならないのだ。ところが、社会に統合するには、当然ながら時間がかかり、その社会で暮らしてはじめて実現する。社会への統合性をさらなる上流で検査しようとすればするほど、家族呼び寄せの原則自体が揺らぐ恐れがある。

二つめは、家族呼び寄せを禁止した例に対する考察である。今日まで、家族呼び寄せを禁じた国は二種類しかない。ベルリンの壁崩壊以前の共産国と、現在のペルシア湾岸諸国である。たとえば旧東ドイツ（DDR）は、「兄弟国（ベトナム、ポーランド、モザンビーク、ソビエト連邦、ハンガリーなど）」からの「契約労働者（契約移民）」を受け入れた。これは労働者を固定せずに回転させ続ける雇用形態であり、家族呼び寄せは一切認められていなかった。労働者が妊娠した場合には、帰国するか人工中絶しなければならなかった。[12]

一方、ペルシア湾諸国は、都市部を急拡大させるために大量の外国人労働者を利用している（一部の国では、人口のなんと四分の三以上が外国人である）。ペルシア湾岸諸国においても、いかなる形態であれ家族での移民は禁止であり、「雇用主」が移民を極端な生活環境に置くため、移民が現地の人々と交わる機会は一切ない。パリ政治学院のフランス国立科学研究センター（CNRS）の研究員エレーヌ・ティオレは、サウジアラビアにおける移民の待遇を調査した。彼女によると、サウジアラビアは、国外退去、生活空間の隔離、法的差別に基づく「反移民政策」を採用しているという。[13]

移民流入数が大きく異なるとしても、両者の例からわかる重要なことは次の通りだ。家族呼び寄せを禁止するには、法治国家では考えられないほどの強制措置を講じる必要があるということだ。そもそも、民主社会が配偶者や未成年の子供に対して家族とともに暮らしてはならないと禁止し続けることなどできないだろう。そんなことをすれば密入国者の数が増えるだけではないか。民主社会において家族呼び寄せを禁止できると考えるのは、心理的、社会的、法的な分野における最も基本的な現実を否認することになるのは明白である。

移民を「選択する」

誰にでも「タブー」がある。だが、それらのなかでも、ニコラ・サルコジの業績を評価することは、彼の党内では最大のタブーに属する。二〇〇二年から二〇〇四年、そして二〇〇五年から二〇一二年までのサルコジの業績を事後検証することなど論外であり、それをあえてやろうとする者は排除される。元大統領サルコジは研究者の自己評価する傾向を嘲笑ったが、他人には評価させず、また自己評価もしないとは奇妙な態度である。[14]

たしかに、政治活動は定期的に世論調査という試練にさらされる。しかし、選挙民によるそうした査定は漠然としたものにすぎない。それは活動に対する詳細な評価ではない。会計検査院などの監査機関が実施するような一定の方法に従って目的と結果を照らし合わせる評価ではない。たとえば、フランソワ・オランドが失業率をもち出したように、政治責任者が社会経済指標の推移によって自身の活動を評価してほしいと宣言しても、世間は客観的な事実に服従するという政治家の態度を称賛せず、そうした態度は軽率であり、傲慢だと酷評する。だが、本書ではあえてそうした評価を行なってみよう。

六年間に、フランス議会はニコラ・サルコジの主導により、二〇〇六年、二〇〇七年、二〇一一年に、移民に関する法案を三つ可決した。最も野心的なのは二〇〇六年七月二四日の移民法（サルコジ法）

である。この法律には二重の目的があった。「押しつけられた移民」でなく「選択された移民」を受け入れながら、フランスの長期的なアイデンティティを保護し、フランスの統治権を回復させるために移民を減らすことである。二〇〇七年一一月二〇日の「オルトフー法」は、家族呼び寄せの条件を厳しくし、外国人の国外退去の手続きを簡略化した。一方、二〇一一年六月一六日の「ベッソン法」は、ヨーロッパのいくつかの指令（「帰還」、「ブルーカード（高度技能移民に対するビザ）」、「処罰」などに関する指令）をフランスの法律に取り入れ、移民の管理を強化した。本書は、フランスの移民政策を抜本的に「改革する」という野望を掲げたそれらの法律の根本についてのみ語る。

そうした野望は、ニコラ・サルコジの二〇〇五年から二〇〇七年までの長期にわたる大統領選挙戦において強力なセールス・ポイントになった。そのスローガンは、「選択された移民はイエス、押しつけられた移民はノー」だった。この標語は語呂がよくて覚えやすいだけでなく、穏健派の選挙民もこれをもっともな提案だと見なした。すなわち、「移民はイエスだが、流入数は穏当であるべきだ」、「どんな移民でも構わないというのではなく、移民の流入数を厳格に管理することが優先課題だ」、「流入数を減らすと同時に移民の資格基準を引き上げるべきだ」という考えだ。しかし、この選択された移民という政策の背後には、国のアイデンティティに対する懸念がすでに芽生えていた。ニコラ・サルコジは二〇〇六年の議会の冒頭で、移民の流入数の管理のあり方、そしてどのような移民を受け入れるかによって、フランスの様相は将来的に変化すると述べた。サルコジの決まり文句は、「移民問題が三〇年後のフランスを決める」だった。将来のフランスに「過剰な数の」移民は必要ではなく、途上国からの移民をフランスの経済状況に応じて厳しく選別すべきだと示唆したのだ。さらには、移民の出身国に頭脳流出というマイナスの効果が生じないようにすべきであり、途上国の国民の移住の可能性を制限することは彼らの利益なのだという、利他主義かつ父権主義的な議論を展開した。だが、この議論に騙される者は誰もいなかった。

二〇〇六年のサルコジ法の前文を読むと、この法律は、国民戦線（FN）の「移民ゼロ」という政策と左派の移民を無差別に迎え入れるという政策の中間にある第三の道筋だと思われた。フランスが一九七四年から停止してきた技能労働者の移民に門戸を再び開いたのである。右派だけでなく極右も移民の流入数を厳格に管理するという約束に魅了された。一方、左派の選挙民は、今後は経済状況に応じて労働移民を迎え入れるというアイデアに納得したようだった。

二〇〇六年の議会での討論を詳細に分析した私は、表明された目的は、移民流入数を減らしながらもフランス経済に資する移民の数が家族呼び寄せなどの形態の移民の数に勝るようにするという、新たな移民バランスを構築することにあると示した。[15] 二〇〇六年初頭に利用できた統計によると、フランスの県は非ヨーロッパ人に対して毎年一六万五〇〇〇枚の一年以上の滞在許可証を発行していた。法案を通そうとしていた国民運動連合（UMP〔総裁はサルコジだった〕）の議員たちは、この法案の意義を説明することに躊躇した。均衡を回復させることがこの法案の主眼だと述べる者たちがいた。「一六万五〇〇〇枚の滞在許可書のうちの九万二五〇〇枚は、家族呼び寄せの名目で発行されている。経済に資する移民の滞在許可証はたったの一万一〇〇〇枚だ。政府はそれら二つの数字を均衡させる。つまり、家族呼び寄せを五〇％、経済に資する移民を五〇％にするのだ[16]」。

ニコラ・サルコジ自らが語ったように、家族に呼び寄せられる移民を大幅に削減するだけでなく、厳選した労働移民を呼び寄せる必要があるという意見もあった。

フランスにやってくる移民に労働移民の占める割合がまだ七％でしかないことに、私は納得がいかない。われわれは、過去三〇年にわたってこの矛盾に満ちたシステムに耐え忍んできたが、そこから抜け出さなければならない。国内の雇用を守ることを理由に、労働行政の硬直的な管理システムによって技能をもつ外国人がフランスにやってくることが阻止された。そして同時に、まったくもって不条理なことに、家族移民の流入数が増加するのが放置されたため、フランスの労働市場はきわめて不均衡になった。ほとんどの場合、なんの技能もなくフランス社会にほとんど統合しない外国人をわが国に呼び寄せたのである。[17]

選択された移民と押しつけられた移民を対比させたのは、二〇〇二年から二〇〇五年まで移民問題に関する内務大臣のアドバイザーを務めたマキシム・タンドネだろう。私の知る限り、これをスローガンにしたのは二〇〇五年五月から二〇〇七年五月までジャック・シラク大統領のもとで首相を務めたドミニク・ド・ビルパンだ。このスローガンが世間に広まったのは、その後にニコラ・サルコジが借用したからだ。国際労働市場では「選択された移民」という概念は驚くに当たらない。これまでに多くの国は、経済協力開発機構（ＯＥＣＤ）が「自由裁量の移民」と分類する技能のある移民を雇用してきた。一九九九年から二〇〇四年まで欧州委員会委員長を務めたロマーノ・プロディは、カナダの移民政策を引き合いにして「われわれは移民を選ぶべきだ」と主張した。では逆に、選んだのではない移民は「押しつけられた」のか。つまり、彼らは望ましくない人々なのかが問題になった。[18]「望ましくない」といっても、家族や学生などの移民は不法移民ではない。

二〇〇六年の法律、そして二〇〇七年と二〇一一年に公布された法律を思い起こしてみよう。「押しつけられた移民」の流入数を減らすために、家族呼び寄せだけでなく外国人との婚姻条件も厳しくした。国務院や憲法評議会が異議を唱えるのではないかという心配はあったが、それらの方針を見直すことはしなかった。選択された移民の選別方式に関しては、研究者、企業幹部、投資家などを対象にする「能力と才能」という滞在証が新設された。フランスで修士号や博士号を取得する外国人学生は、フランスの大企業で六ヵ月程度就労できるようになったのである（商業系の有名大学にとっては朗報だったが、二〇一一年に内務・移民大臣のクロード・ゲアンはこれに制約を設けようとしたため、抗議が殺到した）。

「選択された就労移民」をどのような方式にするかについて、いくつかのためらいがあった。カナダの「ポイント・システム」のように、ある種の人材競争にすべきだったのか。カナダ方式では、フランス語がしゃべれ、高学歴で、若くも高齢でもない候補者が優遇される。当初、国民運動連合（UMP）の議員たちはカナダ方式に魅力を感じていたが、最終的には非常に異なる方式を選んだ。フランス人の働き手が足りない「人手不足の職業」に就く外国人を募集したのである。

それら二つの方式はきわめて異なる考えに基づく。カナダ方式では労働市場の機能は考慮されない。この方式は、労働市場の需給を一致させることは考えない個別のアプローチであり、社会統合率が高いと推定される候補者の受け入れを優先するという（経済学者が言うところの）「判別統計」を行なう。追跡調査を行なったカナダ当局は、ポイント・システムの選別規範が数年後のより円滑な社会統合と正の相関関係にあることを示している。

カナダ方式とはまったく異なる人手不足の職業に就く外国人を受け入れるという方式は、フランスの議員がイタリアとスペインの方式を真似たのだが、これは元来一九七〇年代のスイスの方式である。スイスでは、産業部門ごと、そして州ごとに、さまざまな目的（産業団体、経営者、労働組合、地方議員、労働省の委員会）に照らし合わせながら自国民の労働力が不足する職業を把握し、当局はそれらの需要を満たすために地方別および産業別の次年度雇用計画をまとめる。

当然ながら、それら二つの方式には行政コストが発生する。前者は国が選抜試験を行なうコストであり、後者は産業別および地方別に計画を立てるためのコストである。フランスの場合、それら二つの方式をめぐるコスト比較や長期的な影響に関する事前評価は一切行なわれなかった。

公的討論をまったく行なわずに最終的に後者を選択した移民省と労働省は、二〇〇六年の法律を施行する政令の準備のために、地域ごと、産業部門ごとに、労働力の不足する職業を洗い出すという難行に取り組んだ。ところが、それらのリストは移民送出国との二国間協定に抵触した。二国間協定は、国の法律よりも優先されるのだ。したがって、県の労働局と公共職業安定所（ANPE）は混乱した。

そうした「移民外交」は当然の結果を引き起こした。二〇〇七年一二月二〇日の通達により、外国人を受け入れる「人手不足の職業」に関する二種類のリストがつくられた。ルーマニア人とブルガリア人なら一五〇種類の職業に就ける可能性があったが、非ヨーロッパ人は三〇種類の高度な能力を要する職業にしか就けなかった。それらのリストにアルジェリア人とチュニジア人が就ける職業はなく、セネガル、ガボン、コンゴは、彼らの国民が就くことができる職業を増やすように要求した。こうしてリストを修正するための新たな二国間交渉が行なわれた。総括すると、マグレブやサブサハラ地域出身の就労移民の候補者は、高度な資格を要する稀な職業にしか就けなかった。彼らがほとんど技能を要しないサービス業の職業に志願することはできなかったのだ。というのは、フランス人や東ヨーロッパ人と競合することになるかもしれないからだ。「選択された移民」という方式に騙される者は誰もいなかった。望ましくない出自（おもに途上国）を補うことができるのは、高度な技能だけだったのである。

このシステムは、きわめて性質の異なる二つの規範に抵触した。一つめは当時ルイ・シュバイツァー〔ルノーの元会長〕が委員長を務めていた「差別防止および平等のための高等機関（ＨＡＬＤＥ）」の規範だ。二〇〇八年一〇月にこの機関は、出身国に基づく就労者の「民族選別」に異議を唱え、リストを一本化するように要請した。しかし、この見解に対し、政府からはいかなる回答もなかった。二つめは、この問題に関して詳細な報告書を作成した経済学者ジル・サン゠ポールの批判である。サン゠ポールは、「移民が就労できる職業の数と対象になる地域の失業率との間には相関関係の有意性がない」ことを示し、「人手不足」の概念自体を疑問視し、次のように結論づけた。「経済学的な観点だけからいえば、目的が労働市場における特定分野の人手不足の解消であるのなら、量による調整（移民を増やす）と同時に、価格による調整（賃上げ）を行なうべきだろう[19]」。

国民戦線（ＦＮ）はなぜ「選択された移民」政策と決別したのか

「選択された移民」という政策は完全な失敗に終わったが、この失敗はあまり知られていない。サルコジ大統領とフィヨン首相の五年間〔二〇〇七年から二〇一二年まで〕に、季節労働でない就労移民の数はおよそ二万人で頭打ちだった一方で、さまざまな種類の「押しつけられた移民」を合計した数が一五万人を下回ることはなかった。二〇〇七年一月に私は著書『移民の時代』〔フランソワ・エラン著、林昌宏訳、明石書店、二〇〇八年〕において、そのような目的は非現実的だという診断を下したため、大統領官邸の怒りを買った。そのことについては第7章で語る。とにかく、一連の出来事を振り返ると、私が正しかったのである。

二〇一一年にエリック・ベッソンに代わってクロード・ゲアンが内務・移民大臣に就任すると、ゲアンは二〇〇七年末から始まった「選択移民政策」を突如中断した。まったくもって皮肉なことに、これと同時期、内務・移民省はフランスの移民政策に関する報告書を発表したが、そこには、滞在許可証に関する当局のもったいぶった解釈が記載されていた。

大統領、首相、移民・統合・国家アイデンティティ・連帯開発大臣の移民政策の狙いは、フランスの移民流入数を抑制し、就労移民、より一般的には国益をもたらす移民を優遇することである。なお、この政策は移民送出国の発展にも配慮するものである。[20]

この報告書は、就労移民の数が増えたことを歓迎していた。

近年、就労目的の移民に発行される滞在許可証の数が急増している。わが国の経済需要に一致する技能をもつ労働者を呼び寄せるという政策が成果を上げたのである。[21]

マキシム・タンドネは、大統領官邸がどの時点で、二〇〇七年の大統領選で重要な役割を担った選択移民政策に終止符を打ったのかを書き留めている。時は二〇一一年四月一日、ニコラ・サルコジは移民に関する会議を開いた。国境付近の警備体制、移民の留置、病気の外国人の受け入れについて話し合われたところで、新たに大臣に就任したクロード・ゲアンが不意に静かな声で次のように述べたという。「ところで、就労移民を制限するための政令を出した。フランスにはかなりの失業者がいる」。大統領は同調した。「毎年、労働力人口は一〇万人増加している。ドイツは移民の労働力を必要としているが、フランスの事情は異なる」。そして次の議題へと移ったという。[22]

この裏話を漏らしたアドバイザーのタンドネは仰天したのだ。彼は二〇〇四年から二〇〇五年にかけて選択移民政策をまとめ上げた一人だったので、どうしても自身の驚愕を読者に打ち明けたかったのだろう。それと同時に二つのことを指摘している。彼によると、この会議を境として「教義が一変した」、「イデオロギーの大転換が起きた」というのだ。[23]まったくもって正しい見立てである。方針の急転換は、「フランスにはかなりの失業者がいる」という文句だけで正当化されたのだ。この文句を述べたのは、労働大臣でも経済担当大臣でもない。そのような議論をもち出した人物〔クロード・ゲアン〕にこの分野を語る能力はない。彼は法学で学位をとり、フランス国立行政学院（ＥＮＡ）卒の地方長官だった人物である。事前評価や査定をせず、自分の省が発表したばかりの議会報告書にも言及しなかった。しかし、内務大臣〔クロード・ゲアン〕のこうした厚かましさには大統領〔サルコジ〕の後ろ盾があったのだ。これは当時の大統領官邸の意思決定システムが実に軽率だったことを示す証拠といえる。

二〇〇八年の世界金融危機によって失業率が上昇したことを理由に、技能のある外国人が人手不足の職業に就労することを抑制したのか。だが、それらの雇用数は微々たるものだった。二〇〇六年の法律によって、就労移民に対する門戸はわずかに開かれたにすぎない。第三国の国民には毎年二〇万枚の滞在許可証が発給されていたが、就労移民に対する滞在許可証の数が二万枚を超えることはなかった。これは発給される滞在許可証全体の一〇%未満である（この計算には、少なくとも三年連続してやってくる季節労働者は含まれていない）。フランスのこの割合は、ヨーロッパの平均値（北欧諸国や西欧諸国の二〇%）と比較するときわめて低く、カナダの四〇%とは大差である。つまり、二〇一一年の三月から四月にかけての方針転換により、わずかに開かれた門戸は閉じられたのである。だが、そこには明らかな思い違いがあった。

その時期の二七〇万人の失業者に対し、二万人の技能のある外国人は〇・七%から〇・八%にすぎない。この移民流入数の削減こそが失業対策だと主張するのは単なる錯覚だが、クロード・ゲアンの移民の数字に対するほとんどの発言には、こうした錯誤の兆候が確認できる。数字を相対的に捉える感覚が欠如しているのだ。この雇用方式では「選択された労働者」が求人難の職においてフランス人失業者と競合することはまったくなかった。それにもかかわらず、クロード・ゲアンは本来なら「人手不足の産業部門においては、《場合によっては》外国人の労働力に頼らなければならない」と言うべきはずのところを、「人手不足の産業部門があるからといって、《絶対に》外国人の労働力に頼らなければならないということはない[24]」と宣言したのである。クロード・ゲアンは、それまでの移民政策を一刀両断した。まったくもって奇妙なことに、今度は「選択された移民」が「押しつけられた移民」という不名誉なレッテルを貼られたのである。「能力と才能」という滞在許可証が発給される数百人の有能な科学者を除き、すべての合法移民が望ましくないと見なされるようになったのだ。

大統領の主要な政策が頓挫したことに関して、経済学的な観点から見た合理的な理由はまったくなかった。なぜか。その理由は失業率の上昇でなく、台頭する極右の国民戦線（FN）の議論によるものだったからだ。そのことを証明するために事実を時系列順に思い起こしてみよう。その三週間前、『ル・モンド』紙に「最新の世論調査では、マリーヌ・ル・ペンが支持率を伸ばす」[25]というタイトルの記事が出た。第一回投票でどの候補者に入れるかという世論調査では、ル・ペンが二三%、ニコラ・サルコジが二一%、社会党の候補も同じく二一%だった。その世論調査が行なわれたのは、国民戦線（FN）の党首ル・ペンが、移民政策の数値の記載された報告書に対する非難文書を発表したばかりの時期だった。その文書において、ル・ペンはとくに就労移民の増加を弾劾した。

経済危機の渦中において、とくに糾弾の対象にすべきは就労移民の著しい増加だ。わが国では失業率が急増し、勤労者の購買力は急落している。それなのに二〇〇七年に外国からフランスにやって来た就労移民の数は、二〇〇七年の一万九九八五人から二〇一〇年には三万二一三二人になった。わずか数年間に六一%も増加したのである。[26]

これらの数値は少し誇張されており、議会報告書の数値と一致しない。私は彼らが示す数値の引用元を突き止められなかった（国民戦線の公式発表でよく起きる問題）。しかし、政府はまったく反論しなかった。これらの絶対数がフランスにおける毎年発給される滞在許可証に占める割合はごくわずかであり、二〇〇六年七月の法律によって新たな移民に門戸が開かれたことを考慮すれば、六〇%の増加は驚くに当たらない。だが、誰もそのように指摘しなかったのである。政府の広報官のなかで、議会報告書が就労移民について何気なく公表したプラスのコメントを追認する者は誰もいなかった。クロード・ゲアンは失業率が高いことを理由に挙げて就労移民を阻止する必要性を繰り返し述べた。ゲアンは、マリーヌ・ル・ペンの主張に反論しようとは決してしなかったのである。支持層を広げる余地を見出した国民戦線の党首ル・ペンは、その後、数ヵ月にわたって同じ主張を繰り返し、移民政策に関する政府の報告書を「惨憺たるものだ」と執拗に攻撃した。

労働移民が急増した。就労目的の滞在許可証の発給数は、二〇〇五年の一万一四三七枚から二〇一〇年には二万五四三二枚になった。数年間で一一二%の増加率だ。（……）労働移民を増やすためのお膳立てをしたのは、なんとニコラ・サルコジ政権だったのである。[27]

国民戦線は、「能力と才能」への滞在許可証や、第三国に開かれた職業リストなどの措置に関して詳細な目録を作成し、次のように結論づけた。

政府が労働移民を推進したのは完全に間違いだ。（……）経済危機の最中であり、大量の失業者が存在するという社会状況において、（マリーヌ・ル・ペンは）労働移民を増やすという政策の継続を重大な犯罪行為と見なす。この政策により、労働者やエンジニアをはじめとするすべてのフランス人が不利益を被る。ル・ペンは、職業リストの作成、「能力と才能」への滞在許可証、季節労働移民の入国簡素化など、サルコジの講じたさまざまな措置を廃止するように要求する。政府は、大企業の経営者たちの命令に従うのをやめるべきだ。彼らは、労働者の賃金を引き下げるために移民を利用しようとしているのだ。[28]

暴力的な語彙（「犯罪行為」という煽動的な言葉）に加え、政策の具体例を列挙するのは、素人を納得させるには非常に効果的だった。ル・ペンは演説で古典的な手法を用いたのである。つまり、絶対数（「二万五四三二枚の滞在許可証」）を述べながらも、それが国レベルでどのくらいの割合を占めるかについては言及せず（実際には、労働力人口の〇・一％にも満たない）、始まったばかりの現象の推移を示すためにパーセンテージ（「一一二％」）だけを使って説明したのである。政府が国民戦線のそれらの主張に反論し、数字の操作を指摘するのは容易だったはずだが、クロード・ゲアンは労働移民の受け入れ停止を宣言しただけで、マリーヌ・ル・ペンの政策をそのまま採用したのである。

大統領〔サルコジ〕と大臣〔ゲアン〕の戦略だったのか、移民の数値を数量比較するという教養がなかったのか、彼ら自身も信じていなかった「選択された移民政策」を葬り去りたかったのか、明らかな失敗を隠蔽しようとしたのか。それらの仮説のどれが正しいのか。複合的な場合も考えられるだろう。いつの日か歴史家が大統領官邸や内務省の記録を調べて真相を解明するだろう。いずれにせよ重要なのは、二〇一一年三月のある日、ニコラ・サルコジとクロード・ゲアンは、大統領選の一年前に支持率を伸ばしたマリーヌ・ル・ペンに糾弾された「選択された移民政策」を打ち切る決断を下したということだ。二〇一一年三月の政策変更に合理的な理由があるとするなら、それは経済学的なものでなく選挙対策のためだったのである。

削減できない「押しつけられた移民」

次に、「選択された移民」の対をなす「押しつけられた移民」について検証しなければならないだろう。就労移民の数を「押しつけられた移民」より増やすという目標は達成されなかった。目標には遠くおよばなかったのである。三つの移民法（二〇〇六年、二〇〇八年、二〇一一年）にもかかわらず、フランス滞在を正式に認められた非ヨーロッパ移民の数は、二〇〇六年から二〇一二年の期間、二〇〇六年の法律が施行されたことによる事務手続き上の問題によって一時的に減ったことを除けば、およそ二〇万人と不変だった。サルコジ＝フィヨン政権時（二〇〇七年から二〇一一年）に移民問題に取り組んだ大臣たちが、家族呼び寄せの移民の数を削減できなかったのはなぜか。さらに根本的な疑問として、主意主義を高らかに唱え、それまでの政府の無策を嘲笑ったサルコジ政権の移民政策が効果を発揮しなかったのはなぜか。

私は国民運動連合（UMP）や「共和党員」の備忘録にこの失敗に関する反省の弁を探し出そうとしたが、徒労に終わった。ニコラ・サルコジのゴースト・ライターらによる大統領の回顧録にもそうした記述はなかった。さらには、この章で後ほど述べるが、社会党（PS）や国民戦線（FN）の記録にも見当たらない。唯一の自己批判らしきものは、自分たちの行動を妨げた「画一思考」に原因があったのであり、障害を取り除くためにもっと積極的に行動すべきだったという独自の理論に基づく反省である。これについては後ほど語る。

「押しつけられた移民から選択された移民への移行」という大衆の支持を得やすいスローガンの背後に

は、意味論的、法的な企みが隠されていた。すなわち、完全に合法な移民の流入を「押しつけられた」ものと見なすようになったのだ。そうはいっても、移民の大半は「押しつけられた」移民なのだ。つまり、フランス人の外国人配偶者などの家族呼び寄せ、難民申請の認定を待つ者、救急医療の必要な外国人、就労しないと約束して自分の子供と一緒に暮らすことにした年老いた両親、そして途上国の学生などである。

入国してくる移民を国がきちんと管理するというのが「押しつけられた移民」という見方に横たわる教義である。ニコラ・サルコジは、フランスには「フランスが望む人物」を受け入れるという「絶対的な権利」があると繰り返し説明してきた。こうした統治権の要求は当然の権利だと盛んに訴えたのだ〔「フランスは、なぜそうすることができない《世界で唯一の国なのか》というサルコジの主張〕。ところで、一九九三年八月一三日に憲法評議会は、パスクワ法によって決まった警察の身分証明書の確認は外国人差別だという社会党の主張を退けた。サルコジの主張する「フランスにはフランスが望む人物を受け入れる絶対的な権利がある」という統治権の要求は、この憲法評議会の決定を真似たのだろう。しかし、憲法評議会は、外国人に基本的自由を保障する国際協定や憲法原則はあるが、フランスの領土にいる外国人は外国人だと述べただけであり、外国人は「フランスに滞在中は絶対的な権利」を要求できず、当局が実施する外国人の滞在許可証の確認行為は、外国人差別ではないと指摘しただけである〔外国人の滞在が合法的かを調べることは許される〕。

専門家の間ではよく知られているが一般にはあまり知られていないこの憲法評議会の文書は、今日でもフランスの移民法の根幹をなしている。ところが、〔サルコジのような〕統治権論者はこの文書を誤読する。憲法ではフランスに滞在する外国人には絶対的な権利が保障されていない〔外国人の滞在が合法的かを調べることは許される〕ことを理由に、統治権論者は、フランスには外国人の滞在権を拒否する絶対的な権利があると結論づけるのだ。

だが、それは憲法評議会の見解とはまったく異なる〔サルコジは、国には家族呼び寄せなどの合法な移民の滞在さえ拒否する絶対的な権利があると主張する〕。フランスは統治権をもつが、この統治権はフランスに滞在しようとする人物に対して個別に行使されるのではない。フランスは批准した国際協定を遵守しなければならないのだ。たとえば、配偶者を選ぶ権利（フランス人は外国人と結婚でき、外国人の配偶者をフランスに呼び寄せることができる）、家族で暮らす権利（フランスに住む外国人は、配偶者や未成年の子供と一緒に暮らすことができる）、両親と一緒に暮らす未成年の子供の権利、難民申請をする権利（一九五一年にジュネーヴで採択された「難民の地位に関する条約」、出自や意見の違いを理由に迫害される恐れのある人々を保護するために、一九六七年にニューヨークで採択された「難民の地位に関する議定書」）などである。私は、家族呼び寄せに関してこの点をすでに指摘した。それらの国際協定はフランスの権限でもって批准されたのだから、それらがフランスの統治権に抵触すると主張することはできない。そしてフランスの元首がそれらの協定を無視すれば、フランスは国際社会から自ら離脱することになる。万国共通の規則を遵守しなければならないのはもちろんのこと、われわれはこの拘束に自ら合意したのである。

それらの移民に加え、フランスで高等教育を受けたいと望む学生としての移民がいる。学生の場合、適用されるのは法律でなく、構想中の準法律である。つまり、外国の有名大学で高等教育を受ける権利だ。フランスは、アメリカ、カナダ、イギリス、ドイツと並んで、世界中から自国の大学に外国人学生を呼び寄せる留学大国である。「キャンパス・フランス」というフランス政府留学局は、留学生の受け入れを積極的に支援している。実際に、大学の学長たちは、留学生の受け入れに関して大きな権限をもつ。

そうはいっても、国は移民制度が濫用されないように管理し、難民認定申請者が訴える迫害の現実を検証する権限をもつ。国は、家族呼び寄せの申請の際に家族関係を確認したり、知事に対して実際の家族関係を監視するように要請したりすることもできる。そして移民の受け入れ条件（預金残高の下限、申請者の滞在期間、公序良俗の尊重、一夫多妻でないこと）を定めるのは国である。

それらの法的考察に照らし合わせると、第三国の移民に毎年発給される二〇万枚の滞在許可証には特徴がある。少なくとも九〇％の場合、たとえ大半の人々がいずれ何らかの形で労働市場に参入することになるとしても、フランスでの滞在が認められる人々は就労目的の移民ではない[29]。彼らがフランスにやって来るのは、フランスの人口ピラミッドの欠落を補うためでも、求人難の職に就くためでもない。彼らはフランスに入国する権利があるからこそ、やってくるのだ。この権利は、法制度が監視すると同時に、法制度自体が特別な団体に監査されることによって適用される。フランスの移民の大半に当てはまるのは市場の論理ではなく、権利の論理なのだ。したがって、移民の純然たる功利主義的な弁明は成り立たないのである（たとえ事後にそう言明できる場合であっても、である）。そのようなねじれは以前にもあった。それは一九七〇年代中ごろ、フランスがドイツに倣って労働移民を受け入れることを中断したときのことである。そのとき以来、婚姻による移民、家族呼び寄せ、留学生、難民認定申請者らで占める移民流入と景況との結びつきは、ほぼなくなった。移民流入数を自国経済の需要に一致させようと夢見る選挙公約は、きわめて基本的な現実を理解していないのである。

近視眼的で記憶喪失状態の政策活動と決別したいのなら、政策を結果で判断し、目標を達成できなかった場合には、その理由を把握しなければならない。政策の実施前後を比較しながら一連の措置の影響を推し測る「政策評価」は、現在、注目の専門分野だ。評価する際は、評価する以外の要因を中立化する必要がある。私は公共政策の評価に詳しい研究者たちに、移民政策をじっくりと評価してほしいと声をかけている。彼らの洗練された技術に頼るのも方法だが、私は本書でその先陣を切る。私は、自分の行なう評価は大筋において正しい結論を導き出していると考える。

政策結果を評価する際は、掲げられた目標に応じて行なう必要がある。当初、政策責任者は、自身の政策によって変化が生じると主張した。その人物によると、前任者たちは何もせず、やるべきことが山積しているということだった。このようにして「抜本的改革」と称する大言壮語による政策論が展開される(たとえば、これまで左派も右派も「教育制度改革」という言葉を、何度叫んできたことか)。たいていの場合、ほんの少し距離を置いて眺めるだけで、掲げられた改革は限定的な効果しかもたらさず、長期的な傾向に飲み込まれたことがわかる。二〇〇六年、二〇〇八年、二〇一一年に可決された移民管理法は、一九九三年と一九九六年の法律（パスクワ法）、そして一九九七年の法律（ドブレ法）の延長である。平均して二年ごとに、議会は同じ目標を掲げる移民に関する法律を可決した。すなわち、滞在するための資格の厳格化、不法移民の取り締まり強化、難民認定の迅速化、関係各省庁の連携強化などである。

「私が望むのは……」★

ニコラ・サルコジの場合、従来の政治理念が自身の政策綱領の斬新な点だと考えていた。これにはめまいを覚える。彼の言い分では、それまでの数十年間（三〇年間、あるいは四〇年間と、演説によって異なる）、無策が続いたという。だからこそ、改革の実行によって（左派に原因のある）先人たちのタブーを打ち砕く必要があるというのだ。サルコジは、自分以外の者たちは何もわかっていないと声高に主張したのである。サルコジのそのような主張に信憑性はほとんどなかった。元来、自己主張する政治責任者は「前代未聞」を生み出す能力を誇示しなければならないが、（歴史学者などを筆頭に）社会科学の研究者はそうした主張に異議を唱える。それまでの出来事に膨大な知識をもつ研究者は「既視感」を見出す。だからこそ、科学者が誰も主張しなかった本当の改革を提唱することもある。

★サルコジの決まり文句。

連続性、あるいは急変か。これは古典的な難問である。社会学者、人口学者であり、人類学も学んだ私は、本人の主張する急変よりも明白な連続性を機敏に感じとる。ニコラ・サルコジの場合、変革に対する彼の意志は、変革の意志をもつ自分自身を称えるという極端な形式を示す。これがサルコジの「主意主義」

であり、彼は真っ先に移民問題においてこれを発揮しようとし、政敵をあきらめた臆病者と切り捨てた。

世間では、主意主義はよいことなのではないかと思われる傾向がある。たしかに、ド・ゴールやチャーチルは主意主義者だった。しかし、ヒトラーやスターリンは彼らよりも主意主義ではなかった。主意主義自体に価値はまったくなく、唯一重要なのはその方向性である。よって、主意主義はその結果によって判断されなければならない。つまり、社会の厚生はその主意主義によって実際に改善されたのかどうかである。主意主義者の束の間の興奮は無能に通じる。世間は、政治的意志がほんの少しあれば、改革を推進し、事なかれ主義の行政の抵抗を打ち破ることができると思っている。ある法律に効果がないと判明すると、すぐに新たな法律をつくろうとする。同じ幻想を抱く県は通達を出す（「とくに、次のことに注意するように……」）。ところが、人間の行動の基本的な原動力や活動手段を無視する度し難い意欲は、なんの解決ももたらさない。移民問題は言葉や政令という魔法だけでは制御できない人間の複合的な現実に属することなのだ。

ニコラ・サルコジの精神には、県、警察組織、住民を監視するために現場に対して常に圧力をかけるという意欲が、昼間は目が見えない不眠症の「びっこの悪魔」のように、回帰的な幻想として現われた。すなわち、夜間に問題地区に立ち入り、リーダー格を逮捕し、ヘリコプターからの照明を使って犯罪者を追い詰め、場所、時間、メディアを占領するという幻想である。サルコジは、自分の気に入らない移民担当大臣を次のように叱咤した。「大臣は、すべての警察官や憲兵隊員に周知されていなければならない。夜、君は人前に出るべきだ。そうすれば、人々は朝刊を広げながら《大臣は僕たちのために一晩中せっせと働いていたんだ》と思うはずだ」[1]。さらには、大統領の次のような熱のこもった一節だ。

取り巻きは、「大統領、外出しすぎです。あまりあちこち出歩くと危険です。大統領に歯向かう者たちがいます」と忠告する。だが、私は自分を攻撃する奴がいればいるほど、もっと外出する。午前だろうが午後だろうが関係ない。常時外出する。私はどこにでも同時に現われてやる。誰にも私の邪魔をさせない。[2]

マキシム・タンドネの日誌には、たとえば、大統領がパリ北部郊外へ夜間の視察に訪れた顚末が記されている。地域住民は、大統領一団のこの奇妙な視察に驚くと同時にあきれたという。[3]大統領は、地方議員が街頭の声に耳を傾けるように、自分は道端で偶然出会う人を個人的に助けることができると幾度となく自慢していた。二〇一〇年六月、大統領は、パリ郊外の路線バスの運転手らが、同僚が乗客から暴行を受けたことに抗議するためにストライキを起こしたと知ると、パリ交通公団の車庫に突如現われ、バスの運転手らをセーヌ＝サン＝ドニ県の知事に引き合わせた。「大統領は見上げたものだ。彼は国立行政学院（ENA）卒のエリート連中とは違う。睡眠もとらずに二四時間体制で現場を見て回っている。目の下に隈があるじゃないか。大統領がいてくれれば、われわれは安全だ」。[4]

大統領の警護班を不安に陥れるそれらの無謀な企てがもたらした結果については、なんの言及もない。私を含めたパリ郊外の住民にとって、幻想にとらわれたこれらの言葉は「本当の人々」の意見を表わしているのではなく、大統領が現実をまったく理解していないという証拠だった。「現実」からかけ離れた認識をもつニコラ・サルコジは、パリ郊外に足を踏み入れただけだった。一方、彼のアドバイザーのパトリック・ビュイッソンは最下層の実態調査を命じるという、また別の形態によってサルコジの幻想に加担した。

極端な主意主義者にとって、失敗は容認できず、失敗を分析することなど論外なのだ。二〇一一年二月、大統領は、なかなか下がらない犯罪率に関して全国の知事に発破をかける準備をしていた内務大臣ブリス・オルトフーに対し、次のようにアドバイスした。「成績の悪い奴がいて言い訳しようとしたら、そいつにこう言ってやれ。《俺は大臣だ。お前の説明はどうだっていい。お前は自分の目標を達成すればよいのだ。それがお前の仕事だろ》」[5]。分析を無視すれば、数値政策が失敗に帰すのは当然の帰結だろう。

やり方がわからないのにやろうとする

「意志あるところに道がある」という。問題の条件を無視するのではなく統合しようとするのなら、これは行動する人間にとって金言である。さもなければ、政界から離れて、自律訓練法、コーチング、自己暗示法などのお世話にならなければならない。現実では、やり方がわからないのにやろうとすれば、むなしい期待を育むことになる。

そうした警告はあらゆる幻想に当てはまる。主意主義者の移民政策が「現実」の壁にぶつかった例には事欠かない。

――書類手続きを煩雑にしても、滞在希望者をあきらめさせることはできず、彼らは他の方法を模索するだけである。

――不法越境案内人のネットワークを解体する必要はもちろんあるが、不法移民の仲介市場を壊滅することはできない。国境を超えることが難しくなればなるほど、そうした仲介市場は繁盛し続ける。

――国境(例：アメリカとメキシコとの間やフランスとイギリスの間)に塀をつくると、入国しようとする者たちの努力と苦痛が増すだけだ。流入数は減速するだけで絶えることはない。

――非ヨーロッパの移民に付与する滞在許可証の数を半減させる、さらには一〇分の一や二〇分の一にするべきだという主張(二〇一二年の大統領選中、ニコラ・サルコジとマリーヌ・ル・ペンの宣言)は、こうした削減が過去七年間において不可能だった理由を説明できない限り、単なるでまかせである。

――家族呼び寄せの廃止(家族呼び寄せを禁止したのは、ベルリンの壁崩壊以前の共産国と現在のペルシア湾岸諸国の二つの例しかない)は、フランスが家族とともに暮らすという人権を確約する国際協定から離脱する理由を説明できない限り、実現不可能な願いでしかない。

――「経済需要」に応じて移民の流入を制御できると主張する者は、一九七四年以降、移民流入数は景況とは関連性がなくなったという事実を忘れている。なぜなら、移民流入数を司るのは、おもに人権の論理だからだ。

――移民にお金を渡して祖国に帰ってもらう政策(「帰還政策」)は、たいした成果をもたらさない。志願者にとっては朗報だが、帰郷を考えている者たちはすでに貯金しているからだ。

――移民に対して入国前から社会に統合しろと要求するのは、社会同化は（社会統合よりも）時間のかかる過程であることを無視する拙速な行為だ。フランス人が外国に長期滞在する場合を考えればわかることだ。

こうした例はまだたくさんある。これらの主意主義に基づく行動は程度の差こそあれ、行動力の誇示というよりも無能であることの告白である。

アメリカではしばしば、人口の推移に対する決定論について「人口動態は宿命ではない」と述べ、人為的に操作できる余地があると主張する。だが、現実はもっと複雑だ。人口データによっては、現状では予測できない人間の行動に依存するものがある（例：三〇年後の合計特殊出生率）。また、政策を講じる余地がまったくない人口データもある。なぜなら、それらは不可逆的な過去の行動がもたらす現在の結果であるからだ（ベビー・ブーム世代の高齢化や、一九七〇年代以降の平均寿命の急伸によって人口ピラミッドに新たな年齢階層が加わったことなど）。人口学の学識と改革をめざす活動を結びつけるには、ストア派が提唱したように「自分たちに依存すること」と「自分たちには依存しないこと」を切り分ける必要がある。研究者は直観に基づいて政策を提唱するのではない。研究者には絶対的な使命があるのだ。すなわち、信頼できるデータがあるのなら、可能と不可能との境界を描き出し、さらには、短期的に不可能であっても、長期的にはまだ可能であることの境目を見出すことだ。

だが、それだけでは不充分だ。では、どう行動を導けばよいのか。研究者が唯一期待するのは、政治責任者が現実的な拘束を把握して活動の目標をうまく定めることだ。政治責任者は自身のエネルギーを節約できる一方で、選挙民は意味なく失望することがなくなる。政策の選択には専門家や研究者の視座が必要不可欠だが、彼らの見解がそのまま政策になることはない。

移民省の行政力

二〇〇七年五月の大統領選以前にニコラ・サルコジが準備した政策のおもな野望は、移民問題に関して協調性のある仕組みをつくるために関係各省庁の連携を強化することだった。第一次フィヨン内閣時に創設された移民省がその証だった。この省の正式な名称は、「移民、社会統合、国家アイデンティティ、共同開発省」だった（その後、最後の「共同開発」は「連帯開発」になった）。行政改革を主導したのは、ジャック・シラクの元選挙対策委員長で国務院のメンバーであるパトリック・ステファニーニだった。最初にこの職に就いたのは、大統領の古くからの親友ブリス・オルトフーだった。何の準備もなくこの職に就き、移民問題に関する特別な知識をもち合せていなかったオルトフーは、二〇〇九年一月にエリック・ベッソンと交代させられた。アリアンヌ・シュマンとヴァネッサ・シュネイダーの調査[6]によると、この交代の主因は、ブリス・オルトフーが不法移民対策に関して充分な成果を収められなかったことだという。一方、エリック・ベッソンは国家のアイデンティティに関する討論会の運営に失敗したため、大統領はベッソンに代わって大統領官邸事務総局長のクロード・ゲアンを抜擢した。移民問題よりも県行政に通じていたゲアンは、内務省と移民省だけにすることを条件に、移民担当大臣の職責を引き受けた。

滞在許可、ビザや滞在許可証の発給、留学生の選考、難民業務、社会統合、不法移民対策、帰化、移民の出身国の開発支援など、移民政策のさまざまな側面に責任をもつ複数の行政機関を一つにまとめる巨大な移民省というアイデアに終止符が打たれたのである。関係各省庁（外務省、法務省、労働省、文科省、経済省など）が抵抗したため、監督権は複数の省の間で重複することになった。しかし、そうした環境で作成される議会への年次報告書では、さまざまな行政機関が管轄する問題が列挙されるにすぎず、新たな統合が生み出されることはなかった。新たな出来事としては、内務省の名称に「移民」という単語が組み入れられたのと、移民の支援でなく管理が優先されるようになったことだ。多くの案件は複合的な問題であるため、内務省はそれらの問題に対処する能力をもたなかった。

二〇一一年五月三一日の「ゲアンの通達」はこうした状況を如実に表わしていた。フランスで修士号や博士号を取得した留学生は、フランス企業において六ヵ月間の就労が認められていたが、この通達により、この制度の適用が制限されることになった。県の担当者は学位を精査し、申請者の学位が職務内容に適切かどうかを検証することになったのである（原則として、学位と関係のない職種の職業には就けなくなった）。処理すべき書類は山積し、内務大臣はエリート校での討論会でつるし上げられた。高い技能をもつ移民の数を六〇〇〇〇人から三〇〇〇〇人に減らそうという考えは、経済学的な観点から見て完全に不合理だった（三万人の失業者とどういう関係があるのか）。フランスの国際的な威信は損なわれた。社会党が政権を奪回すると、「ゲアンの通達」は廃止された。移民問題のあらゆる側面を知事の権限で管理しようという内務大臣の主張は、移民問題がもつ複合性の壁にぶつかった。国際移民は、人口学、地理、経済、社会、政治、法律、市民という側面を同時にもつ問題なのだ。したがって、行政権を一つの省に集中させて、たった一つの視点から管理しようとするのも現実を無視することだった。

移民政策を複雑にする三つの要因

これまで本書で語った「移民政策」は、移民政策の唯一の当事者は国であるという前提で語った。すべての政策は、選挙日程や議会の立法機能だけによって促される、政府の決め事だという前提だ。だが当然ながら、全体像ははるかに複合的である。

複合的である一つめの原因は、移民問題は法的なさまざまな段階で扱われるからだ。順番に並べると、国際協定、二国間条約、憲法法議会の判断、国務院の見解、破棄院の決定、法律、政令、通達、その他の裁判所の決定、中央国境警察（ＤＣＰＡＦ）の判断、県や知事の条例などである。そして役所の窓口での担当官の日々の業務もある。まず、最前線に位置する二つの公的機関の重要な役割を思い起こしてみよう。一つめの機関は、合法移民の受け入れと統合を担う「移民局（ＯＦＩＩ）」である。もう一つの機関は、難民認定申請者を予審し、第一審の判決時に彼らを保護するかどうかを決定する「難民および無国籍者保護局（ＯＦＰＲＡ）」である。却下された場合、申請者は「難民認定申請権全国裁判所（ＣＮＤＡ）」に上告できる。それらの機関以外にも、留学生を選考する確固たる自治権をもつ大学がある。また、外国にあるフランス領事館はビザの申請業務を民間企業に委託するようになったため、それらの民間企業も移民問題に関与する。

複合的である二つめの要素は市町村の自治である。社会科学高等研究院（ＥＨＥＳＳ）と国立開発研究所（ＩＲＤ）の人類学者ミシェル・アジエによると、移民の通過、受け入れ、拒絶などに関して、都市によって対応はかなり異なるという。アジエは、こうした現象はフランスだけでなく、ドイツ、オランダ、スペインでも確認できると指摘する。大都市、さらには中堅都市でも、移民の受け入れと社会統合のために、住宅、教育、語学、医療に関する独自の政策を実施している。地域の取り組みは、財源の割り当てを変えただけであっても、共通の法的拘束を抱えながらも国の政策とかなり異なる。

最後に、移民政策の実施を複雑、あるいはスムーズにする三つめの要因は、第三セクターの役割である。第三セクターは法律で定められているだけでなく厳しく監督されている。第三セクターにはおもに三つの形態がある。一つめは法的支援である。法的支援がなければ、多くの移民は移民法という密林で迷子になるだろう。二つめは人道支援である。入国したばかりの移民にとってはきわめて重要だ。三つめは国費でのサービス提供である（例：「受け入れ統合契約」の枠組みにおいて提供されるフランス語の授業）。一般的に、ヨーロッパ諸国では「仲介システム」（例：貧困家庭の借家契約の仲介）が発達している。

移民政策における第三セクターの役割を過小評価してはならない。たとえば、二〇一五年の第４四半期の「難民危機」のときのように、移民受け入れ政策に見られるドイツとフランスの根本的な違いは、移民の「システム環境設定」だけでなく、両国における第三セクターの特色の違いとも関係があるのではないか。ドイツの第三セクター（とくに、宗教団体）は緊急時の人道支援に力を入れる一方で、フランスの第三セクターは国際協定に基づきフランスにやってくる通常移民に法律や医療などのサービス提供を優先する傾向がある。移民政策に関する国のスタイルと、移民を支援する第三セクターの特色との間につながりがあるというのは仮説にすぎないが、これは検証する必要があるだろう。

サンガットからカレーへ――問題は移動しただけ

移民問題の複雑さと移民の抵抗を考察するには、サンガットの顚末を整理する必要がある。イギリスへ向かう途中の通過移民は、フェリー乗り場やドーバー海峡の海底トンネルの入口で足止めを食らった。この事態への対処法は四つしかない。一つめは思い切って難民キャンプを閉鎖ないし解体することだ。二つめは不法移民を国外退去させることによって問題を国境の外側に移すことだ（国外退去させられるのはフランス滞在期間の長い一部の移民だけだ）。三つめは当時者をフランス全土に分散させ、難民認定申請するように促すことだ（勧告を受け入れない移民に他の選択肢はない）。四つめは、かなり時間はかかるが、テュケ条約を完全に見直すという交渉である（イギリス政府は応じないだろう）。

ニコラ・サルコジは、それら四つの選択肢から一つめの対処法を選んだ。すなわち、後先を考えず、難民キャンプの無条件の解体である。この対処法では問題は解決されず、問題の存在する場所が移動するだけなのは実行する前から歴然だった。カレーの荒れ地とサンガットは数キロメートルしか離れていない。しかし、内務大臣から大統領になったサルコジは耳を貸さず、瞬間的にメディアで大きく取り上げられたことに満足した。

最終的に最も現実的な対処法は、亡命者たちがフランスに難民認定申請を行ない、フランス全土に点在する難民受け入れセンターに均等に分散するように促すことだ。これは二〇一五年に「移民局（ＯＦＩＩ）」と「難民および無国籍者保護局（ＯＦＰＲＡ）」、ならびに相互扶助団体が示した対処法だ。

つまり、イギリスへ向かう途中の通過移民を法的にフランスへの避難民に変えるのだ。二〇一六年一〇月二四日に、内務大臣ベルナール・カズヌーヴはこれを実行した。

仏英間のテュケ条約の見直しは、きわめて見通しの悪い長期的な課題である。この条約は、二〇〇三年二月にニコラ・サルコジとデイビット・ブランケットの両内務大臣の間で締結された。イギリス海峡と北海に面する港の国境管理に関する条約は、両国にとって形式的な観点から同等に起草されたとは言い難い。この条約により、フランスは難民認定申請者あるいはイギリスで滞在しようとする者の下請け業者の役割を負うことになった。

シェンゲン圏〔ヨーロッパの国家間において国境検査なしで国境を超えられる領域〕外にあり、ヨーロッパの片隅に位置する政治力のある島国に屈服したと、ニコラ・サルコジを非難することはできないだろう。移民問題を指揮した九年間に、サルコジがサンガットやカレーの難民キャンプの問題に効果的な解決策を見いだせなかったことも理解できる。しかし、サルコジは難民キャンプを数キロメートル移動させただけだったのに、この一件を自身の移民流入の管理能力の証として自慢しようとしたことは、まったくもって理解できない。声高らかな主意主義者サルコジは、移住を望む者たちに一切の解決策を提供することを拒んだ。とくに、難民認定の申請という解決策を提示することは論外だった。突破口が開かれることになると懸念したのか。しかし、サンガットで足止めを食らった数千人という数は、現実には、サルコジ大統領下で毎年二〇万枚発給される滞在許可証を得る移民の数の五〇分の一から一〇〇分の一にしか相当しない。難民の受け入れを公正に配分する作業を通じてヨーロッパ規模で難民問題に取り組むことこそが、正しい主意主義だったはずだ。

2

サルコジ後、あるいは彼の負の遺産

先ほど述べたように、関係者はサルコジ時代の移民政策を充分に検証していない。もちろん、こうしたことはよくある。すでに廃止された「選択された移民政策」や、後ほど詳述する他のいくつかの要素を除き、フランソワ・オランドとマニュエル・ヴァルス〔社会党政権〕は、サルコジの遺産の大部分を再検討することなく引き継いだ。二〇一七年の大統領選の予備選挙においても、左派であろうが右派であろうが、すべての候補者たちにも同じことが言える。しかし、二つの例外がある。国境を廃止せよと訴えた反資本主義新党（ＮＰＡ）と、ニコラ・サルコジの遺産を頑として拒否し、サルコジは無能だと酷評した国民戦線である。だが、それらの批判は一般的に極端であり、そこから実現性のある移民政策を導き出すことはできない。

人口学的、法的な拘束に照らし合わせながら、各候補たちの政策綱領を振り返ってみよう。

ニコラ・サルコジが総裁を務める党の幹部のなかで、二〇〇五年から二〇一二年までの移民政策を検証しようとする者は誰もいなかった。二〇一六年一一月、中道右派の予備選挙の際、批判はほとんど出ず、あったとしても内容はきわめて曖昧だった。党内からの批判がほとんどなかった理由は、党の選挙広報担当者の命令だったからか、政敵の攻撃を警戒したからか、党から除名処分を食らう恐れがあったからだろうか。おそらくそれらの理由のすべてが少しずつ当てはまるのだろう。

サルコジの「責任」を糾弾したのは、ビグマリオン事件〔大統領選の不正会計疑惑〕後に元大統領〔サルコジ〕と険悪の仲になったジャン＝フランソワ・コペだけだった。コペは、サルコジが「医療国家手当（AME）〔不法滞在者であっても三ヵ月以上滞在する者に提供される医療サービス〕」を廃止しなかったことを「尻込みした」と糾弾したのである[1]〔不法移民の問題について、コペはサルコジよりも厳しい立場をとった〕。だが、この攻撃は問題の本質までにはいたらなかった。一方、アラン・ジュペ〔サルコジと同じ党の重鎮〕は自身のブログで「われわれの移民政策の改革」を語ったが、ほのめかすだけで、どの時期に行なうのかは明示しなかった。ジュペが推奨する措置は、移民流入の最適管理、シェンゲン圏の強化、難民認定申請の処理の迅速化など、従来型の政策だった。ジュペの元大統領との唯一の顕著な違いは、フランスは「アイデンティティの危機」を嘆くべきではないと述べた点だ。ジュペはサルコジほど「移民の社会同化」を求めていなかったのである（社会統合のほうが大切）。これはジュペの信条だった。

予備選挙のもう一人の候補ブリュノ・ル・メールは、コペの批判を和らげた。「われわれは移民問題に関して抜本的な政策をとらず、《かなり以前から尻込みしている》」と述べた。かなり以前とは、いつのことなのか。ル・メールの政策も実施時期が曖昧で、彼が提唱する政策を検証すると、サルコジ大統領任期中の政策と同じだ。すなわち、難民認定申請の予審の迅速化、却下された者の国外退去、家族呼び寄せに関する規則の遵守、欧州国境の監視強化である。ル・メールはそれらのことを二〇一六年九月に発表した一〇〇〇ページにもわたる「大統領選の公約」のなかで詳述した。ル・メールは古くからあるアイデアをもち出した（移民流入数の数値目標を議会で毎年可決すること、「難民および無国籍者保護局（OFPRA）」の強化、移民の出生国との再認定合意の交渉、移民流入に関する仏独の協力体制の推進、中東のキリスト教徒の保護など）。ル・メールはそれら以外にも古いアイデアを焼き直した（国が不法移民に提供する医療サービスを救急医療で代替すること、フランスの歴史および記憶に関する機関を設立すること）。一方、ナタリー・コシュースコ＝モリゼは、「シェンゲン協定の見直し」、「家族呼び寄せの削減」、フランス経済のニーズに見合う就労移民の選択を主張した。[2] コシュースコ＝モリゼは、次に掲げる三つの点で自分は元大統領と異なると語った。一つめは難民認定申請者がフランスの国益にかなう技能をもっている場合は就労を許可すること、二つめは不法移民への「医療国家手当（AME）」を継続すること、三つめは出生地主義を維持することだ（それはわれわれの歴史の一部だという理由から〕。コシュースコ＝モリゼは予備選挙中に、サルコジの提唱する新たな政策との違いを明確に打ち出したが〔移民に対して強硬なサルコジの政策に対し、寛容な政策を提唱した〕、彼女が対象にしたのはニコラ・サルコジが大統領だったときの政策ではない。彼女の主張には、二〇〇五年から二〇一二年にかけての移民政策に対する批判的なほのめかしは一切なかった〔彼女自身、サルコジ大統領下で大臣を務めた〕。

フランソワ・フィヨンの「選択された移民」に対する奇妙な評価

二〇一六年一一月の中道右派の予備選挙で予想外の勝利を収めたフランソワ・フィヨンは、二〇一四年に「移民に関するタブーと価値観」[3]という冊子を作成した。フィヨンは自身の首相時代の評価を守ろうとして「選択された移民」に一ページを費やしたが、それは単に論点をぼかすためだった。当初の目的は年間の移民流入の総数に占める就労移民の割合を過半数にすることだったが、フィヨンは就労移民を「優遇する」という意味だったと主張した。たしかに、サルコジ大統領の五年間に家族移民の数は「あまり減らなかった」が、留学生の数は急増した。したがって、「選択された移民政策」が効果を発揮したとも言える。しかし、それは歴史を書き換えている。なぜなら、当初の考えは途上国からの頭脳流出を抑止しながら優秀な学生を優遇することだったからだ。だが、そのようなことはまったく行なわれなかった。クロード・ゲアン〔フィヨン内閣の内務大臣〕が、フランスの大学で修士号あるいは博士号を取得後にフランスで就労を希望する留学生を妨害したことは記憶に新しい。

フランソワ・フィヨンは次のように総括する。「《選択された移民政策》により、われわれは満足できる結果が得られた」（はたしてそれはどんな結果だったのか）。そうはいっても、この政策を再び施行するのは論外であるという。なぜなら、「もう現状に見合っていない」からだ。理由は三つあるという。一つめは経済危機が継続していること、二つめは家族移民が再び増加したこと（社会党の「寛容主義」のせいにしているが、現実にはフィヨン内閣の書類審査のスピードが遅れたことが原因）、そしてとくに三つめの理由が重要だとして難民認定申請者が増加したことを挙げている（しかしながら、彼らに発給される滞在許可証は全体の一〇％未満）。元首相（フィヨン）は、フランス政府の毎年発給する滞在許可証が二〇万枚で安定的であることをどう説明するのか。フィヨンはそのことには一言も触れず、自己の責任を社会党になすりつけ、社会党なら二〇万枚を超えたはずだとうそぶいた。それはわずかな違いを大きく捉えて政治のせいにする行為だ。実際に、移民流入数は政権が代わってもほとんど変化しなかった。そのことを認めるのが誠実な態度だろう。

フランソワ・フィヨンは、「移民流入数を最低限に減らす」という目標を掲げたが、年間二〇万枚の滞在許可証という数値をどのくらい引き下げるのかについては言及を避けた。フィヨンの提唱する措置は、国境警備の強化、「医療国家手当（AME）」に代わる救急医療、難民認定申請を却下された者を国外退去させる、国境警備での国外追放の執行率を引き上げる、配偶者や家族の呼び寄せに関する条件を厳しくするなど、きわめて従来型だった。基本的権利に関するヨーロッパ協定を再交渉するという曖昧な発言を除き、それまでに到達できなかった目標をどうやって達成するのかについての説明はなかった。

「フランスは、受け入れる難民の数でヨーロッパ二位の寛容な国である」という巷で流布している事実に反する主張がここでも登場した。繰り返しになるが、国際比較は比率においてのみ意味をもつ。受入国の人口に対する難民認定申請者の数（さらには、EU統計局〔欧州委員会の統計担当部局〕が行なうように受入国のGDPとの比較）では、ヨーロッパにおいてフランスは寛容でなく凡庸な国なのだ。フランスは難民認定申請者を寛容に受け入れてきたという認識は間違っている。

ワークシェアリングと移民の受け入れ――右派と左派の奇妙なやり取り

フランソワ・フィヨンは、最後に「移民流入数はフランスの受け入れ容量と統合の許容量に依存する」と憲法に明記しようと訴えた。この原則に基づき、移民流入数の「受け入れ量」を議会で毎年審議するというのだ。

方向性は間違っていないと思われるかもしれない。しかしながら、この提案を検証すると、すぐにきわめて単純な理由によって、それは不可能だとわかる。なぜなら、この提案は「サイズの変わらないパイという詭弁」に基づいているからだ。このパイには、社会のさまざまな要因が関与する。ほとんどの経済学者は、パイのサイズは不変という考えを詭弁だと考える。それは二〇一四年にノーベル経済学賞を受賞したジャン・ティロールの名著『良き社会の経済学』[4]を読めばわかる。ティロールはこの著書で広範囲の事柄を扱っている。たとえば、市場機能、金融危機、気候変動、外交、EUの役割、新たな雇用形態、労働契約、公共サービスの変遷、デジタル経済、利他主義と利己主義、信頼の役割、多数のアイデンティティと社会規範、大学における研究者の役割などだ。このような多岐にわたるテーマを扱うなかで、移民問題の言及は数行である。これは現代の重要な問題は移民問題の観点から検証しなくてもよいという証拠だろう。ティロールは移民問題をフランス社会の「大きな均衡」に対する脅威とは考えていない。ティロールは、「サイズの変わらない雇用の詭弁」という論証において、そのことに言及している。社会や個人は、労働時間を自由に決められる。逆に、「労働時間を減らし、定年退職の年齢を引き上げ、移民の流入を阻止し、保護主義的な措置を採用する、あるいは兵役を復活させて他者のために雇用を創出するというアイデアは、理論的にも経験的にも何の根拠もない[5]」という。これを言い換えると、移民が国の雇用を「奪う」と考えるのは、移民が労働と消費によって経済成長に寄与するのに、サイズの変わらないパイという労働神話を抱き続けることである。

本書では、経験に基づく研究がティロールの断言と同様に説得力をもつのかという問題を長々と論じるつもりはない。ここでは左派と右派の奇妙なやり取りを指摘しておく。従来の左派は、労働時間の短縮に関してワークシェアリングはプラスの効果をもたらすと主張するが、リベラルな右派は雇用に悪影響をもたらす、あるいはほとんど効果がないと強弁する。ところが、移民の労働問題になると、立場は入れ替わる。今度は距離を置いて考察するのは左派である。左派は、移民を経済成長に資する生産者であり消費者だと見なす[6]。一方、右派はサイズの変わらないパイという退行した考えをもち出し、「外国人がフランス人の職を奪う」と述べて脅威を煽る。たとえば、二〇一六年八月にニコラ・サルコジが発表した選挙公約には明白な矛盾があった。週三五時間労働制に関して、労働量は不変だというのは詭弁だと嘲笑った一方で、移民の労働を糾弾したのだ[7]。

労働量は不変だと考えるのは誤りだとするなら、移民受け入れ容量には限りがあるという詭弁も同じように扱うべきだ。たしかに、移民受け入れ量に一時的な限界はあるが、時間の経過を考慮する動態的アプローチにおいても限界があるのか。経済協力開発機構（ＯＥＣＤ）やＥＵ統計局の比較データを一瞥すれば、それは固定観念だとわかる。国の人口に占める移民の割合は、ルクセンブルクの四四％からハンガリーの五％未満と、ヨーロッパ諸国間で大きく異なる。移民流入数も同様である。つまり、毎年「吸収可能」な移民や難民の数の上限を定める最適規準を提示できる国は存在しないのだ。現実には、「移民受け入れ容量は、限界がある、不変である、計測可能である」という考えに科学的な根拠はまったくないのである。それは〔移民政策の〕財源の分散と経済成長に関する政策に依存するのだ。

人口学者が「最適な人口規模」という概念を扱わなくなったのも偶然ではない。この概念はアルフレッド・ソーヴィーの著作につきまとっていた。この概念は「人新世《アントロポセン》〔人類が優占する新たな地質年代〕」や「有限なる地球」という観点とともに再び注目されるようになった。しかし、最適な人口規模という概念において重要なのは、人間の数よりも生活様式であり、生活様式は操作しやすいイデオロギーと結びつきがあることもわかっている。ジャック・ヴェロンも指摘するように[8]、自然環境への圧力を減らすために人間の数を減らすだけでは、われわれは自分たちの消費形態を変革するという義務を怠ることになる。人口学者は、人口規模に関して私が「人口主義」と呼ぶ考えと決別しなければならない。人間の数がすべてを決めるという考えは間違っている。

実際に、移民の受け入れ容量は、過去に「人口の不測の増加」が引き起こした問題と同じである。この点に関して私は、『移民の時代』の後半で論述した。一九四六年から二〇一六年にかけて、フランスの人口は予想外に何度も急増した。一〇〇〇万人の移民、ベビー・ブームによる一〇〇〇万人の増加（国立人口研究所《INED》が母親を調査したところ、ベビー・ブーム期間中に生まれた子供の四分の一は避妊に失敗した結果だったという）、同様に、誰も予想しなかった平均寿命の伸びによる長生きする高齢者、さらには一九六二年にアルジェリアからフランスに戻った一〇〇万人である。それらのたびごとに、新たな人々を受け入れる容量は不足しているという主張があったのか。

「新生児を迎え入れるのと外国人を受け入れるのでは、話がまったく違う」と思われるかもしれない。そのように考えるのは自由だが、次のように述べるべきではないか。人口の望ましい増加とそうではない増加との区別を述べる際には、受け入れ容量という技術的な問題と切り離して論じるべきだ。というのは、この区別は政治的および道徳的な選択であるからだ。

マルサス主義の移民版

ヨーロッパでは、過去にも似たような問題に関する長年の論争があった。トマス・マルサスは『人口論』の第二版において、定員超過になった貧者たちは食糧不足によって自然淘汰されると主張した。「自然という饗宴に、貧者のための空席はない」。この決まった席数こそジャン・ティロールが指摘する詭弁である。マルサスの時代、過剰なのは貧者だったが、二〇世紀と二一世紀では、どのような移民が優遇されるかは状況に応じて変化する。たとえば、人口を増やす移民よりも就労移民、次に経済移民よりも難民、イスラーム教徒の難民よりもキリスト教徒の難民が優遇されるなどだ。

マルサス主義の移民版に、エコロジー編というものが存在する。たとえば、二〇〇四年一一月、スイス国民は自然環境の保護のために「移民と人口過剰を制限しよう」と訴える「エコポップ」という非営利組織の大衆煽動型の政策を拒否した。この組織が主張したのは、マルサス主義とディープエコロジー〔人間の利益でなく環境保護自体を目的とする運動〕の混ぜ合わせである。人口増加の望ましい部分とそうでない部分との間に障壁を設けるようなことすれば、人類は一つという理念は瓦解するだろう。

アメリカの人類学者ジョージ・フォスターの有名な論文によると、農民社会は「限定されたよきもの」にしがみつき、創造的な協力に異議を唱えるという。[9] フランソワ・フィヨンの二〇一七年の大統領選の公約はまさにその典型であり、ゼロサムゲームという古臭い考えに基づいていた。実際に、フィヨンは「《移民流入数はフランスの受け入れと社会統合に関する容量に依存する》と憲法に明記しよう」と提案した。この原則に基づき、移民の「受け入れ量」を毎年議会で可決しようというのだ。このアイデアは以前から存在した。二〇〇七年にニコラ・サルコジが打ち出し、二〇一二年にフランソワ・オランドが再び取り上げたこのアイデアが実行に移されることは決してなかった。われわれはその理由を考えてみる必要がある。

フランソワ・フィヨンは、移民の受け入れ容量、ならびに入口段階で実施する彼らの統合能力に応じて「移民流入数を最低限に抑制する」と公約した。これは正しい措置だと思われるかもしれないが、冷静に検証すると実現不可能な提案だとわかる。まず、法的な観点から見て憲法に書き込むのはほぼ無理だ（「移民は次に掲げる事柄によって決まる……」という文言）。次に、雇用、住宅、「社会的な情勢」という三つの状況から移民流入数の上限を導き出すという設定は想像しがたい。経済学者ギルス・セント＝ポールが酷評した「求人難の職種のリストアップ」というお役所風の計画を民間企業に押しつけることができるのか。経済学に関する動態的な観点から検証すれば、「受け入れ量」というアイデアは葬り去られる。たとえば、移民労働者自身も住宅着工件数に寄与することを考えてみればわかる〔移民は労働者であり、消費者でもある〕。週三五時間労働制という法規制の撤廃の根拠を説明するには、労働量は不変であるという詭弁を否定しないと、明白な矛盾を引き起こす。そしてこの地で生まれた者たちの雇用を移民から守るためにも、労働量は不変であるという詭弁を駆使しなければ矛盾に陥る。ようするに、移民の受け入れ容量という詭弁を憲法に書き込めるのかは、かなり疑問だ。

外国には移民流入数の上限を定める制度があるという反論があるかもしれない。イタリアとスペインの「移民流入に関する政令」は、殺到する難民によってすぐに機能しなくなった。では、カナダの「ポイント制」はどうか。学位、語学力、職業経験に応じて移民を選択するこの方式では、移民の受け入れ数の上限が議会で審議されるのは事実だが、形式は異なる。上限が定められる対象は、資格のある労働移民であり、家族とともに暮らすなど、基本的人権に基づいてやってくる移民ではない。カナダの場合、人権が制限されることがあるとすれば、それは長蛇の待ち行列ができる場合だけである。しかも、カナダの連邦政府は、就労移民の流入数の上限をきわめて高く設定している。カナダの人口はフランスの半分だが、カナダは年間四万五〇〇〇人の就労移民を受け入れている。これは労働目的でフランスに入国する一万八〇〇〇人と比較すると、人口比率に換算すると五倍である。さらには、カナダには連邦政府と同等の州独自の移民受け入れ枠もある。カナダのそうした措置の目的は、滞在申請者の資格を検証するためであって、移民流入数を制限するためでも年ごとに流入数を平準化させるためでもない。付言すると、カナダのポイント制がうまく機能するのは、唯一の隣国アメリカのおかげである。つまり、ポイント制によって排除されやすいヒスパニック系の移民は、カナダ人口の一〇倍のアメリカが吸収してくれるのである。ようするに、カナダの移民政策は特殊な事例なのだ。

それらの法的要因や事実関係を考慮すると、移民流入数を制限するために受け入れ容量という詭弁に合憲性を与えることは、私は難しいと考える。フランス大統領候補が移民流入数を調節しようとするのはわかるが、それを不安定な要素（不変的でなく動態的な労働市場の見通しなど）に基づいて行うことはできない。そうした目的を達成するために、たとえば奨励策あるいは抑止策などを講じる方法もあるが、それらは二〇〇八年から二〇一六年までに行なわれた移民政策に対する現実に基づく批判的な考察にさらされる。

第4章 移民問題に直面して狼狽する左派

社会党（PS）の移民問題に対する態度ははっきりしない。社会党に関する考察を探し出そうとしても徒労に終わる。社会党は二〇一二年に与党になってからの五年間、多くの大臣が辞任したことからもわかるように、移民問題に苦慮した。まず、二〇一二年から二〇一六年までの〔社会党政権下の〕政府の行動を述べる。その際、サルコジ＝フィヨン政権の五年間との違いを探る。仮に違いがあるのなら、そうした政策は根拠ある評価に基づいて行なわれたのかを検証する。そして二〇一七年一月の左派の予備選挙における社会党およびその周辺のさまざまな候補の選挙公約の内容（すべてを扱うことはできないが）を紹介する。

社会党のはっきりしない態度

社会党は右派政権の移民政策と決別するどころか、移民問題についてほとんど意見を表明しなかった。オランド候補の公約あるいは彼が任期中に行なった演説を振り返ると、二〇一二年から二〇一七年までにオランド大統領が採用した措置のうち、サルコジ時代と完全に異なるものはほとんどない。指摘できるのは、フランスの大学で修士課程および博士課程を取得した留学生のフランスでの雇用に関する「ゲアンの通達」の廃止である（だが、これは社会全体が求めた不可避なものだった）。それよりも印象的だったのは、社会党は不法移民を対象にする三つの措置を廃止したことだ。一つめは「医療国家手当（AME）」への加入権（年間三〇ユーロ）、二つめは学校内での子供の尋問、三つめは「不法移民の幇助」に対する処罰である。

これら三つの措置の廃止と、二〇一二年のオランド候補の六〇の公約にあった二つの改革の断念と比べると、象徴的、実際的な影響を無視してはならないが、後者の改革の断念のほうが圧倒的に重要だった。断念した二つの改革とは、一つめがフランスに最低五年以上暮らす外国人に地方参政権を与えることであり、二つめが本人の風貌だけに基づく警察の職務質問を禁止することだった。一つめは議会で五分の三以上の賛成を得ることができず、二つめは警察の権限を強化しろという声にかき消された（二〇一六年六月二八日、社会党の議員たちは、警察が身分証明書の提示を求める際に証明書〔日時、場所、職務質問の理由が記載される〕を発行するという解決策を退けた）。実際に、マニュエル・ヴァルス首相は演説の際に、個人的にそれらの改革には賛成できないと何度もほのめかした。[1]

二〇一五年の夏の終わりに、シリアとイラクから難民認定申請者がヨーロッパに押し寄せた際、社会党の態度ははっきりしなかった。次のような状況だった。二〇一五年八月三一日にアンゲラ・メルケルが「ドイツは八〇万人の難民を受け入れる準備がある」と述べた。この発言を受け、欧州委員会はドイツ以外のヨーロッパ諸国に難民を割り当てるユンケル計画への同意を求めた。自分の考えに固執しながらも自身の考えを表明しないフランソワ・オランドは、二年間で難民認定申請者の受け入れ枠を二万四〇〇〇人上積みすると表明しただけだった。これは第三国からの難民の数が年率六％増加することを意味する。そしてローラン・ファビウス外務大臣は、それらの難民にシリアからの五〇〇人のキリスト教徒を追加すると表明した。

フランソワ・オランドは眼前の大半の課題（難民危機、カレーに足止めされた移民、民族統計、二重国籍など）を巧みに避けた。オランドは、移民問題に正面から取り組むのは政治的にあまりにも危険だと考えたに違いない。二〇一六年四月一四日に公共テレビ局「フランス2」で放映された『国民との対話』という番組でのインタビューも、オランドのそうした考えを如実に表わしていた。オランド大統領は、自身の内閣の長であるマニュエル・ヴァルス首相がドイツ首相（メルケル）の難民受け入れ政策を批判した根拠について尋ねられると、「移民問題に関して、われわれはマダム・メルケルと同じ考えです」と答えた。この発言に仰天したインタビュアーのレア・サラメは、「大統領、ご冗談はよしてください」と切り返した。サラメは、フランソワ・オランドの数量比較をまったく無視した発言に唖然としたのである。二〇一五年九月から二〇一六年一月までの間に、ドイツはフランスの少なくとも一〇倍以上の難民認定申請者を受け入れていたのだ。

大統領の移民問題に関する唯一の明確な行動は、二〇一五年一一月一三日にパリのバタクラン劇場と一一区のカフェのテラスでの襲撃事件から二日後のことだった。テロ行為撲滅のためにテロ関連の罪で有罪になった者から、たとえその人物がフランス生まれであってもフランス国籍を剥奪するという憲法改正案を表明したのである。その顚末はご存じの通りだ。フランソワ・オランドは、左派の同志や右派の共和党からの強烈な反対によって後退を強いられたのである。

修正、方向転換、低姿勢、後退を重ねたオランドだが、二つの移民政策を議会で可決させた。しかし、それらはあまり世間の注目を浴びなかった。

一つめは、「難民危機」の直前の二〇一五年七月二九日に可決された法律である。難民保護制度を改革するこの法律は、いくつかのEU指令を含有していた。この法律により、難民認定申請者の緊急時の住居は「難民認定申請者受け入れセンター（CADA）」が提供することになり（だが、その数ヵ月後に発生した「難民危機」より、この目的はすぐに破綻した）、難民認定申請者の最初の受け入れ手続きは移民局（OFII）に一本化され、申請書類の処理速度が改善された。また、難民認定申請者に新たな権利が付与された。すなわち、申請者は「難民および無国籍者保護局（OFPRA）」での審査期間中に生活支援を求めることができるようになり、「難民認定申請権全国裁判所（CNDA）」に（迅速に処理された場合であっても）異議申し立てができるようになり、審査期間が九ヵ月以上の場合は就労できるようになった。

二つめは、二〇一六年三月七日に公布された外国人の権利に関する法律である。この法律により、「社会統合の過程」という講座（善良な市民としての素養〔数時間〕とフランス語の習得〔年およそ二〇〇時間〕）を受講する外国人には、有効期間が二年から四年の複数年の滞在許可証が発給されることになった。よって、フランスで学位を取得した学生は、フランスでの就職や起業が容易になった。またこの法律により、病気の外国人が祖国で治療を受けられないかどうかの判断は、移民局（OFII）の医師に委ねられることになった。そしてEU法が規定するように拘留措置は制限され（たとえば、拘留期間は五日から四八時間に短縮された）、被拘留者は「保釈と拘留判事（JLD）」と速やかに連絡をとることができるようになり、本国送還審査時の移民の権利は法的に強化された。最後に、「受け入れ統合契約（CAI）」は「フランス共和国の統合契約（CIR）」という名称に切り替わったが、その理由はよくわからない。

これら二つの法律が、移民流入と難民認定申請者を管理するという重い責務を担う、移民局（ＯＦＩＩ）と「難民および無国籍者保護局（ＯＦＰＲＡ）」の円滑な組織運営に不可欠だったのは言うまでもない。だが、難民認定の申請が簡略化されたことを除けば、既存の手続きが改善されただけである。ようするに、オランド大統領の移民政策は、前任者の政策から方向転換したのではない。サルコジ時代に可決された三つの法律（二〇〇六年、二〇〇八年、二〇一一年）は、相変わらず効力をもち続けたのである。

私は統計学者として、マニュエル・ヴァルスが内務大臣だったとき（二〇一二年五月から二〇一四年三月）に行なった革新的な業績について関心がある。内務省は移民統計を決められた日程に公表するようになったのである。そのなかには、各県が毎年、非ヨーロッパ人の移民に対して新規に発給する滞在許可証の数というセンシティブな統計も含まれていた。これは統計学者の職業倫理に関する国際的規範を満たしている。統計学者は、政治的にデリケートな指標（例：物価指標、失業率など）を、政治状況に応じてではなく、決められた日程に公表すべきなのだ。ところが、サルコジ時代の移民の数値は、内務大臣官房が戦略的に選んだ時期に公表していたのである。

オランド大統領の五年間、書類審査のデジタル化は推進したが、移民政策に大きな変化はなかった。家族呼び寄せによる移民の数は増加した。その原因は、前政権時に滞っていた家族呼び寄せの正当な請求を処理したためである。一方、「難民危機」という外圧にさらされて難民認定の数は著しく増加したが、人口比率の観点から見ると、それはささやかな数だった。

サルコジ大統領の末期、「難民および無国籍者保護局（ＯＦＰＲＡ）」は難民申請の認定率を急減させた。二〇一二年には認定率は七％になった。これは「難民認定申請権全国裁判所（ＣＮＤＡ）」に上告して認定される数値（一〇％）よりも低かった。認定率は両機関を合計すると一七％だった。第一当該機関の判断よりも、上告による司法決定の認定率のほうが高いのは明らかに異常だった。二〇一三年になると、ＯＦＰＲＡの局長パスカル・ブリスはこうした状況を反転させ、ＯＦＰＲＡが正当な難民認定申請に対して法的な保護を付与するという役割を担うように努力した。二〇一四年には、上告による認定率は再び下がり、ＯＦＰＲＡの一四％に対して九％になった。二〇一五年、シリア難民の申請処理により、この傾向はさらに強まり、ＯＰＦＲＡの一八％に対して七％になった。

二〇一六年一〇月、内務大臣ベルナール・カズヌーヴは、移民局（ＯＦＩＩ）と「難民および無国籍者保護局（ＯＦＰＲＡ）」の代表団をカレーに派遣し、ドーバー海峡を渡ろうとして足止めを食らった数千人の移民に対し、フランスに難民申請する機会を現地で提供した。これら二つの機関が現地に出向いたのは初めてのことだった。カレーの移民たちはイギリスに行きたい気持ちが非常に強かったため、すぐにフランスに難民申請した者はほとんどいなかった。しかし、難民キャンプに新たな移民が流入し、国境警備が強化されると、彼らのためらいは打ち砕かれた。二〇一六年一〇月、フランス政府はカレーの難民キャンプを解体し、一部に反対運動はあったが、申請者をフランス全土に散らばる難民受け入れ施設に強権的に振り分けた。現段階ではこの解決策について最終的な結論を下すことはできないが、これは実際的な観点から見て、成功を収めた現実的な内容（難民認定の申請ができた）のある作戦だったと言えよう。

フランソワ・オランドは二〇一二年の大統領選挙戦において、移民問題に関する踏み込んだ発言を控えた。決選投票前の一週間に、オランドは「政府は移民の就労を管理し、移民流入数は《経済ニーズ》に応じて議会で審議される」とだけ述べた。だが、この公約は守られなかった。大統領任期中、オランドは移民関連の問題についてきわめて控えめな態度を貫いた。オランド自身に移民問題に関する何らかの見解があったとしても、彼が一体何を考えていたのかはまったく不明である。ところで、二人のジャーナリストがオランドのインタビューをまとめた本を読むと、二〇一四年における移民問題に関するオランドの考察レベルがわかる。「あまりに多くの移民が押し寄せてくる。彼らはフランスにいるべきではない」、「イスラーム教には問題がある」[2]。

演説の際、フランソワ・オランドはニコラ・サルコジのような余裕をもたなかった。オランドが雄弁術を発揮したのは、二〇一二年の大統領選の決選投票の討論のときだけだった（「私がフランス大統領なら……」と連呼したサルコジとの討論）。それ以来、大統領任期中のおもな改革に際して、説得力のある説明は皆無だった。たとえば、「責任連帯協定（低賃金の被雇用者を雇う企業の雇用コストを軽減するための政策）」、六〇歳からの年金受給開始、収入に応じた子供手当の支給、小学校の時間割の見直し、地域圏の統合、公的投資銀行の設立、競争力強化・雇用促進税額控除（CICE）、重労働予防個人勘定制度（一部の職種における年金の受給開始時期の繰り上げ）などだ。オランド大統領は、それらの改革について国民の記憶に残る説明を一切しなかった。唯一の例外は、クリスチャーヌ・トビラが推し進めた同性婚の法制化を後押ししたことだけだ。私はオランドが無能だった理由について意見を述べるのは控える。

二〇一六年九月八日、側近に促されたオランド大統領は、治安維持について力強い演説をする決意をした。七月一四日に起きたニースでのトラック・テロ事件後、右派は強権的な措置（例：前科のあるイスラーム系の人物の国外退去）を要求したが、フランソワ・オランドは、フランスは法治国家であることを理由に反対した。オランドの遅ればせの演説により、二重国籍の剥奪に関する憲法改正案は人々の意識に留まった。

そのような状況において与党の左派がニコラ・サルコジの移民政策の評価を控えたのは理解できる。ようするに、オランドの移民政策はサルコジとほぼ同じだったのである。

もっとも、オランド大統領の任期は危機の最中であり、それらのいくつかは移民問題、より一般的に言えば、人口の移動に影響をおよぼしたという反論もあるだろう。たとえば、二〇〇八年に発生した経済危機は継続し、西側諸国はシリアとイラクの戦争を終結させることができず（そのため、ヨーロッパでは「難民危機」が発生し、イスラーム過激派によるテロ事件が続発した）、EUは求心力を喪失した（イギリスの離脱とユンケル計画の破綻）。さらには、メディアはほとんど報道しないが、アフリカの角（ソマリアとエトルリア）とその近隣諸国（南スーダンとイエメン）の惨状である。それらの危機の影響により、サルコジ時代と比較すると、移民問題の狭い政策余地は、財政面からだけでもさらに狭まった。

オランド大統領が慎重であっても、首相たちがとりなしたのではないか。二〇一二年五月から二〇一四年三月まで首相を務めたジャン＝マルク・エローと異なり、マニュエル・ヴァルスの発言は論旨明確だったが、融通の利かない共和党員のような雄弁術だった。ヴァルスは、法治国家を維持するため、そして改憲によって治安維持をさらに強化しようとする試みを否定するために、ニコラ・サルコジに強く反論した（二〇一六年七月）。

荒廃した左派の残骸

二〇一六年末、二〇一七年一月二二日と二九日に行なわれた左派連合の予備選挙には七人が立候補した。

社会党（PS）の四人（ブノワ・アモン、アルノー・モントブール、ヴァンサン・ペイヨン、マヌエル・ヴァルス）、左翼急進党の党首（シルヴィア・ピネル）、そして二人のエコロジスト（フランソワ・ド・ルジ、ジャン＝リュック・ベナーミアス）である。左派連合の予備選挙以外にも、エマニュエル・マクロン（「共和国前進」の創設者）、ジャン＝リュック・メランション（「屈しないフランス」）、フィリップ・プトー（「反資本主義新党」）の三人が立候補した。彼らには大きな共通点があった。彼らは私の言うところの「移民主義者（移民の受け入れを推進するという本来の意味でなく、社会問題の中核に移民問題を据えるという態度）」ではなかった。すなわち、誰も移民（さらにはイスラーム教）をフランス社会の核心的な問題だとは捉えていなかったのだ。マニュエル・ヴァルスは、二〇一六年一二月五日の立候補宣言では移民問題について口をつぐみ、「共同体主義」、さらには、社会分断、人種差別、反ユダヤ主義、「われわれの社会を壊す差別」には反対だと述べるにとどめた。「思いやりがあって人道的な共和国のために」というメッセージを掲げたブノワ・アモンは、外国人に地方参政権を付与するという案を復活させ、この改革を国民投票にもち込むことによって議会での障害を回避しようと訴えた。また、アモンは差別取り締まり班を創設すると宣言したが、それがどのようなものかは明示しなかった[3]。

アルノー・モントブールは、「難民受け入れを準備するために、市、団体、家族の受け入れ容量の調査[4]」を提案した。だが、その提案からは、既存の仕組みをどう発展させるのかはわからなかった。モントブールは、「フランスは世界の貧しさについて応分の負担をするべきだ[5]」という月並みな表現を用いたが、フランスが引き受ける割合をどう決めるのかについては言及しなかった。また、他の候補者らと同様に、テュケ条約の再交渉を望んだ。

共産党がかろうじて支持する「屈しないフランス」のジャン=リュック・メランションは、出版した著作（一九九一年以降、なんと一七冊も出版している）のなかで毒舌を振るった。メランションによると、移民送出国において移住しようとする人をなくすことが本当の移民政策だという。だが、どのような手段によってそれを実現させるのかは詳述していない[6]。移民受け入れの一時中止や移民の選択メカニズムの可能性をほのめかすメランションに対し、ブノワ・アモンとオリヴィエ・ブザンスノは激しく反論した[7]。反資本主義新党は、国境の開放を公然と述べる唯一の党である。その手法は単純だ。「唯一の解決策は、自由な通交と移住という原則を承認することだ。われわれがこの原則を課す理由は、何らかの革命的な過程を歩むことだけが解決につながると考えるからである[8]」。

エマニュエル・マクロンについては、彼の公約文書の表題を信じるなら、マクロンも革命を約束する[9]。マクロンの革命は、貿易を自由化するが、移民に国境を開放することはしない。リベラルなマクロンは、大学教室内でのイスラームのスカーフ禁止に反対する。

荒廃した左派の状況をさらに探究すべきか。左派連合の出版物や演説に移民問題に関する厳格な分析を探し出そうとしても徒労に終わる。唯一可能な解決策は、強迫観念にとらわれた偏りに対して冷めたアマチュアであることなのか。サルコジの遺産に対する批判的な評価報告は一切ない。眼前の歴史から未来への教訓が導き出されることはなかったのである。

第5章 国民戦線（FN）の現実離れした政策

二〇〇五年から二〇一二年までのフランス政界を語る際の中心的な存在になるのは、結局のところ国民戦線である。しかし、手当たり次第に強く非難するだけの国民戦線の政策を総合評価することはできないだろう。国民戦線は、すべての内閣は萎縮し、一九七〇年代からの移民政策は放任であり自殺行為だったと繰り返し説く。その証拠に、フランスのアイデンティティは、彼らの政策に応じてやってきた数百万人のイスラーム教徒によって危機に陥ったと説く。

国民戦線の視点から見たニコラ・サルコジ

国民戦線によると、ニコラ・サルコジの政治はある種の「隠れ移民（推進）主義」であり、サルコジは国民戦線のやり方を採用するふりをして公約を守らず、国民を欺いたという（それはド・ゴールがフランスのアルジェリア支配を断念したのと、少し似ているという）。国民戦線は次のように述べた。「ニコラ・サルコジがフランス国民、とくに選挙民を最も深刻に裏切った領域は移民問題だろう。サルコジは自身の演説と公約とは逆に、フランス第五共和政が始まって以来、最も放任主義的な移民政策を採用した」[1]。

だが、国民戦線が前大統領〔サルコジ〕を方針転換だと酷評するとしても、そう説明するのは困難だ。実際に直面する困難を考慮に入れて政策の失敗を精査するには、願望を可能性に照らし合わせなければならない。つまり、意志は現実によって砕かれる恐れがあることを認める必要があるのだ。ところが、国民戦線にとって現実は存在しない。彼らにとって政治は善悪の問題ではなく、単に意志の問題なのだ。よって、政治に障害が生じる原因は、裏切り、悪意、無分別の三つしかない。だからこそ、国民戦線は、心理的、陰謀論的な解釈に内向するのだ。たとえば、サルコジの性格の弱さ、嘘つきな性向、ヨーロッパや国際金融筋の圧力に屈する臆病さなどの類の解釈である。

ニコラ・サルコジの大統領任期中、国民戦線の演説により、サルコジにはいくつかのイメージが定着した。二〇〇七年の大統領選挙時のサルコジは、アイデアの盗作者、票の略奪者、狡猾な選挙の策士というイメージだ。サルコジの厚かましさはジャン＝マリー・ル・ペン〔国民戦線の創始者で二〇〇七年大統領選の候補者〕を唖然とさせた。そしてサルコジが大統領になって公約を実行に移す段階では、国民戦線はサルコジの無能ぶりを糾弾した。サルコジの口先だけの攻撃では、イスラームの「侵略」をじり貧にさせるどころか、これを食い止めることさえできない。サルコジの人物描写の最後の仕上げは次の通りだ。「サルコジができなかったのは、やりたくなかったからだ。つまり、サルコジは裏切ったのである」[2]。そして今度は、国民戦線はニコラ・サルコジを、フランスを貶める「移民〔推進〕主義者」という陰謀集団に加えた。国民戦線は、サルコジを自国とヨーロッパの大半のエリートと同罪と見なしたのである。

元大統領〔サルコジ〕自身も国民戦線と似たような考えを抱き、移民〔推進〕主義者の陰謀だと批判していただけに、国民戦線がサルコジを移民〔推進〕主義者呼ばわりしたのは驚きだ。サルコジが発し続けたメッセージは、「三〇年来のフランスの移民政策」、「多文化主義」、「国家の過去の過ち」、「画一思考」そして「タブー」である。[3]だが、国民戦線のサルコジに対する攻撃や、サルコジの政敵全員に対する攻撃から学ぶべきものはない。十把一絡げの激しい糾弾は学術的な評価にはならず、罵倒は分析の代わりにはならない。二〇〇五年から二〇一二年までの移民政策に関する、人口学、経済学、社会学の観点から見た総合評価をつくるデータはどこにあるのか。気まずい沈黙に陥る者もいれば、手当たり次第に毒つく者もいるが、両者とも結果は同じだ。すなわち、そのような態度では実行した政策を分析することにはならないのである。かくも社会の健忘症は治癒しない。

国民戦線の移民政策、あるいは現実の否定

国民戦線が推奨する措置についてじっくりと検証してみよう。国民戦線は不法移民だけでなくヨーロッパ圏外の合法移民も対象にする。というのは、国民戦線の目的は、就労移民と家族呼び寄せを同時に廃止し、二〇万人の移民流入数を二〇分の一にすることだからだ。

今日、滞在許可証は年間およそ二〇万枚発給されている。とくに、現在の経済危機や大量失業という社会状況において、二〇万枚はあまりにも多い。これは近隣諸国よりもはるかに多く、発給数は増加の一途である。国民戦線が政権に就けば、われわれは通常移民の流入数を年間一万人に

まで減らす。だが、年間一万人以下には圧縮できないだろう。これはフランスで実際に人材が不足する分野に就労する高度な技能をもつ移民の数に対応する数値であり、われわれが文化的に影響力をおよぼそうと願う友好国のエリート育成も考慮した数値だ。[4]

国民戦線がこの数値を公表すると、完全に非現実な数値であるのにもかかわらず、左派政党を含め、世論はこれをすんなりと受け入れた。人口六五〇〇万人のフランスにおいて移民流入数を一万人にまで減らすと、移民流入率は〇・〇一五％（人口学風に表現すると〇・一五‰）になる。これは合法移民の受け入れ廃止を宣言することに等しい。言い換えると、移民をゼロにすることだ。当然ながら、それはこれまで法律で禁止されてきた恐ろしく強権的な措置を施行することを意味する。したがって、不法移民の数は急増するだろう。国民戦線によると、そんなことはまったくなく、この計画の実行はこれまでになく求められているという。国民戦線は非合法移民だけでなく合法移民の入国も阻止することができると自負する。家族との再会を望む数万人が不法移民として押し寄せてくるとは想定していないようだ。ようするに、フランスは世界から隔離された西側ヨーロッパ唯一の大国であり、フランス人は「わが家の主人」であり続けるという発想である。

このような計画が実現する可能性はまったくない。マリーヌ・ル・ペンが夢見る世界は存在しない。たとえば、日本は先進国のなかで最も閉じた国であり、移入民も移出民もわずかだが、それでも毎年三四万人の移民を受け入れている。日本の人口は一億二七〇〇万人なので、日本の移民流入率は二・七‰だ。仮に、フランスが国民戦線の移民計画をそのまま採用したのなら、フランスの移民流入率は、なんと日本の一七分の一になる。そのような計画を信じろというのは常軌を逸している。

家族に関する基本的権利を廃止すれば法的問題が生じるが、国民戦線はその解決法として改憲を約束することを除き、一切触れていない。また、国内だけでなく別の側面にも影響がおよぶ。フランスはさまざまな国際協定をどうやって解消するのか。アフリカやアラブ諸国に対するわれわれフランス人の強迫観念を理由に、「今後、アメリカ市民は家族を呼び寄せたり、二重国籍を保持したりする権利をもたない」と彼らに説明できるのか。これは考えるのをやめるか、話題にするのを控えるかの二者択一である。あるいは、何もわからない素人になるか、間違いだとわかっているのに指摘しない不誠実な態度をとるかの逡巡である。国民戦線は、自分たちは大量の移民を直視しているのだと述べ、「現実を否定する態度」を激しく非難し続ける。しかし、国民戦線の主張は現実の原則を一時停止させる世界を夢見ることでしかない。

その後、国民戦線の副党首フロリアン・フィリッポは、ねじまがった解釈を用いてでもそのようなあり得ないことを繕おうとした。一万人という数字を移民流入数でなく純流入数〔流出数を差し引いた数〕と解釈したのである。[5] これはマリーヌ・ル・ペンの度重なる演説、さらには党のサイトに掲げてある計画と正反対の解釈だ。二〇一二年以降、国民戦線が滞在許可証の年間発給数を二〇万枚から一万枚に削減しようと提唱してきたのは明白だ。この点は、セドリック・マティオが発表した「解毒」分析においても確認できる。[6] マティオは、「詐欺師」や「解のない方程式」という言葉で指摘するが、私は「素人の思いつき」と付言しよう。実際に、この党は何を考えているのか。数十年前から移民を主眼に計画を推し進めてきたが、演説で扱う事柄について明確な考えをもてず、適切な数量比較を思い浮かべることもできない。彼らの数値化された公約はでたらめだ。現実には、彼らの目的は一つしかない。政治に疎い選挙民の関心を手っ取り早くつかむことである。

読者は、そのようなことは指摘するまでもないと思うかもしれない。だが、私はそうは思わない。世論のかなりの部分は、いまだに国民戦線の演説は真実だと思い込み、国民戦線が空想にふけっていると見なしていない。マリーヌ・ル・ペンは政敵たちの計画の不明確さを嘲笑った。「そうした不明瞭な発言やあいまいな態度に対し、大統領候補である私には確固たる方針がある」[7]。こうした自己評価は、少なくとも移民問題に関しては瓦解する。国民戦線の計画を丹念に調べると（つまり、彼らの計画を真剣に読むと）、すぐに基盤になる概念や現実は崩れ去る。国民戦線の移民政策は、現実の世界における確実かつ検証可能な現実といかなる接点ももたないのだ。

政府与党がこの点に関して沈黙するため、幻想が維持される。実際に、国民戦線の主張に正面から反論した大物政治家はほとんどいない。二〇一一年のナタリー・コシュースコ＝モリゼのパンフレット[8]と、同年に出版されたギヨーム・バシュレイとナジャット・ヴァロー＝ベルカセムの著作[9]が挙げられるが、二冊とも大衆には届いていない。前者は国民戦線の擬古主義と支離滅裂な経済政策を批判している。後者は国民戦線の計画を一つずつ細かく分析している。糾弾する、あるいは無視するだけでは充分ではない極端に間違った考えから分析を始め、議論の背景を確認し、国民戦線が提唱するさまざまな解決策の実現可能性を精査し、それらの影響を評価している。現在までのところ、これはきわめて稀な試みである。

ル・ペン家族は、左派と右派の移民政策を十把一絡げにして嘲笑するが、政権が代わっても移民流入数に変化がないことを説明する政治的、法的な要因には一切触れない。国民戦線にとって、すべては消極的であるか（意志の欠如、臆病、無分別）、積極的であるか（嘘、裏切り、陰謀）という心理的な問題なのだ。一番念入りにつくられた説明は、労働賃金を引き下げるために移民流入を後押しする「金融ロビイスト」が存在するという、さりげない言及だ。国民戦線は繰り返しこれをほのめかす。しかし、これは根拠のない説明である。なぜなら、最低労働賃金が定められている労働市場において、不法移民の労働に頼るのは、金融機関よりも、建設業、製造現場、飲食業などの零細企業だからだ。不法移民をもち出しても、二〇万人の合法移民の存在は説明できないのである。

国民戦線の政策を体験することになるのか

サルコジの政策が実行に移され、それをオランドが引き継いだ後、フランスはル・ペンの政策を体験することになるのか。社会学者ミシェル・ヴィヴィオルカは、そのようなシナリオを描いた[10]。それは次の通りだ。二〇一七年の国民戦線の躍進によって外国人に対する差別意識が強まり、社会的な緊張が高まる。国民戦線が反移民的な措置を打ち出すため、大規模な社会運動が起きる。これに対して国民戦線は強権的な措置をエスカレートさせる。このシナリオの結末は、「機械仕掛けから出てくる神《デウス・エクス・マキナ》（切羽詰まった状況や難しい結末が、必然性のない出来事や人物によって解決されること）」である。つまり、セーヌ川の未曾有の大氾濫によって、政権の怠慢が明らかになるのである……。

これはポリティカル・フィクションなのか、それとも未来物語なのか。キケロ（ローマ帝国の哲学者）は著書『予言について』のなかで、暗い未来が訪れないようにするにはそうした未来を予言することだと説いた。それこそがヴィヴィオルカが現実と想像を交えて練り上げたシナリオの視点である。ところが、国民戦線に国家を指導する能力があるのかを確かめるために、実際にその機会を与えてみるべきだと考える選挙民は、まだたくさん存在する。エルヴェ・ル・ブラーズの分析によると、二〇一五年一二月の地方議会選挙で国民戦線が躍進した理由は、国に見捨てられた地域で暮らす人々の社会経済的な不満にあるという。学位取得が一般化したため、地域の労働市場では、学位があっても就職に支障をきたすようになった。この困難を乗り越えるには、家族や友人のコネを利用するしかない。こうした現状に直面し、「失うものはもう何もない」と考える選挙民が増えた。すなわち、宝くじを買うように国民戦線に賭けてみようという気になったというのだ[11]。

この社会地理学的な分析が刺激的だとしても、危ない賭けに挑むのは非合理へ逃避することかもしれない。しかしながら、継続する危機を終息させるのに従来型の解決策を試した後なら、斬新な解決策を試してみようと考えるのは、理にかなっているのかもしれない。前例のないやり方に対する恐怖から、そうした解決策を避けるのも理にかなっていると言えよう。だが、危機がトラウマになり、自分たちの待遇は移民よりもひどいと納得させられた人々は、ボードレールが綴る旅に魅せられるのかもしれない。「地獄であらうと天國であらうと構はぬ、深淵の底に飛込み、未知の世界のどん底に新しさを探し出さうと欲するのだ[12]」。イギリスがその例証だ。EU離脱の悪影響を説いた残留派は、冒険を望む多数派を思いとどませることができなかった。残留派は、「客観的に見て、離脱すればあまりにも悲惨な結果が待ち受けている。急激な変化を試すことによって失われるものは何か」と訴えた。とはいえ現在のところ、EU離脱によって予想された惨事はまだ発生していない。

この論証に従うなら、国民戦線が政権運営に失敗した際には、次の選挙まで待ち、間違いを修正すればよい。だが、私はそうは思わない。というのは、国民戦線はウゴ・チャベスやニコラス・マドゥロ〔ベネズエラの元大統領と現大統領〕と同じやり方で権力を維持しようとするからだ。すなわち、自分の失敗を外国の陰謀のせいにしながら自己の責任を認めようとしないのだ。困難な状況にあればあるほど、国民戦線の政策を採用すると国の混迷は深まる。そこには二重の理由がある。なぜなら、ヒトが世界を縦横無尽に移動するグローバル化した世界の現実を否定するなら急速に破滅に向かうことになるからであり、また、失敗を認めないと、事実の否認に否認が加わり、さらに困難な状況に陥ることになるからだ。ヴィヴィオルカのシナリオには、この二重の危険性が見出せる。

本書で私が依拠するのはフィクションでも予想でもなく、実際の政治を検証することだ。〔オランド大統領が引き継いだ〕サルコジの政策を体験したわれわれにはその機会がある。想像力を用いて幻想を打ち砕くことができるのなら、私は将来よりも過去を評価したい。たしかに、国民戦線の政治を証拠に基づいて判断することは、彼らの地方での活動を除いてできない[13]。しかし、権力の座にあったサルコジ多数派が国民戦線の政策から借用したアイデアを評価することは可能だ。もっとも、評価という表現はふさわしくない。すなわち、成果を推し測るよりも、成功あるいは失敗の根本的な原因を理解することが重要なのだ。それ以上に、幻想から抜け出し、そして大きな幻滅を味わうのを避けるために、民主的な討論に事実データを提供できるようにすることが肝要なのだ。

だが、われわれの民主主義にその準備はあるのか。多数決方式の選挙システムで決まる大統領の政治体制は、大統領任期が短縮され、選挙日程の変更もあり、過度に個性的になった★。五年ごとの大統領選挙戦は、第一回投票のための長期にわたる選挙戦とその直後に行なわれる国民議会議員選挙に煽られるため、奇跡的な解決法をもち出して国を救う、あるいは保護するという、大統領候補たちの約束はエスカレートする。選挙後、夢のような約束は現実という壁にぶつかる。その結果、落胆した選挙民は自分たちの分析能力を向上させるのではなく、新たな約束に身を委ねる。そうした傾向は世論調査から確認できる。多くの選挙民は、自分たちが熱愛したことを最後には打ち捨てる。新たな約束に耳を傾けたり、自分たちが糾弾してきたことを熱愛したりすることはない。こうして選挙のたびに、幻想から落胆、落胆から幻想という循環に陥る。この恐ろしい循環から抜け出す唯一の手段は棄権することだと考える選挙民はたくさんいる。もちろん、解決策は存在するが、それは矛盾に満ちたものだ。すなわち、権力の極端な集中と自ら距離を置くことのできる比類なき人物を選ぶことである。

★かつては選挙後、大統領は自分と党派の異なる首相を指名せざるをえない保革共存状態《コアビタシオン》を強いられることがあった（例：一九八六年から一九八八年のミッテラン大統領とシラク首相、一九九三年から一九九五年のミッテラン大統領とバラデュール首相、一九九七年から二〇〇二年のシラク大統領とジョスパン首相の三回）。しかし、二〇〇〇年九月の改憲によって、七年だった大統領任期は国民議会議員と同じ五年になり、二〇〇一年には、大統領選を国民議会議員選の直前に行なうことが議会で可決された。それらの改革の結果、大統領の権力は著しく強化された。現在のマクロン大統領政権はその例証。

選挙民の気まぐれや無関心は、民主主義が疲弊している徴候なのか。私はそうではないと考える。原因は、エリート層と選挙民の社会的現実の分析に関する分別の欠如や不充分な知識、上からの政治に対する過大な期待、国民の関与や理性をほとんど求めない点にあると見る。その結果、われわれは過去の政治から教訓を導き出せず、明日の政治を明確にすることができない。いずれにせよ、選挙民、政治家、研究者であろうと、われわれを導く唯一の指針は、確固たる事実と賢明な理性に基づく政治活動に立脚することである。

極右、導師、スピーチライター

二〇〇七年大統領選のニコラ・サルコジの賭けは合理的だった。サルコジは最後の選択肢〔国民戦線〕の解毒剤として最後から二番目の解決策を提示した。コートジボワールには「象の楽を避けて馬の薬を飲む」という諺がある。サルコジが示した選択肢は、中道右派よりも激しいが国民戦線よりも穏当だった。しかしながら、そのような戦略は極右の温床になるのではないか。それとも歯止めになるのか。本書の目的の一つは、二〇〇七年から二〇一二年までの移民政策を評価することだ。よって、大統領官邸の基本姿勢に極右が担った役割を理解することはきわめて重要だ。今日、振り返ると、極右が権力を握っていたのは、サルコジ大統領が『ミニュット』〔極右思想の週刊誌〕の元編集長パトリック・ビュイッソンに「コーチ」してもらっていた時期と考えて差し支えないだろう[14]。

統計学者である私は、ビュイッソンがアドバイザーとしてサルコジ大統領に大きな影響をおよぼしたことに大変興味がある。ビュイッソンは二〇〇五年五月のEU憲法批准の可否をめぐる国民投票は否決されると予想し、ニコラ・サルコジを驚かせた。予想を的中させたビュイッソンは、世論の動向を察知する類まれな臭覚をもつ人物だと認められたのである。しかし、真実は月並みだった。予知能力者でもなんでもないパトリック・ビュイッソンは、大統領官邸のために世論調査を頻繁に実施させていたのである。大統領任期中に少なくとも三三〇回も世論調査を実施させ、それらの多くは移民政策についてだった。本物の手品師は幻想を抱かない。彼らは空中浮揚という見世物の準備は起重機を手に入れることからだと心得ている。道具立てのできたビュイッソンは、移民担当大臣〔ブリス・オルトフー、エリック・ベッソン、クロード・ゲアン〕の仕事ぶりを週ごとに「評価」した。ビュイッソンは世論調査によって得た否定的な内容をニコラ・サルコジに伝え、サルコジの移民担当大臣に対する怒りをたきつけた。マキシム・タンドネのエッセイには、サルコジが移民担当大臣に怒りをぶちまける様子が描かれているが、タンドネはサルコジがどうしてそうした情報を得たのかは知らなかったようだ。

サルコジ大統領の任期中の極右の影響は、とくに二〇一〇年七月三〇日のグルノーブルでの大統領の演説〔警官などの公務員を襲った人物からフランス国籍を剝奪しようという提案〕に見られる。ニコラ・サルコジは新たな措置を打ち出すことによって世論に「電気ショック」を与えようと夢見ていた。右派の国家主権論者〔アンリ・ゲノやマキシム・タンドネ〕にこれを実行するように命じたが、不調に終わった。そこでサルコジは、ビュイッソンのもつ極右のアイデアをさらに強烈にして世論に衝撃を与えようとした。タンドネのつくったサルコジのグルノーブルの演説は、土壇場になってより鋭い内容にするために書き直された[15]。サルコジは、タンドネの文章を冗長だと判断したのだ。同じ理由によって、共和党の理念を語るアドバイザーだったアンリ・ゲノもスピーチライターから外された。ゲノはサルコジの筆頭スピーチライターだったが、サルコジは共和党の理念にまったく関心のないパトリック・ビュイッソンを導師として優遇したのである。サルコジ大統領は「斬新さ」で世論に感銘を与えようとした。サルコジの秘書官は絶えずタンドネに斬新さを求めた。タンドネは自身の狼狽した暗黒物語を語っている。新たな政策を考えろというサルコジの執拗な要求をどうやって満たせばよいのか。この飽くことを知らないモレク〔子供の生贄を求める古代中東で崇拝された神〕に、どんな生き生きとしたアイデアを供すればよいのか。「国家元首の文書と資料を作成し続けるのは苦痛だ。週をまたいで同じ数値、アイデア、提案を繰り返してはならないのだ」[16]。

タンドネの著書『火山の中央』を信じるとしても、溶岩はいずれ冷え、フランス国民は無意識のうちにそこに再びブドウの木を静かに植えようとする。アラン・ジュペとフランソワ・フィヨンは、それぞれのやり方でこれを理解していた。平和、そして和解を渇望する精神である。だが、極右は「ともに暮らす」という宗派や人種を超えて協調的に生きるという願いを嫌悪する……。パトリック・ビュイッソンが闘ったのは、この「ともに暮らす」という願いだ。ビュイッソンは二つの意味で吹聴者だ。人々の士気を高めようとして過激なアイデアを吹聴する人物である一方、世論操作する活火山サルコジ大統領が新たな噴火口を開き、夜であっても昼であっても世論を驚かせる爆発を再び実行できるようにするために、火山の奥底に息を吹きかける人物である。しかし、常時爆発できる者はいない。サルコジ大統領自身にも、爆発期と流出期が交互に訪れた。

サルコジ大統領の移民政策において注目すべきは、過激ではないにしても国民戦線の政策に近い措置を試そうとしたことだ。国民戦線の指導者たちは、ニコラ・サルコジは移民問題に関して何もせず、行動せずに口先だけだったと切り捨てた。しかし、真実は異なる。われわれのサルコジ体験は国民戦線の政策綱領の予告編であり、フルコースの味見だったのである。ニコラ・サルコジの移民政策がどの程度、現実に受け入れられるのか観察すれば、国民戦線の夢見る、結果を顧みない徹底主義的な手法の実行可能性を推論できるのではないか。サルコジが制度的、法的、社会的な障害に遭遇したのなら、国民戦線のときに障害が生じる確率はもっと高いはずだ。よって普通に考えると、国民戦線はニコラ・サルコジの失敗を把握して自分たちの政策綱領を前もって糾弾することになる。というのは、サルコジの中途半端な手法が実現不可能なら、国民戦線の徹底的な手法であればなおさら無理であるからだ。

だが、私は国民戦線の論証が正反対なのはわかっている。中途半端な手法では成果がまったくなかったのだから、効果的なのは過激な手法だけだという発想である。冴えないコピーよりも原典の政策綱領を試してみるべきだという考えだ。しかし、この論証は成り立たない。なぜなら、制御すると言い張る現象は、持続的な理由によって継続的に発生するヒトの移住である。ヒトの移住は抑制するだけで大変な仕事である。これを減らそうとすれば、多大な努力が必要になる。これを禁止する努力は言うまでもない。ところが、禁止することこそが国民戦線の主張なのだ。移民の廃止を宣言すれば移民流入数をより簡単に減らせるだろうというのでは、国民戦線を支持する理由はない。国民戦線の手法はサルコジの中途半端な手法と同様に、うまくいかないだろう。

ニコラ・サルコジの主意主義は九年間続いたが、人口学的、法学的な現実に砕け散った。この主意主義と国民戦線の抱く白紙状態の夢との間には、根深いつながりがある。現実を自分の思うように加工できなかったニコラ・サルコジは、極右の政策によって現実を迂回しようとした。サルコジはいまだに演説の段階にとどまっている。すでに詳述したように、「押しつけられた移民」から「選択された移民」への移行は、二〇一一年三月に突如中断された。サルコジはこの明白な失敗を決して認めようとしなかった。

たしかに、サルコジは権力を行使して多くの法律を制定し、移民流入数を安定化させ、不正行為を追求したが、成果は前任者たちと似たり寄ったりだった。家族移民を抑え込んで就労移民を優遇するという国民との約束は果たせなかった。「求人難」だったはずのガス工場の就職口はすぐに再び閉ざされ、「選択したはずの移民」は「押しつけられた移民」になってしまった。時系列に基づいて検証すると、サルコジはこの方針を廃止した直後に、就労移民を推進する政策をさらし台にかけた国民戦線に接近したのだろう。

サンガットをめぐる積極行動主義は、問題をカレーに移動させただけであり、無力というイメージだけが残った。行政業務の一本化のために創設された移民省により、情報の共有化は進んだが、移民という多方面に影響をおよぼす現象を把握するために必要な技術的な能力は改善されなかった。その例が前述した二〇一一年五月の「ゲアンの通達」の悲惨なエピソードである。高い技能をもつ人々の労働市場は国境のない世界市場であるのにもかかわらず、当局は近視眼的な県行政の論理がまかり通ると主張したのである。国のアイデンティティに関する議論に関しては、逆説的だが、大失敗が成功だったと言える。つまり、当局の想定外の討論会になったために、さまざまな観点が明らかになったのである。

労働市場と基本的権利――「リベラル・パラドックス」

選択された移民、サンガット、滞在許可証の変わらない発給数、国のアイデンティティに関する討論会など、これほど多くの失敗をどう説明すればよいのか。それらは「画一思考」というエクトプラズム〔心霊科学で霊媒の身体から発出すると仮想される物質〕とはまったく関係がない。失敗の理由は根本的なものである。

一九九〇年代初頭以降、アメリカの政治学者ジェームズ・ホリフィールドは、西側民主国における移民政策の「リベラル・パラドックス[17]〔国家は、移民に対して完全に開放的にも閉鎖的にもなれないということ〕」を指摘してきた。第二次世界大戦直後、各国の企業と政府は、移民は就労者であり、われわれは自国の経済ニーズに応じて彼らを雇用でき、移動させられると考えていた。移民家族は、副産物にすぎない、さらには望ましくないという認識だった。ところが他方では、そのような認識をもっていた同じ社会において、基本的権利という論理が発展した。たとえば、自分が望む相手と結婚する権利、通常の家族生活を送る権利、子供の最善の利益（両親が不法滞在の場合、子供の利益を考えて措置を講じる）である。さらには、留学する機会がますます増えたことも挙げられる。就労移民は家族移民に変わり、家族移民は人口を増やす移民になる。したがって、フランスで暮らすためにアフリカやアジアから毎年やってくる二〇万人の大半は、労働市場に参入する以前に自分たちの権利を行使する。彼らにはそうする権利があるのだ。

ホリフィールドは、それらの協定の法的解釈の発展に決定的な役割を担ったのはアメリカだと考える。その根拠は、一九六五年の市民権意識の台頭を示すアメリカ国内の法的解釈の発展だという。その例として、最高裁の「プライラー対ドゥ判決」（一九八二年六月一五日）を挙げる。最高裁はテキサス州の地方自治体に対し、不法滞在者の子供を就学させるように命じたのである。これは両親が不法滞在者だからといって子供を罰してはならないという判断だ。EU法によって家族呼び寄せの権利が認められたため、一九七〇年代以降の移民流入数は景況と無関係になった。移民の就業率が平均を下回っていることもその表われである。今後、「権利の論理は、しばしば市場のルールに勝る」のである。[18]

政治指導者たちはそうした傾向にうまく順応できない。サルコジ＝フィヨン体制の五年間における大統領官邸での出来事を綴ったマキシム・タンドネの日記には、サルコジ大統領、フィヨン首相、大臣たちのこの話題をめぐる冴えない会話が記されている。もっとも、権利の普遍性を確立すべき理由について話し合ったのではない。移民問題に関する各国の権利と国際協定を関連づける規範秩序は、フランスの法律に警告を発するが、フランスの法律にも「押しつけられた移民」を減らすのを妨げる「障壁」がある。フランソワ・フィヨンの不満を紹介する。

法律と憲法の面で障害がある（……）。欧州人権裁判所と揉める（……）。裁判官は「人権と基本的自由の保護のための条約」に依拠するため、フランスの国益に反する判断を下す。たとえば、裁判官は（……）家族移民のための流入数枠を設けるのは不可能だと判断するだろう（……）。私は、他のヨーロッパ諸国とともに欧州人権裁判所の裁判官の支配と戦うことを提唱する。それができないのなら、「人権と基本的自由の保護のための条約」から脱退し、留保条件付きで再加入すべきではないか。[19]

合法移民と押しつけられた移民との関係を示すこの準方程式は示唆に富む。フランスは（アメリカとともに）基本的権利を法制化したと主張するだろうが、そうした法的遺産を発展させる代わりに、法制化された基本的権利を外部から課せられる耐え難い拘束と見なすのだ。そして自分たちを縛りつける権利は、捻じ曲げる、あるいは破壊すべきだと説くのである。このようにして、権利と国益、「裁判官の支配」と国民の支配が対立する。

二〇一六年七月一四日のニースでのトラック・テロ事件によってかき立てられた感情の影響下にあって、二〇一七年の大統領選の候補者のなかには、次のような極端な意見を述べる者もいた。「権利が邪魔であっても、そんなことはどうでもよい。必要なら国民投票を実施して法律を変えればよいのだ」。ところで、二〇一六年中ごろにニコラ・サルコジが提案した家族呼び寄せに関する国民投票の実施について考えてみよう。国民投票が実施されていたのなら、どんな質問を投げかけるべきだったのか。厳密に問うなら、次のような質問になるはずだ。「あなたは、フランスが子供の権利や通常の家族生活を送る権利などに関連する国際協定、ならびに欧州連合基本権憲章の解消を望みますか」。

さらに、二つの難題が加わる。一つめは、アメリカ、カナダ、メキシコ、イギリスなどの第三諸国からの移民の家族呼び寄せには抵触せず、アラブ・イスラーム諸国からの移民の家族呼び寄せだけに適用される法律を施行できるのかという問題だ。二つめは、関係国の報復を受けずにフランスの権限だけで家族呼び寄せを廃止できるのかという問題だ。

フランスでは滞在許可証が毎年二〇万枚発給されているが、非ヨーロッパ人への発給数を大幅に削減するという案からも同じ問題が生じる。二〇一二年の大統領選の際、大統領任期の切れたサルコジ候補は、自身の任期中に合法的に迎え入れる「押しつけられた移民」を半減させると唐突に宣言した。すでに紹介したように、マリーヌ・ル・ペンはすぐさま、滞在許可書の発給数を一〇分の一、さらには二〇分の一に減らすと述べ、提案をエスカレートさせた。二〇一七年の大統領選の公約でフランソワ・フィヨンは、「最小限」にまで削減すると訴えた。それらの提案からは、根本的で普遍的な権利を、二分の一、五分の一、一〇分の一に分割するにはどうすればよいのかという単純な疑問が浮かんでくる。

3

人口学と権力――騒乱に巻き込まれる国立人口学研究所（INED）

極端な論者たちの言論空間では、「国は嘘つきだ」と糾弾するのが習わしになっている。その際、犯人にされるのは、公務上の責任を負う統計学者や人口学者だろう。私もかつて犯人扱いされた。今日、巷に流布する移民に関する破滅的な見解に与しないと、非難が噴出する。公的機関に勤務するという事実は加重事由になると考える者もいる。

一九八〇年以降、私の職業人としての領域は、おもに二つに分離されていたが、それらは補完的だった。国の研究と国の統計である。具体的には、国立人口学研究所（ＩＮＥＤ）と国立統計経済研究所（ＩＮＳＥＥ）である。それらの社会的役割はすでに本書の「はじめに」で述べた通りだ。ＩＮＥＤは公的研究機関である一方、ＩＮＳＥＥは経済・財政省に属する。ＩＮＥＤとＩＮＳＥＥに勤務したのは貴重な体験だった。私には密約や陰謀論を信じる者たちを説得しようとする気は毛頭なく、第3部では、これら二つの機関がとくに移民に関する疑問の扱いに関して、どのような役割を担うのかを詳しく知りたい知的好奇心の強い読者に語りかける。

次に、サルコジ大統領時に、移民に関する科学的に独立した研究を行なうために避けて通れなかったおもな戦いについて（初めて）詳述する。

第6章 個人的な体験、職業人としての経験

私の職業上の経験を詳述する前に、移民に関する一般市民としての私自身の体験について少し語る。通常、研究者はそのようなことを語らない。だが、移民に関する公の討論では、研究者の見解と世間一般の共通体験のずれが問題になることがある。世間では、「現実離れした研究者」が提示する移民の現実は、日常生活で移民の現実に向き合う「大衆」の見通しと異なり、机上の抽象論にすぎないと思われることがあるからだ。

研究ポピュリズムという暗礁

自分は専門バカでなく世間常識のあるまともな研究者であることを誇示しようとして、政治の世界やメディアで流布しているそうした疑念を語る研究者もいる。「ボボ〔ボエム・ブルジョア：生活に心配のない気取った左派系の教養人〕」や「画一思考」の無分別だと非難すれば、自身は民衆の代弁者になれる。研究者の世界もポピュリズムの誘惑と無縁でなく、政界と同様、いとも簡単に「研究ポピュリズム」に転落する。

こうしたポピュリズムは長年にわたって極左の間で猛威を振るっていたが（「科学的」社会主義に照らし合わせて「プロレタリアート」を守るという論法）、すでに紹介したように、今度は極右が標的になった。パトリック・ビュイッソンがサルコジ大統領について記したエッセイのタイトルが示すように、イスラーム系の移民の侵略によって大衆のアイデンティティが危機に陥るという自身の見通しを強化するために、研究者のエッセイや調査データを手当たり次第に紹介した。徹底した極右思想の持ち主であり、「六八年思想」に断固として敵対する大統領官邸の元アドバイザーであるビュイッソンが、プロレタリアートの左派が一九六八年に創刊した新聞のタイトル（『人民の大義』）を気兼ねなく拝借したのは、極端な思想は似通っているからなのかもしれない。

私は、大衆の代表者を自認するビュイッソンのさまざまな主張は、社会科学分野の研究者の立ち位置を明らかにすると考える。大半の研究者は私の考えに同意するはずだ。すなわち、われわれ研究者の使命は、大衆の意見に賛成することでも反対することでもない。よって、移民に賛成でも反対でもないのだ。われわれの研究目的は、社会を構築する、あるいは悩ませるあらゆることの委細顛末を詳らかにすることである。たとえば、人々の行動様式、社会情勢、人的組織、社会体制などを探り、（それらを混同せずに）社会格差や差別、事実、人々の認識を分析することであり、さらには、われわれを結びつけることのできる価値観や諸権利を導き出すことだ[1]。このような中立的な態度を維持するには、研究者は一八世紀に言われていたように「社会を知らなければならない」。つまり、あらゆる形態（地方、国、世界）の社会生活に精通する必要があるのだ。そして対象物に対して充分な距離を与えてくれる観察および分析の手法を身に着けていなければならない。だからこそ私は、二種類の証言を交互に綴る。

まず、移民現象に関する私の個人的体験を簡潔に述べる。読者は、月並みな話と思うかもしれないし、特異な体験と感じるかもしれない。受け止め方は読者の生活環境に依存するだろう。次に、私の職業的な経験に話を戻す。とくに私がＩＮＥＤの所長を務めていた時期、移民の研究が公権力の干渉と極右や保守派の攻撃に直面したために、研究の科学的な独立性を確保しなければならなかったことについて記す。

君の住所を言ってごらん……

移民は、移住した人々と彼らの子孫の実体験であり、移民が密集する地域で暮らす人々にとっては具体的な体験でもある。とくにフランスでは、移民人口の国内分布状況はきわめて不均等である。移民人口は、都市部の労働者階級が多く住む地域に集中している。現在、フランスの移民人口の三八％に相当する二二〇万人は、パリ都市部領域で暮らしている。ちなみに、非移民のこの割合は一七％にすぎない[2]。ＩＮＳＥＥは、居住エリアの選択には慣性力が働くと指摘する。二〇〇九年から二〇一三年にかけての調査によると、到着者は一九六〇年代に工場の就職先がたくさんあった地区に定着する傾向があるという。もっとも、それらの雇用の大半はすでに消失している。到着者が自分たちの職場から離れた地区に定着する傾向が強まったのは、家族呼び寄せと住宅費の安さから説明できる。それは一九七〇年代中ごろから移民流入数と景況との相関関係が薄れたことに相当する。

ＩＮＳＥＥのこの同じ調査では、フランス本土の人口を三つに区分している。移民人口比率に応じて、一つめは五％未満、二つめは五％から一〇％、三つめは一〇％以上で最大で二三％の地区で暮らす人口という区分である。移民の第二世代を考慮すると、それらの数値が二倍になることを忘れてはならない。住む地区によって近所の住民の顔ぶれは大きく異なるのだ。最も慎ましい社会層の地区が移民を受け入れているという事実は、社会問題の重要なデータであり、私はかなり以前からそのことを指摘してきた。

地理社会学的な動かぬ証拠を突きつけて敵を論破するのは、（右派だけでなく左派の）ポピュリストの論争でお馴染みの論法である。ニコラ・サルコジは、「サン＝ジェルマン大通りに面した《カフェ・ド・フロール》」では、大衆が感じる国のアイデンティティの危機を知らないでいられると冷やかした[3]。この大通りに面するカフェから見渡せるパリの光景はごくわずかだが、サルコジにとってそんなことは問題でない。二〇一六年においても、サン＝ジェルマン・デ・プレの光景は、たわいもない言葉を交わしながら先入観を覆す場所として紹介されるのである（著者は、「カフェ・ド・フロール」のかつての常連客が著名な文化人「ボボ」だったことにひっかけて、サルコジの発言を揶揄している）。

大昔とまではいかないが、数十年前から利用されている人物像として「ボボ」である移民（推進）主義者がやり玉に挙げられることがある。それは次のような簡単な構図だ。労働者階級が暮らす地区ではないが、かといって富裕層が暮らす地区でもない、高学歴の者たちの大半が暮らす地区の住民は、移民の急増にさらされる労働者階級の嘆きに言葉では同情しながらも、自分たちのことではないので寛容の精神を説く。移民に「侵略され」、「左派に見捨てられた」大衆は、今度は自分たちが左派を見捨ててボボたちから顔をそむける。そしてなんと大衆は、自分たちの代弁者をヌイイやサン＝クルー（双方ともパリの高級住宅街）に見出す。「ボボ」は、半面真理という興味深い例だ。ボボは居住地区から階級が生じるという実際に否定できない側面を指摘するが（空間的な隔たりは、常に社会的な隔たりを具現化させる）、彼らの嘆きは階級をめぐる憎悪をかきたてる。[4]

居住地区の社会的地理学を通じてアイデンティティを割り当てるという「君はどこに住んでいるの？」というお馴染みの質問の答えは、聞き手の受け止め方を一変させるかもしれない。フランスで最も裕福な地区で暮らす人物が「移民が労働者階級にあたえる影響はよく知っている」と主張しても、説得力に乏しいかもしれない。私の個人的な話で恐縮だが、お許しいただきたい。私は、〔サルコジと異なり〕日中あるいは夜間に視察団を結成しなくても、移民の人口密度の高い労働者階級が暮らすパリ郊外の実態を知っている。というのは、私の住まいはそこにあるからだ。最新の人口調査からは、私が三〇年前から暮らすパリ郊外の住宅地は、フランスで移民の人口密度の最も高い地区の一つであることがわかる。私のアパートでは、フランス出身のフランス人は少数派であり、世界各地から来た信仰の異なる家族が住んでいる。よって、ユダヤ、イスラーム、プロテスタントなどの年中行事を執り行なう音があちこちから聞こえてくる。近所の住人の一人が自分のアパートの窓枠にブッタの絵を貼りつけたところ、アパートの管理組合は、脱宗教の原則は神聖不可侵だとしてその住人にブッタの絵を剝がすように命じた……。自宅の窓から大通りを眺めると、必ずスカーフ姿のイスラーム女性が目に留まる。彼女らはスカーフをしていない女性たちに交じって仲良くおしゃべりしている。私にとっての移民と元来のフランス人との共存は、ボボのユートピアでなく身近な現実である。それと同時に、この共存は移民たちにとってもきわめて多様である。彼らの出身地はさまざまなのだ。私は、自分の住環境が単に局地的な体験であり、かなり特異なものであるにすぎないことを心得ている。私はこの多様性を称賛しようとも残念にも思わない。これに目に留め、そこで暮らしているだけである。

ある日、見知らぬ年配の夫婦から私の元に手紙が届いた。彼らは、私が彼らのすぐ隣の地区に住んでいることを知らなかった。ラジオ番組に出演した私の話を聞いた元来のフランス人である彼らは、移民に包囲されて暮らしている気分だと、私にどうしても伝えたかったようだ。手紙には、私がフランスの年間移民流入数を過小評価している証拠として、夜に地下鉄に乗ると、乗客の四分の三は移民だと記してあった。彼らは、私が移民の実態について無知なのは、私が移民のいないどこか安全な地域で暮らしているからに違いないと思ったようだ。私は彼らに「移民の年間流入数が大量でなくても、人口に占める移民の割合は時間の経過とともに増加する。また、国の平均値からは、地域ごとの大きなばらつきはわからない」と返信した。そして文末に、私は彼らの住所から地下鉄で三駅めの地区に住んでいることを打ち明け、その地下鉄の路線をよく知っていると伝えた。私の経験は彼らの観察以上である。夜にこの路線に乗ると、車両内には移民と思われる乗客しかいないことがしばしばある。

われわれはあらゆる軽率な判断を避けるべきだ。私は自分の住環境から移民問題に関する特別に明快な回答を導き出せるとは思わない。そうはいっても、私は外国にルーツをもつ若手の研究者に対し、移民の研究に自分自身で体当たりしてみろと発破をかけている（実地調査に取り組む研究者が増えているのは喜ばしいことだ）。というのは、複合的な現実を把握するには、内部や外部からのさまざまな視点を交錯させ、利用可能な人間関係や語学力を駆使する必要があるからだ。私が注意しなくても、私の同僚である若手研究者たちは、研究対象への親しみだけでは正しく分析できないことを心得ている。すべては遠近をうまく配合することである。

論争のお馴染みの構図は、エリートと大衆、つまり、国の支配層と被支配層を対立させるやり方である。

前者に後者を語る資格はないとほのめかすのだ。私はパリ郊外で暮らしているため、稚拙な論証には決して心を奪われない。また、「ここはもうフランスではない」という感覚を必ずしも覚えることなく移民の人口密度の高い地区で暮らしている。私と同じような住環境にあったとしても、誰もが私と同じ感想をもつことはないだろうが、それは単なる私の主観ではない。私の暮らす地区では、客観的な要素が揃っている。国や地方自治体の行政サービスは行き届いており、全員がすべての商業施設を利用できる。市政はしばしば非難されるが、それでも市政によって住環境は著しく改善された。どんな批判があろうとも、国、地域圏、県、市、さらに地域団体は、非常に質の高い仕事を成し遂げた。住民の顔ぶれが変化したのは確かだが、われわれは常にフランスで暮らしているのである。

外国の大都市も同様である。私は、バルセロナ、ロンドン、ベルリン、デン・ハーグなどにある外国人の人口密度が高いことで有名な地区を実際に歩き回ったが、スペイン、イギリス、ドイツ、オランダにいるという感覚にまったく変わりはなかった。住環境、言語、生活テンポ、礼儀作法、人々の態度など、数多くの特徴が私にそう確信させる。マリーヌ・ル・ペンの集会では、群衆は「われわれが暮らしているのは自分たちの国だ!」と野次を飛ばす。私はこのトートロジーを次のように投げ返す。私の周囲に移民が存在しても、「自分が暮らす場所がわが家」であることに変わりはない。

外国人は居心地がよいのか。フランスの調査、アメリカの調査

私の個人的な体験と正反対の結果を示す調査があることは知っている。たとえば、「国民戦線のイメージ・

バロメーター」である。二〇〇〇年から始まったこの調査は、二〇一〇年からは毎年行なわれている。[5]二〇一六年の調査では、「フランスが自分の国だとあまり感じられなくなった」に「完全に同意する」は国民全体の二三％であり、「どちらかと言えば同意する」は二二％だった。したがって、同意すると答えた国民の割合は、総合すると四五％になる。四五％も同意すると答えた背景には質問の仕方に原因がある。というのは、国民戦線の主張に関する質問を続けざまに一二問も投げかけられると、それらの質問内容はありきたりに思えてくるからだ。さらに、「あまり感じられなくなった」という緩和された表現によって同意しやすくなる面もあるはずだ。たとえば、「自分の国だと《あまり》感じられない」という考えに《どちらかと言えば》同意する」という二重の緩和は何を意味するのか。このような質問形式では同意しやすくなる。

この調査結果に対する最後の疑問は次の通りだ。フランス人口のおよそ二五％は、移民あるいは移民の親をもつフランスで生まれた人物であることがわかっている。この大勢の少数派は、移民はよそ者だとほのめかし続けるそれらの質問にどう答えるのだろうか。私は、「生い立ちと出自（TeO）」という調査（INEDとINSEEによる大規模な共同調査）の第二報告書を準備している研究者たちを心から応援している。彼らの独自の質問事項には、各種機関が投げかける質問が含まれている。彼らは回答者のプロフィールを公的統計の作成にふさわしい分析技術を用いて調査している。よって、得られる結果は従来のクロス集計〔データから複数の項目を抽出して分析する手法〕よりも精密になるだろう。

先ほど紹介した[6]「国民戦線のイメージ・バロメーター」で最も注目すべきは、フランスで暮らすことに違和感を覚えるという理由が、死刑復活に賛成する声と「フランスには移民が多すぎる」という考えと同様に、回答者の政治的な指向を示す点である。ちなみに、それらに同意する割合は、左派では二九％、極右では八六％、従来の右派はその中間である。「国民戦線のイメージ・バロメーター」の調査結果は安定的に推移している。二〇一〇年以降、同意の割合は三七％から四七％の範囲で揺れ動いており、二〇〇七年以降の国民戦線の支持率の急増とは関係がない。

アメリカでは、自分の国だと感じられなくなったという感情は、定期的な調査対象になっている。アメリカでの質問は、「現在、私は自分の国にいながらも外国人であるような違和感を覚える」と直接的である。二〇一五年、アメリカ人の五八％がこの質問に同意した。アメリカでも回答者の支持政党によって大きな違いが見られる（共和党支持者の六二％に対し、民主党支持者の三七％）。しかし、この結果から、国民の態度、とくにアメリカの場合ではドナルド・トランプに投票する傾向を説明できるのか。二〇一六年一一月のアメリカ大統領選では、トランプの選挙パフォーマンスはアメリカの調査会社を出し抜いたが、投票のさまざまな説明要因の相互作用を探っている調査もあり、それらの分析は興味深い。こうした調査は、一連の質問の回答から選挙の行方を予測した。

おもな調査項目は次の通りだった。親との比較による社会的格下げ指数（幸福感、資産形成、賃金水準、昇進、老後資金）、「移民排斥主義」の指数（移民が国民の雇用を奪う、移民が社会サービスを濫用する、移民の受け入れをやめれば国力が上がる、就職の際の国民優先などの確信の程度）、「カウディーリョ（独裁的な政治指導者）・シンドローム」の指数（タブーを打ち破る、政党と決別する、国力を取り戻すなど、強い男の必要性）、アイデンティティの指数（自国にいながら外国人だと感じる、自国にいながら自身のアイデンティティを確立できなくなった気がする、肩身の狭い少数派になった感覚を抱く）である。さらには、権威主義、アメリカン・ドリームへの信条、国の役割を減らしたいという考え、人工中絶反対などの伝統的な態度に関する指数が加わる。

それら一連の質問に対する選挙民の回答を集計し、二種類の統計モデルを利用して高度な統計分析を行なったのである。[7]一つはロジスティック回帰である。この分析により、トランプへ投票する人の一連の態度の許容度を個別に計測している。もう一つはいわゆる確率変数ネットワークのベイズ推定である。この分析により、特定の指数がそれ自体、あるいは他の指数を通じてどのような影響をおよぼしたのかを計測している。このような分析による結果は必ずしも直観と一致しない。だが、重要な結論は次の通りだ。分析対象のすべての指数からわかるのは、二〇一六年一一月のアメリカ大統領選に最も影響をおよぼしたのは、断然に「移民排斥主義」だったことだ。つまり、それは「移民は自分たちのライバルとして不当に優遇されている」と見なす「国民優先」の態度である。国民の可能性が奪われている」と見なす「国民優先」の態度である。アイデンティティ、社会的格下げ、強い男などの指数が高くても、それら独自の影響は、移民排斥主義の影響にほぼ吸収されるために限定的だった。

フランスでもこのような分析に取り組んではどうか。もっとも、分析の質を向上させる、あるいは改良する必要はあるかもしれない。このような調査では、外国人排斥やイスラーム嫌いは明らかにならないという批判があった。[8]だが、アメリカの民間機関や大学の研究チームが行なった非常に多くの調査やアンケートからは、それらの態度がトランプ支持層に大きな影響をおよぼしたことが判明したのである。

フランスでは、宗教や文化の側面が移民に対する態度の大きな要因になるのかもしれない。移民に対する態度は、イスラーム過激派のテロ事件や「開かれた脱宗教」という歴史的なモデルに代わる今日の脱宗教モデルの強力な推進によって悪化している。今後、国民戦線が脱宗教に訴えるという事実は、フランスの特殊事情を大いに物語る。だが、そのことからは根源的な問題が生じる。国民戦線が脱宗教を変質させたのか、それとも国民戦線が脱宗教を最も不寛容な要因の表われの一つとして機能させているのか。[9] 国民戦線がこのテーマに飛びついたことによって「脱宗教の戦い」というきわめて居丈高な傾向にむき出しの光が当たることになるのか。この戦いでは、フランス共和国は一つであって分断されてはならないという口実のもとに、普遍的な権利の承認に代わってフランス共和国の価値観が唱えられるようになるのかもしれない。私はこうしたデリケートな疑問に明快な回答を提示せず、読者に疑問を提起するにとどめる。

このアメリカの遠回りの分析は、明白な態度であっても複合的な構造体系をもつことを示唆する。自分の国だと感じられなくなったという気持ちは、根拠のない事実ではなく調査の対象になりうる。ある態度は別の態度を隠蔽する。多数派と少数派の態度を体系的に把握する方法については、まだほんの少しのことしかわかっていない。外国人に包囲されているという恐怖感は、少数派が多数派になりつつある（「許容閾値」の理論）からではなく、それまで均質だと思っていた世界に目立つ少数派が現われたから生じるのではないか。その例として、二〇一三年に、リモージュ、ポワティエ、ニオール、シャロン＝アン＝シャンパーニュなどの移民の少ない都市で広まった「9-3《ヌフ・トロワ》の噂」がある。それらの地方自治体の長がセーヌ＝サン＝ドニ県（移民の多い地域、県番号93）のアフリカ人を、政府からの補助金と引き換えに受け入れたという、まことしやかな噂が流れたのである。[10] ドイツでも似たような例がある。移民の人口比が三％未満の旧東ドイツにおいて「ペギーダ」[11]という反イスラーム運動が盛んであることだ。

数値だけでなく「自国」に対する見方が排他的であるか包摂的であるかによって、われわれの「移民が多すぎる」という感覚は変化する。私は一九世紀末からの移民地区で暮らしている。この地区の移民は途上国の出身者が多い。この地区の選挙管理委員を数年間務めた私は、帰化した移民に投票所入場券がきちんと配布されているかを確認し、外国生まれだがフランス人であることを誇りに思っているそれらの選挙人たちと一緒に開票作業を行なった。私が「ここは彼らの国なのか自分の国なのか」とは思わないように、彼らがそのように思う理由などないのではないか。

INEDとINSEEに対する厳しい批判

私はこれまでに六年間、外国で暮らす機会に恵まれた。スペイン、ボリビア、オランダの三ヵ国である。三ヵ国での比較的長い滞在により、私はフランスでは移住者、受入国では移民としての経験を得た。移民に関する私の最初の仕事は、一九七六年から一九七九年までアンダルシア地方の山岳地帯で行なった実地調査である。当時、ポスト・フランコ期のスペインはまだEU圏の移民送出国だった。マドリッドにあるフランス政府の研究施設「カサ・デ・ヴェラスケス」の研究員だった私は、スペイン各地の村を訪ねてあらゆるタイプの就労移民を調査した。彼らの多くはフランス移民だった。

民俗学的な観点からアイマラ部族〔インディオの一部族〕の研究のためにボリビアに滞在したが、ボリビアでの暮らしは一九八〇年七月一七日の軍事クーデターによって中断された。フランスに戻った私は、INED、次にINSEEに勤めた。この二つの機関で働いた私は、配偶者の選択、フランス人の社会性、家庭の教育投資などの調査を行ない、一九九三年から一九九八年までINSEEの人口調査研究部の部長を務めた。

これら二つの機関について一言述べる。双方とも第二次世界大戦直後に設立されたが、二つの機関の成り立ちと規模は異なる。ＩＮＳＥＥはフランス全土に五六〇〇人の職員が働く経済省と財政省に属する機関である一方、ＩＮＥＤの場合、事務所はパリにしかなく、職員の数は三五〇人であり、研究省と社会問題担当省の管轄下にある。ＩＮＥＤの科学的な独立性は、「科学技術的性格公施設法人（ＥＰＳＴ）」として確約されている。ＥＰＳＴには他にも、国立科学研究センター（ＣＮＲＳ）、国立保健医学研究機構（ＩＮＳＥＲＭ）、国立農学研究所（ＩＮＲＡ）、国立情報学自動制御研究所（ＩＮＲＩＡ）、国立開発研究所（ＩＲＤ）がある。ＥＰＳＴという制度は、ジャン＝ピエール・シュヴェーヌマンが大臣を務めた一九八〇年代につくられた。二〇〇四年からは、私は新しい国勢調査評価国家委員会の副委員長に就任した。したがって、私には公的統計と公的研究という、異なるが補完的な二つの分野での職業経験がある。

私が一九九〇年中ごろに部長を務めた部署では、フランスのおもな人口指標（純移動率など）の作成と同時に大規模な調査を行なった。たとえば、定住人口のサンプル（六〇万人）、各種人口調査を通じた家族アンケート（四〇万世帯）、選挙登録と投票に関するアンケート（四万五〇〇〇人）、障碍者・労働不能者・要介護者調査（八万人）であり、これらすべてはサンプルが多いという理由から移民に関する有益な情報源になった。一九九三年には、それらの作業の一部が中断されそうになり、改革して存続させるために尽力した。そのとき、私は「全国統計情報評議会（ＣＮＩＳ）」と「全国情報および自由評議会（ＣＮＩＬ）」という二つの調査管理機関との話し合いを通じて専門家としての能力を得た[12]。移民の出生地や宗旨のようなデリケートな問題に関して大規模な調査を実施して公的統計を作成する際には、市民社会の監視が欠かせない。

人口パネル調査（EDP）のデータ収集は長期にわたる作業である。この作業はドミニク・ルオーが中心になって行なわれた。このデータベースはフランス人口のサンプルを作成するために、同じ人物の国勢調査報告書を一九六八年から継続的にまとめ上げると同時に、彼らの出生証明書と死亡証明書を集めたものである（データ照合はCNILと国務院の承認を得た）。INSEEは費用の問題からEDPの中止を検討したが、われわれはそれが貴重な情報源になると訴えた。今日では一〇〇万人の人口データベースになったEDPは、移民の次世代に関するおもな情報源である。ジャン＝リュック・リシャールは、INSEEが管理する選挙参加データとEDPを照合するなど、一九九〇年代にEDPの利用法を見出した[13]。それ以来、多くの経済学者や社会学者がこの情報源を利用してフランスの移民動向を研究している。

私が一九九九年からINEDの所長を務めるにあたって、この経験は大いに役立った。INEDが扱った十数個のテーマのなかでも、国際移民は人材が不足した。二〇〇〇年一一月にジョルジュ・タピノスが急逝した後は、一九九二年にINSEEとともに実施した大規模な調査である「地理的移動と社会統合（MGIS：ようするに、移民）」の責任者ミシェル・トリバラがタピノスの後を引き継いだが、研究者が足りなかった。

私は確固たる信念をもって実施されたこの先駆的な調査（MGIS）に常に敬意を表している。MGISは、外国人と移民との基本的な区別を適用した初の調査だった。この区分は「外国人」と「外国生まれ」というアメリカのやり方に対応するものであり、一九九〇年に統合高等評議会はこの区分を承認した。MGISの過去にさかのぼる質問によって時間の経過に沿って社会統合を計測できるようになった。MGISは作成から利用までINSEEとの共同作業だった。最初に公表された調査結果では、移民の社会統合の過程はかなりプラスに評価された[14]。ところが、ミシェル・トリバラはトルコ移民の低い社会的地位や移民の第二世代の困難などを指摘し、むしろマイナス面を強調した。

ＩＮＥＤの科学委員会は、私に国際移民に関する調査チームを設立するように要請した。チームの指導者はこのテーマに詳しい専門家である必要があった。博士号の取得者であり、国際会議などで英語を使いこなせる人物がふさわしかった。そこで、アメリカから戻ってきたフィリップ・ファルグがこの役職に就いた。エジプトに移ることになったファルグの後任は、パリのベルビル地区の移民について論文を執筆し、ＭＧＩＳに詳しいパトリック・シモンが務めた。国際移民の研究チームのメンバーは、博士号取得者と外国人研究者を含み、総勢一二名になった。私自身もこの研究チームの調査プロジェクトをフランスの各種統計管理機関の圧力から保護した。この研究チームの調査で最も知られているのは、パトリック・シモン、クリス・ボシュマン、クリステル・アメルらが二〇〇八年から二〇〇九年にかけてＩＮＳＥＥと共同で実施した「生い立ちと出自（ＴｅＯ）」という調査だ。ＭＧＩＳに次ぐＴｅＯも、この分野の貴重な参考資料になった。本書もＴｅＯに基づいて執筆していく[15]。

移民問題に関するＩＮＥＤの科学的独立性

人口学者である私はＩＮＥＤの所長として、国とどのような関係にあったのか。三年任期を三回務め、そして一八ヶ月の延長があったので合計一一年間、私はＩＮＥＤの所長を務めた（一九九九年から二〇〇九年まで）。その間、七人の高等教育・研究担当大臣および副大臣と接触があった。左派が二人で、右派が五人である。[16] 私は本書で次のことを証言しておく。私がＩＮＥＤの所長を務めた一一年間、当局から統計内容を改竄するように命令されたことはもちろん、修正を示唆されたことさえ一度もなかった（ＩＮＳＥＥで人口部門の部長を務めた五年間も同様である）。私の言う「当局」とは、国会議員、議長、閣僚、担当大臣、大統領などである。彼らと顔を合わせる機会はあったが、統計に口出しする者は誰もいなかった。所長だった私は二ヵ月に一度、研究担当大臣あるいはその代理が議長を務める会合に出席した。三〇人ほどの研究組織の責任者が集まるこの会合では、組織運営の問題が話し合われた。しかし、各組織の研究内容が議題になることは一切なかった。

私はこの自分の証言を盾にして、ＩＮＥＤの科学的独立性が確保されていたと主張するのではない。それは法令で定められているのだ。私が強調したい重要な点は、公的権力は移民に関する数値を自分たちの都合に合わせて改竄すると思っている人々はとんだ勘違いをしているということだ。ＩＮＥＤは国立科学研究センター（ＣＮＲＳ）や国立保健医学研究機構（ＩＮＳＥＲＭ）と同じ立場の研究機関であり、国との関係がどう規定されているのかということだ。ＣＮＲＳやＩＮＳＥＲＭと同様に、ＩＮＥＤは研究省の監督下にあり（研究省がＩＮＥＤの職員の給与を支払う）、また技術面では「人口問題を担当する」省（省庁の統廃合によって、厚生省、社会問題担当省、労働省など）の監督下にある組織だ。

この「監督」という概念を誤って理解してはならない。各省は長期的な展望をもたずに研究機関を指導できない。公的機関の務めとして、国が行使する行政的な監督権は、理事会（メンバーは、有識者、利用者、組織の代表者からなる）と複数年にわたる事業計画（組織の一般的な方向性を決める）という二つの間接的な手段を通じて行使される。そして科学委員会の意見を集約した後に、組織の優先事項を決定する。

たとえば、二〇〇〇年から二〇〇九年までINEDの監督機関は、国際移民の研究に関する人材と予算を漸次強化したが、研究者に対して調査の方法や結果に指示を出すことは一切なかった（指示したのは、人材の補充、使命、調査作業の実施だけ）。

INEDの組織についてもっと知りたい人口学に関心のある読者は、INEDのインターネット・サイトを閲覧してほしい。INSEEの人口調査と社会データについて同じ説明をする必要はないだろう。INSEEの場合、独立性は一九五〇年代から一九七〇年代にかけて、段階を経て強化された。その舞台は、歴代内閣が長年にわたって操作しようとした消費物価指数の作成だった。[17] INSEEの独立性は、INEDとは違った形で確保されている。INSEEは経済省の管轄であり、職員は経済省の公務員で構成されている。彼らはきわめて高度な統計学を教える二つの大学の学生から選抜された人材である。世間には当局の期待に沿う数値をつくり出す隷属的な専門家集団が存在するという噂があるが、人口を研究するフランスの組織について知識があるのなら、この「国家の嘘」という噂がまったくのデマであることは指摘するまでもないだろう。

「選択された移民」に意見を求められたINED

だからと言って、INEDとINEDの研究者たちは、規約によって定められた独立性を盾にとって当局との接触を一切拒否しているのではない。移民の研究者であり、INEDの所長だった私は、省庁の願い事を聞かされ、議会のグループや委員会、そして政治家に何度も呼び出された。

たとえば、ヴォクリューズ県の国民運動連合（UMP）の国会議員ティエリー・マリアニは、私を参考人として国民議会に呼び出した。当時、移民に関するサルコジ法の広報を担当していたマリアニは、本書ですでにじっくり語った「選択された移民」政策を実行しようと模索していた。二〇〇五年のことだ。マリアニはイタリアへの弾丸旅行から帰って来たばかりだった。彼は、イタリア政府が流入移民に対して毎年出す入国令（デクレット・フルッシ）という制度に強い関心をもった。当時、イタリア政府は一二月末に就労移民の数量枠を設定していたのである。国民だけでは賄いきれない雇用を各地域の業種ごとに定めたのがこの数量枠である。マリアニは「人手不足の職業」に就労する移民を選択するというこのシステムに夢中だった。このシステムをよく知っていた（私はイタリア語とスペイン語で書かれた資料を読んでいた）私は、数千の「選択された雇用」を計画的に決めるというこの政令は絶対に機能しない、とマリアニに解説した。当時、このイタリアの政令は大量の合法正規滞在者（なんと四〇万人）によって破綻していた。スペインも同様の状態だった。

私はティエリー・マリアニに、移民を選択するために人手不足の職業を把握するというアイデアを思いついたのは、イタリアでもスペインでもないと教えた。両国はスイス連邦参事会のアイデアを拝借したのである。スイス政府は一九七〇年から「外国人の数を制限するオルドナンス（OLE）」を発令していた。この政令により、州と産業分野ごとの就労移民の数は制限されるはずだった。私はマリアニに、イタリアやスペインよりもスイスの事例に注目すべきだと説いた。というのは、スイスの事例からはこのような措置を三〇年間にわたって適用した結果を評価できるからだ。ところが、この政令にもかかわらず、スイスの外国人の数は二倍に増加したのである。行政は雇用ニーズをきわめて高く見積もり、雇用割り当て数は、非熟練労働者を求める農業や観光業の盛んな州と、熟練労働者を求める工業やサービス業の発展している州との間で、いがみ合いが生じた。マリアニはスイスの事例をまったく顧みなかった。そこで私は、スイスの三〇年間にわたる政令の評価報告資料をマリアニに送付した。

ところが、マリアニは私の解説にほとんど耳を貸さなかった。マリアニが唯一興味をもったのは、「近隣諸国はこうしている」という論法が議会で説得材料として使えることだけだった。マリアニは「(近隣諸国の現行法をまとめた)比較法学書」をひも解くだけで、外国で三〇年間適用した結果に注目しようとはしなかった。また、熟練労働者を移民として迎えるカナダの「ポイント制」についても限られた情報しかもっていなかった。私は陰鬱な気持ちでその公聴会を後にした。マリアニは、INEDの所長に相談したというアリバイをつくるために私を呼びだしたのだ。事実、マリアニは私の警告を一切無視した。私の懸念は正しかった。イタリア、スペイン、スイスをモデルにする「選択された移民」を人手不足の職業に計画的に割り当てる仕組みは、フランスのあるガス工場に適用されたが、この工場はすぐに経営不振に陥った。とにかく私は、少なくとも自分の職責をまっとうした。

INEDに課せられた使命の一つに「得た知識を政府ならびに公的機関に提供する」がある。私は外国の事例に関する自分の知識を、結果として外国人が逆に増えたことについては触れずに伝えるべきだったのか。移民政策に関して、マリアニとの経験と似たようなことはたくさんあった。私はいかなる場合であっても、法案について、賛成、反対を表明することはしなかった。自分が研究して得た知識を提供するだけにとどめたのである。だからと言って、専門家の役割に閉じこもっていたのではない。私は研究者として深刻な後退になるのを懸念し、国民議会に参考人としてたびたび出席した。外国の法措置をフランスに導入することを検討する前に、それらの法措置が長期的におよぼした結果を調査し、入手可能な評価報告を手に入れるべきだと、事あるごとに説いてきた。法律の仕組みの説明だけでは不充分だと力説してきたのである。

『移民の時代』

専門家としての見解を述べるだけではだめだと悟り、私は『思想のフランス共和国〔フランスの名門出版社スイユ社の社会思想選書シリーズ〕』の創設者ピエール・ロザンヴァロン〔コレージュ・ド・フランス教授〕に相談をもちかけた。二〇〇六年秋にロザンヴァロンに渡した『移民の時代』の原稿は、二〇〇七年一月にスイユ社から出版された。移民流入数の推移はベビー・ブームの終焉や人口の高齢化などの一般的な人口動態と密接な関係にあるという事実を考察することがこの本のテーマだったが、スイス、カナダ、イタリア、スペインの「選択された移民政策」の結果も簡潔に述べた。

『移民の時代』は、必然的に二〇〇六年の法律〔サルコジの移民規制法〕の事前評価になった。この法律の適用から一〇年経った現在、私の懸念は現実になったと言わざるをえない。二〇〇六年の法律の推進者たちは、人口学上、大胆な目標を立てた。すなわち、熟練労働者である「選択された」移民の数が、最終的に「押しつけられた」移民の数〔難民、家族、途上国の学生〕を上回ること、そしてこれら二つの移民の流入数を減らし、一世代後をめどに、国の年間人口増加に占める移民の割合を大幅に削減することだった。フランスがフランスであるためには、できるだけ移民に頼らずに人口を増加させなければならないと、彼らは考えたのである。

だが私は『移民の時代』で、それは無理だと述べた。なぜなら、フランスは年間の出生数が死亡数を上回っていると自慢していたが、この増加は二つの理由によって急速に失われていくことになるからだった。一つは、子供を産む年齢の女性の数が減るために（これ自体はベビー・ブーム終焉の余波）出生数が減るからだ。もう一つは、ベビー・ブーム世代の高齢化による死亡数の増加が不可避だからだ。移民流入数が変わらなくても、移民がいずれフランスの人口増加の第一要因になるのは明らかだった。よって、二〇〇六年の法律が掲げる目標は達成不可能だったのだ。

実際に、二〇〇六年から二〇一六年にかけてのフランスの自然増（出生数から死亡者を引いた数）は、二九万人から一九万人へと減少した。これは『移民の時代』の出版時から三分の一の減少だ。急減と言えるが想定通りであって、国民の生殖態度に変化が生じたのではない。今後一〇年、この下落傾向は続くだろう。国会議員の大半は、二〇〇六年のサルコジ法によって、フランスの人口動態において国内要因（自然増）が外国要因（移民流入数）に対して優位になることが確約され、この遠回しな手段によって、フランスの「アイデンティティ」が保護されると考えたに違いない。[18] 私は『移民の時代』のなかで、そのような目標を非難するのではなく、それは人口学的に達成不可能だと指摘するにとどめた。人口の融合が進行するという結論を提示する一方で、人口の融合は人口の高齢化と同様に不可避であるのと同様に、この過程に賛成や反対を唱える余地はないと強調したのである。

第7章 研究への一斉射撃

二〇〇七年一月、大統領選の最中、ある雑誌が「人口学と政治[1]」というタイトルのニコラ・サルコジの公約文書を発表した。サルコジの立てた目標はきわめて従来型だった。移民に頼るのではなく、出生率を引き上げることによって世代交代を確実にするという主張である。移民流入の厳格な管理は、移民流入ゼロと際限のない移民流入との中間にある賢明な解決策だと紹介していた。それは、出産奨励政策などの移民政策に関する右派のお決まりの内容だった。新鮮だったのは、内容でなく語り口だった。すなわち、「タブー」を打ち破り、「幻想」から目覚め、「ポリティカル・コレクトネス」、「人口学的なあきらめ」、「固定観念」から抜け出し、「主意主義」を断固として貫くという文言である。ようするに、それらの語彙は、今日ではお馴染みだが、当時としてはまだ珍しかった。この文書は人目につかなかった[2]。

しかし、人口学者たちはサルコジの次の発言に脅威を覚えた。「INEDのような研究機関の使命は、政府の長期的な活動を支援することだ(……)。INEDは、科学的に偏りのない機関になって、人口学上の現実に関する知識をわれわれに提供しなければならない[3]」。

私の監督大臣のフィリップ・バスと厚生省の人口および移民問題の元部長ジェラール・モローは、

私の著書『移民の時代』を高く評価してくれた。しかし、二〇〇七年五月のニコラ・サルコジの大統領選後、私は情勢が変化したと感じた。現行の政策を評価することはもちろん、科学的な独立性を保ちながら腰を据えて移民を研究することが困難になったのである。新大統領〔サルコジ〕は大衆の思いを体現するのだと意気込んでいた。サルコジは移民に悩まされる人々の苦しみを自ら体験した（サルコジは実際にパリ郊外を訪れた）。大衆と密接なつながりをもつサルコジにとって、中堅幹部、権力当局、代理、専門家は必要なく、ましてや社会科学者の出番はなかった。社会科学者には二つの選択肢しかなかった。一つは世論や権力に媚び、大統領の意見の引き立て役を演じて「役に立つ存在」であり続けるか、もう一つはきわめて明白な過ちに対して批判的な態度を保つかである。後者の場合では、社会科学者は反逆的な「画一思考」の持ち主というレッテルを貼られる。そのような状況において、INEDのような研究機関に選択肢はほとんどなかった。移民に関する根気のいる研究計画を断念することによって波風を立てずに消え去るか、嫌われる覚悟で課せられた使命を全うするかである。移民の研究チームは研究計画を続行すると決めたので、私はINEDにおよぶ影響を心配しながらも後者の道を選択した。

しかし、他の要素が加わって情勢はさらに複雑になった。移民を専門にするわれわれのチームの研究は、三種類の人々を苛立たせた。一つめは極右の人々である。彼らは私のことを御用学者と呼んで「国家の嘘」を実践する輩だと糾弾しながらも、われわれを保守的な左派と見なした。二つめは大統領官邸の「移民と治安」を唱えるアドバイザー〔マキシム・タンドネ〕である。この人物は、「人口学と政治」というサルコジの公約文書のなかで私のことを政府の移民政策を土台から崩す学者だと糾弾した（私は、極右からは御用学者と呼ばれ、与党の右派からも嫌われた)。三つめは(さらに奇妙なことに)社会科学高等研究院(EHESS)に籍を置くINEDの研究者エルヴェ・ル・ブラーズである。ニコラ・サルコジは多様性推進の政策を一時的に擁護したが、ブラーズはこの立場から私をこき下ろした。移民の出自と宗旨に関する統計を作成しようとしていた私の努力に反対運動を起こしたのである。ブラーズは私の努力を「人種差別への回帰」だと批判したのだ。

極右の脅し

一つめの極右の攻撃では、私は非常に激しい言葉を浴びた。極右は、イスラームのフランス侵略の手引きをした犯人として私を吊るし上げた。彼らによると、私は密かにフランス人口の「置き換え」を入念に準備したという。エリック・ゼムールと『フィガロ』紙の論説員イヴォン・リオフォルは、「INEDのルイセンコ(科学的に誤った学説を唱えたロシアの生物学者)」による「国家の嘘」だと私を告発した。この告発については、数値に関する論争を扱う本書の第5部で扱う。

それらの攻撃の余波として、私は「殺すぞ」という内容の差出人不明の脅迫状を二通受け取った。一通目の脅迫状には、私に対する最新の非難が記された「リオフォルの社説」のコピーが同封してあった。その手紙には、棺のイラストとともに「これは単なる脅しではない」と記してあった。二通目の脅迫状は、私を最悪の目にあわすと宣言する架空の団体による呪いの手紙だった。私の秘書は、私がそれらの手紙に目を通したと知って申し訳なさそうにしていた。秘書によると、それまでにも脅迫状は届いていたが、私に告げずにすべてゴミ箱に捨てていたという。ところで、パリに住む私の遠い親戚は、不幸なことに私と同姓同名であり、私宛ての脅迫電話がかかってこないようにするために、自分の名前を電話帳から抹消したそうだ……。

私は研究者としてさまざまなテーマに取り組んだが、「殺すぞ」と脅迫されたのは移民問題に関してだけである。これは新奇なことではない。INEDの所長だったジェラール・カロは一九七四年、人工妊娠中絶を法制化すると合計特殊出生率が下がるという仮説に反論を述べてシモーヌ・ヴェイユ〔厚生大臣として人工妊娠中絶を合法化した〕を支持した際、脅迫状を受け取ったという。その直後、夜間に何者かがINEDの建物の壁に「INEDはナチス親衛隊だ」とスプレーで落書きした。そのときすでに「ヒトラーに落とし込む論法《リダクティオ・アド・ヒトラーウム》〔気にいらない相手をヒトラーと同じだとして攻撃する〕」という病が蔓延していたのである。これについては本書の第16章で述べる。移民と人工妊娠中絶という二つの論争の類似性は偶然ではない。両者には、有害な干渉から国の生殖を保護すべきという共通点がある。「有害な干渉」があるのに、人口学者は『フランスの自殺』[4]を後押ししているとして非難されたのである。

INEDに対する急襲――移民省への併合を画策

二つめの攻撃は政府の要職に就く人物たちからだった。彼らは自分たちの意向にINEDを従わせようとした。その第一波は、新たに創設された移民・国家アイデンティティ省がINEDの二つの監督省に相談さえせずにINEDを併合しようとしたことだ。移民省は、社会問題省と研究省に打診せず、またＩＮＥＤの公的研究機関という役割を考慮することもしなかった（二〇〇七年一一月の出来事）。その第二波は、移民と治安に関する大統領官邸のアドバイザー（マキシム・タンドネ）が二〇一三年に出版した覚書に詳述している。この人物はＩＮＥＤの所長を自分の息のかかった人物に挿げ替えたいとあからさまに主張したが、予備選考委員会はこの提案をきっぱりと退けた（二〇〇九年六月）。

ニコラ・サルコジは大統領になるとすぐに移民・国家アイデンティティ省を設立し、その大臣に旧友ブリス・オルトフーを就任させた。二〇〇七年一〇月のある日、われわれは政府事務総局長を通じて、ＩＮＥＤを移民・国家アイデンティティ省の管轄にすることに関して、首相官邸が省庁間の調整会議を開くと知った。それはＩＮＥＤから科学およびテクノロジーを追求する公的機関という地位を奪い、ＩＮＥＤを移民省に併合することを意味した。私はＩＮＥＤの二人の監督大臣と面会した。彼らは私と同様にこの計画をまったく知らなかった。彼らは調整会議に招集されなかったのである。そうした事実は、この計画を実行しようとした者たちの段取りの甘さ、傲慢さ、能力の欠如を物語っていた。二人の監督大臣が異議を述べたため、首相官邸は再び招集をかけなければならなかった。私から知らせを受けた研究省の部局が適宜介入したおかげで、議題は「ＩＮＥＤに関する移民省との《共同監督》について」になった。ＩＮＥＤの存亡の危機だと思い、私は二〇〇七年一一月九日に開かれるこの会議に出席したいと願い出た。

会議では、ブリス・オルトフーの副秘書官であり、ＵＭＰの若手議員ギヨーム・ラリヴェが発言した。ラリヴェの論旨は、「人口」という言葉は新たに設立された移民省の管轄だという実に単純なものだった。ラリヴェは、ＩＮＥＤの吸収を正当化するにはそのくらいの論証で充分であり、国の移民政策と移民のデータ収集との間に一貫性をもたせなければならないと主張した。そしてこの計画を「公共政策総合見直し（RGPP）」が推奨する統廃合の案件にしようと提案したが、首相官邸はこれを拒否した。

移民省の代表者であるラリヴェは、INEDの公的研究機関としての地位、ならびに他の省庁がINEDに対して担う役割を無視した。そこで私はラリヴェに対し、INEDが国際移民を研究しているのは確かだが、それ以外にも移民省が扱わない数多くの問題を研究していると説明した。すなわち、合計特殊出生率、家族構成、人口の高齢化、介護、死亡率と死因、世界人口、労働人口、人口学史などである。私は、移民の科学的な研究をそれらの研究から切り離すことはできないと説いた。移民・国家アイデンティティ省がINEDを併合すれば、フランスならびに外国から抗議の声が上がるのは確実だが、ラリヴェはそのようなことを考えてさえいなかった。

私はINEDの乗っ取り計画に反対運動を起こそうとはしなかった。というのは、首相官邸は良識をもって判断すると信じていたからだ。実際にその通りになった。フランソワ・フィヨン首相のアドバイザーたちは、INEDの役割と地位を心得ていた。INEDの科学的独立性を保護してきた既存の監督省の論理が通ったのである。移民省は、INEDを併合できず、共同監督権も得られなかった。INEDの理事会に一席を確保しただけだった。したがって、移民省がINEDの研究活動に口出しすることはできなくなったのだ。

最後に、国はINEDが移民の数値を改竄するように命令できるといまだに思っている人々に向けて言っておく。移民・国家アイデンティティ省は、移民の社会統合の軌道をたどる「生い立ちと出自（TeO）」

というＩＮＥＤとＩＮＳＥＥの大規模な共同調査に一切出資しなかった。

こうして、ＩＮＥＤは救われたのである。だが、研究機関は組織の長の任期が終わりに近づくと必ず不安定になることがわかった。一九九九年四月から三年任期を三回全うした私は、所長の職を降りたかった。ところが、研究省に対してＩＮＥＤを他の研究機関と併合するようにという圧力がかかった。私はこの戦いにも身を投じた。二〇〇八年五月二二日、再び省庁間の会議でＩＮＥＤの存続が決まった。私は自分の後任が決まるまでの間、職権はそのままで所長代理を務めることになった。後任は、私が推薦したＩＮＳＥＥの管理職だったシャンタル・カゼスに決まった。

権力に目をつけられたＩＮＥＤ

大統領官邸で移民と治安のアドバイザーを務めていたマキシム・タンドネは、数年前から移民の数値を低く見積もっているとして私を非難していた。「選択された移民政策」の提唱者の一人だったタンドネにとって、私が『移民の時代』でこの政策を批判したことを容認できなかったのだろう。それまでは間接的な情報しかなかったが（大統領官邸の出来事は、影絵のようにしか伝わってこない）、二〇一三年に出版された大統領官邸での日々を綴ったタンドネの著著からは驚くべき物語が明らかになった。二〇〇九年六月一二日、タンドネは大統領官房長だったクロード・ゲアンと面会し、次のように語ったという。

重要な案件について、あなたと直接お話がしたかったのです。もうすぐINEDの所長が任命されます。現在のINEDの責任者フランソワ・エラン〔著者〕は三年任期を三回務めました。エランが再任されると四期めになります。私はその人事に反対です。というのは、このような重要なポストに一二年の任期は長すぎるだけでなく、エランは科学者の役割から逸脱して、われわれの移民政策を厳しく批判し続ける人物だからです。[5]

そしてタンドネは、INED所長にソルボンヌ大学教授フランソワ＝ジェラール・デュモン[6]を推薦した。ところが、タンドネは、この案は首相官邸と閣僚の「猛反対」に遭ったと不満を述べている。「デュモンは保守主義なので人口学者や研究者の連中から嫌われているから駄目だというのだ。だが、戦略的なポストなら、われわれと同じ考えをもつ人材を任命すべきではないか……」。ゲアンはこの案件を精査すると約束したが、タンドネの試みは、「大臣たちと大臣官房たちは冷静に行動せず、彼らはわれわれの意見を聞き入れない……」と不調に終わったのである。この物語の後日談としてタンドネは「INED所長は、第三の候補で政治色のないシャンタル・カゼスに決まった」と記している。

いつの日か歴史家たちはマキシム・タンドネの著書を読んで、二〇〇〇年代における人口学者とフランスの権力者との関係を検討することになるだろう。そうした意味において、私はこのような著書を記したマキシム・タンドネに感謝しきれないくらいだ。しかし、まず事実誤認についていくつか指摘しておく。私は四期めには立候補しなかった。タンドネとゲアンが話し合ったとき、私は所長代理として後任が決まってくれるのを一年以上前から待っていた。二つめの間違いは、二〇〇九年一〇月に私の後任になる統計学者〔カゼス〕は、私の意図に反して任命されたのではない。私は一年以上前にこの人物に立候補するように薦め、研究省はすぐにこの候補に大きな関心を示したのである。

最も奇妙なのは、INED執行部の予備選考にタンドネが口を挟まなかったことだ。というのは、タンドネとゲアンの面会の二週間前の二〇〇九年五月二七日、選考委員会が開かれていたからだ。この委員会には、二つの監督省から二名の代表者、INEDの科学アドバイザー会長、世界的に著名な外国の人口学者、そして社会科学高等研究院（EHESS）の研究部長である経済学者が参加した。彼らは、三人の候補者のうち二人はINED所長に必要な資格を満たしていないと判断した。その二名には、移民省が推薦した候補者が含まれていた。したがって、選考委員会が提示した候補者は一人〔カゼス〕だけだったのである。結局、この候補に決めざるをえなかったのが実情だった。

選考委員会は慎重に行動した。人口学の分野で世界的な評価を誇る研究機関の所長になるには、監督省が望む予算と組織の改革に取り組む才覚が必要なのは確かだが、次の四つの基本的な能力を兼ね備えていなければならなかった。一つめは人口指標を自分で計算できること（すでに発表された指標を受け取るだけではいけない）、二つめは査読付きの論文を学術誌に掲載された経験があること、三つめは国際的な会合が頻繁にあるので英語が堪能であること、四つめは研究や調査のチームを手際よく引率した経験があることである。これら四つの能力をすべて兼ね備える人はいなかったが、それらの能力のうち一つももっていないのなら、INED所長にはなれない。そのような人物がINED所長に就任したのなら、国内および国際的な人口学会の笑い草になるだろう。二〇〇八年に私はヨーロッパ人口学会の会長に選任され、この職責を四年間務めた。イギリス、オランダ、ドイツ、オーストリアなど、著名な人口学の研究機関のトップを決める手続きに厳格であるヨーロッパの人口学者は、INED所長に誰が就任するのかを固唾をのんで見守っていた。能力のない人物を選任することは許されなかったのだ。

移民問題のアドバイザー〔タンドネ〕の主張とは反対に、選考には候補者が保守主義であろうが進歩主義であろうが関係なかったのだ。歴代のINED所長の政治指向にかかわらず、これまで研究者たちは常に自由に研究できた。研究者たちが唯一重視したのは、選考委員会の高い見識だった。研究者たちのいわゆるイデオロギー面での好き嫌いや、監督省の気まぐれは選考には影響しない。そして当然ながら、INED所長はヨーロッパ内および世界的に優れた学者でなければならない。まとめると次の通りだ。移民問題のアドバイザー〔タンドネ〕は、選考委員会の意向を無視し、科学を追求する役職に自分の政策に賛成してくれる人物を就任させようとした。だが、私の後任者は適正な手続きを経て任命された。同じ能力をもつ候補者が複数存在するのなら、政治的な親和性による選考もありうるだろう。だが、政治的な親和性が能力基準の代わりになることはありえないのだ。

そもそも、大統領に就任当時のニコラ・サルコジは、事前選考委員会や議会公聴会を設立することによって戦略的な人事に終止符を打ちたいと思っていた（アドバイザー〔タンドネ〕はこれを残念に思った）。INEDの監督大臣だったヴァレリー・ペクレスとグザヴィエ・ダルコスの官房たちが、移民省と大統領官邸のアドバイザー〔タンドネ〕の介入主義に抵抗したのは、非合理やイデオロギーに基づく行動からではない。彼らは、能力主義を無視して支配をもくろむ〔タンドネの〕野望が科学の独立性を脅かすのを阻止したのだ。この問題に最も関わりのあるヴァレリー・ペクレスと、社会問題を担当する大統領官邸の有能なアドバイザーであるレイモン・スビーは、介入主義に毅然と抵抗した。INEDの「科学とテクノロジーを追求する公的機関」という社会的役割の意味を心得ていた彼らは、単にそのことを考慮しただけだった。

付言しておくと、当時、マキシム・タンドネはまだ「選択された移民政策」を信じていた。それはタンドネのペットプロジェクトだったのだ。タンドネは、クロード・ゲアンはこの政策を支持するはずだと思っていた。そのおよそ一年後に移民大臣に任命されたゲアンはすぐにこの政策を廃止した。ところで、私が「選択された移民政策」に下した診断に対するタンドネの非難はきわめて興味深かった。数値に基づく診断であっても議論の余地はあるが、私の診断は政治的な信条からの批判ではまったくなかった。結果的に、この診断は正しかったことが明らかになった。この一件の教訓は次の通りだ。「城内」でちょっとした権力を握ると(あるいは少しでも隷属すると)、権力を振りかざして反対者を厄介払いしたくなる。そこには、「なぜ本質的な議論にもたつくのか。邪魔者がいるなら大統領官房長(ゲアン)に頼んで排除してしまえ。反論するのではなく批判を封じ込めてしまうのだ……」という心理が透けて見える。これは権力を濫用する能力の足りない者の告白にすぎない。

筆の重み

私にとって、マキシム・タンドネはまったくの見知らぬ人物ではなかった。パリ政治学院などで開かれた会議でタンドネのスピーチを何度か聞いたことがあった。それらはいつも同じ展開だった。最初に壇上に上がるように求められると、タンドネは大統領官邸の移民政策の骨子について語り、移民の失業率の「悲劇」とヨーロッパの移民政策の「大混乱」を声高に糾弾するのだ。そして他に急用があるのか、話し終えるとすぐに会場から立ち去るのだった。タンドネは他の発言者のスピーチを聞かない。したがって、議論は成り立たない。

私がタンドネの存在を知ったのは二〇〇三年だった。それは退職後に移民に関する「真実の復元」に取り組んでいた歴史人口学者ジャック・デュパキエを通じてである。デュパキエはマキシム・タンドネの著書を崇拝していた。デュパキエにとって、大量の移民流入に対して信頼できる視野をもっているのはタンドネだけだった。デュパキエによると、タンドネは内務省総監として特別な情報にアクセスできたのではないかという。私はデュパキエのいくつかの著書を読んでみたが、大変失望した。それらは他人の手垢のついた情報を拝借したやっつけ仕事にすぎず、編集もお粗末だった。デュパキエの著作を読んで極右のラジオ局『礼儀ラジオ』の存在を知った。このラジオ局がタンドネを招いて彼の最新著書[7]を紹介すると知り、私は試に聞いてみた。タンドネは社会的なド・ゴール主義〔フランス社会の独自性を追求するナショナリズム〕を何度も唱えたが、スタジオはあまり盛り上がらなかった。二〇〇四年一月、タンドネはこのラジオ局に自分たちの番組をもつ『時計クラブ』〔極右団体〕の会長アンリ・ド・レスカンと一時間以上にわたって対談し、二〇〇五年一月には、同じラジオ局でクロード・ライヒマンとも対談した。精力的な極右セクトの創設者であり、国民戦線と引っ付いたり離れたりするライヒマンは、現行の社会保障制度に激しく反対する人物として知られていた。

タンドネとライヒマンは、移民流入について語り合った。ライヒマンのインターネット・サイトには、合法、非合法、大人、子供など、あらゆる移民流入を合計すると、多少の重複を含むにせよ、年間の移民流入数は五〇万人近くになると記してあった。彼らは、この大量の移民流入は制御不可能だと憤慨し、さらに本当の数値が公表されないことに怒っていた。そしてINSEEとINEDのでっち上げの推定値を嘲笑った（私が語ったのは純流入数（流入数から流出数を差し引いた数値）であって、流入数ではない）。彼らは、私の過ちや能力不足を指摘する文書を私に送りつけることもできたはずだ。私は陰謀の主犯格だとの烙印を一方的に押された。

ド・ゴール主義者を自称する高級官僚（タンドネ）は、なぜそのような討論に応じたのか。タンドネは、『メディアパール』紙や『リュ89』紙（ともに左翼系のインターネット新聞）が二〇一〇年七月三〇日の「グルノーブルの演説」以降、ニコラ・サルコジをパトリック・ビュイッソンと同列に並べて極右扱いしていると不満を述べた。これは明らかに「メディア・バッシング」だというのだ。ところが同時期に、タンドネは自身の覚書にサルコジの「グルノーブルの演説」に嫌悪感を覚えたと記している。治安問題に関するそうした言及はフランス社会を無意味に分断するだけであり、アンリ・ゲノ（サルコジのスピーチライター）も同意見だというのだ。タンドネは「グルノーブルの演説」のスピーチライトには関わっていないと断言した。しかし、そのような演説をする大統領に、なぜ仕え続けたのか。世論調査の結果が思わしくないため世論に「衝撃をもたらす」過激な演説をする必要があるという理由から『ミニュット』（極右思想の週刊誌）の元編集長パトリック・ビュイッソンに筆入れ役を奪われたのに、どうしてサルコジのもとに残ったのか。

タンドネは極右ではなかった。タンドネは、主権主義を掲げるジャン゠ピエール・シュヴェーヌマンと近いわけでもなかった。タンドネは、「保守思想」に振り回されることなく、法の支配を強化し、社会に役立つ移民だけを受け入れ、難民申請を却下された者たちを国外退去させなければならないと語っていた。

ようするに、伝統的な右派の従来型の政策綱領である。ニコラ・サルコジの行動力に魅せられたタンドネは、大統領官邸において五年近くサルコジに仕えた。「選択された移民」という政策綱領以外に、二〇〇八年には欧州理事会による「移民と難民に関するヨーロッパ協定」の採択を準備した。この協定は法的拘束力をもたなかったが、ヨーロッパにおける移民政策の一般的な傾向に大きな影響を与えた。

タンドネはサルコジが大統領だったほとんどの期間、移民と治安問題に関する大統領官邸の筆頭代筆修辞家だった。『火山の真中で』〔タンドネの大統領官邸での日々を綴った著書〕には、ニコラ・サルコジを称賛し続ける一方で、サルコジの熱に浮かされたような主意主義、豹変、大臣たちに課した数値、世論を異常なまでに気にする態度、とくに三面記事のネタになる場合（二〇一一年一月のレティシア・ペレ誘拐殺人事件[8]など〔サルコジは犯罪歴のあるこの事件の容疑者を、裁判以前の段階で犯罪者と呼び捨てた〕）にはエリート（行政官、知識人、高級官僚など）に見放された人々の気持ちを自分は瞬時に代弁するのだという信念などに関する、有無を言わせぬ証言が記してある。タンドネのこの著書には、八〇ページ以上にわたって大統領の「極度な興奮」、「激昂」、「自説の押しつけ」、「叱責」、「怒り狂う」様子などが赤裸々に描写されている。

大統領官邸を離れた後、タンドネは自分のブログを再開した。ブログでは、（フランスの敵を退治する場合には）極右のレトリックをもち出す一方で、国のアイデンティティをめぐる強迫観念から離れて、経済、社会、ヨーロッパの問題を語る際には、政治的により穏やかな暮らしを望んでいる様子だった。「ハイパー大統領」〔フランスのメディアがサルコジに付けたあだ名〕をやりすぎと感じたタンドネは、じっくりと批判を醸成している。それらの批判の対象は元大統領だと思われるが、それがサルコジだとは決して語らない。

エルヴェ・ル・ブラーズの的外れな攻撃

同時期、極右と為政者たちからの攻撃が不充分だと思ったのか、INEDの同僚エルヴェ・ル・ブラーズが私の研究活動を公に批判した。私はプライバシーに充分に配慮しながら移民の出自に関する統計を作成していた。私が糾弾されたのは、「国家の嘘」に加担しているからでも、イスラーム左派を支援しているからでもなく、人種差別主義者の理論に資する研究をしているという理由からだった。ル・ブラーズは、私がそう白状するとでも思ったのだろうか。先ほど語った二つの攻撃と比べると、この攻撃を真剣に受け取る気にはなれない。ル・ブラーズは、自分の同僚たちが、ナチズムの復活と人種差別を正当化する頭蓋計測学に夢中になっていると糾弾したのだ。ル・ブラーズの言い分によると、移民の出自を定義するには、「最終解決」の準備のために開かれた一九四二年一月のヴァンゼー会議でナチスが定めたユダヤ人定義を復活させなければならないという[9]。自己申告にせよ他者の判断にせよ、肌の色を知ろうとするのは人種差別であり、それは人種差別主義者のやることだというのがル・ブラーズの理屈だった。

INEDの何人かの研究者たちがル・ブラーズの餌食になると、今度は私、そして人種差別問題の専門家として国際的に著名なパトリック・シモンが率いる「生い立ちと出自（TeO）」の若手研究調査チームが標的になった。著名で非の打ちどころのない研究者を標的にするのがル・ブラーズの習わしだったので、われわれがル・ブラーズの怒りを買ったのは名誉なことだったのかもしれない。「生い立ちと出自（TeO）」のチームは、さまざまな差別を研究するために移民に出自と宗旨を尋ねていた。

だが、ル・ブラーズはそれを犯罪と見なしたのである。このチームがやっているのは人種差別だというのだ。ル・ブラーズはこの問題について関係者たちと直に議論するのではなく、討論の場を『ル・モンド』に設け、次のような神託を告げた。「そうした研究が一九世紀の民族や人種に基づく差別にいたることは不可避だ（……）。ＩＮＥＤとＩＮＳＥＥは、鼻や頭蓋骨の形状を尋ねるような真似はすべきでなく、宗旨を知るだけで満足すべきだ[10]」。

ル・ブラーズの批判は、古くからある「滑りやすい坂論」（「不可避」という表現）、そして言葉の端々に見られる「ヒトラーに落とし込む論法《リダクティオ・アド・ヒトラーウム》」（宗教に興味をもつのは、ユダヤ人を突き止めようとするから）の混合物である（差別を研究するのは差別することだという理屈）。これはル・ブラーズの悪ふざけなのか。メディア界での人口学会の「暴れん坊」という自己のイメージを維持するために意図的にやったのではないか。ＩＮＳＥＥは賢明にもル・ブラーズの批判を一切無視した。私も先ほど述べた二つの戦いのために自身のエネルギーを温存した。

ル・ブラーズの神託は突如として終わりを告げた。というのは、「生い立ちと出自（ＴｅＯ）」は、その数年後にきわめて重要な参考資料になったからだ。この調査結果は、社会統合の成否やさまざまな形態の差別に関するおもな情報源になったのである[11]。それは回答者自身ならびに回答者の両親や配偶者の宗教を直接尋ねる質問を含む、フランスの公的統計調査の三つのうちの一つになった。二〇〇八年から二〇〇九年にかけて完成したこの調査に関して、調査対象になった人々に何らかの迷惑がおよんだり、基本的人権がわずかにであっても後退したりしたという報告は、今まで一切ない[12]。逆に、さまざまな宗教の信者の行動様式が比較できるようになったため、思わぬ違いが明らかになっても人々は冷静に議論できるようになった。

ル・ブラーズの過激な態度は、若手研究者たちの一撃を食らった。ル・ブラーズは研究を中断させることに失敗したのである。もっとも、彼らは研究の倫理に充分に配慮していた。彼らはル・ブラーズと異なり、国規模の調査にそれまで取り組んだことがなかったが、そうした倫理規定を杓子定規に適用することはしなかった。彼らは、科学的探究の自由と基本的権利の尊重という二つの原則を、具体的な調査手段を整えながら両立させたのだ。社会的な不平等や差別に関する知識を向上させながらも、調査対象者から明確な同意を取り付け、匿名性を維持し、データを厳重に管理したのである。それらは「全国情報および自由評議会（CNIL）」と協議した際の議題であり、ヨーロッパで複数の研究機関が実行した調査のおもな課題でもあった。欧州委員会もこうした調査を支援した。法的な承認を得た「生い立ちと出自（TeO）」の調査は順調に進行したのである。

誤解してほしくないのは、私は徹底的な協調主義を推奨しているのではない。研究者同士の論争は科学的な活動の一部である。しかし、論争が成り立つためには二つの条件が必要だ。一つめは、「ロゴス（論証の質）」が「パトス（感情に働きかけること）」や「エトス（本質を論じるのではなく、人物の信用を貶めること）」に押しつぶされるのを放置してはならないことだ。二つめは、論争において科学と関係のない議論をもち出して同僚を黙らせてはならないことだ。つまり、科学とは関係のない間接的な手段によって、相手の実験を中止させる、調査を中断させる、発表を阻止するのなら、論争は成り立たない。研究者間の論争の裁定役を引き受けなければならないときに私がいつも留意したのは、こうした自由の規範である（世間は研究者同士の論争に強い関心を示すが、幸運なことにあまり起きない）。研究者やそのグループが、科学とは無関係の理由によって相手の活動を封じ込めることは絶対に認められない。競争相手に対して科学的に反論できないときに、政治や倫理の面で貶めてやろうという誘惑は大きいだけに、これを完全に封じ込めるのは難しい。

私は、「真実を押しつけられるよりも、拘束されずに間違えるほうがましだ」[13]という格言は、社会的な選択を話し合う公的討論にも、切磋琢磨する研究者たちの競争にも当てはまると思っている。われわれはとくに競争相手を黙らせたいという誘惑に駆られやすいだけに、この自由の原則の遵守は、一般に思われている以上に求められている。ところで、移民に関する討論のきわめて重要な原則は、研究の多元性だけでなく、われわれの民主主義の多元性を確保するという二つの段階からなるのである。

慎重義務なく、行動を照らし出す

研究対象との距離と関わりをいかに両立させるかという問題に悩まされない研究者はいないはずだ。移民というセンシティブな問題に取り組む研究者なら、なおさらだろう。私の研究分野に口出しした大統領官邸のアドバイザー〔タンドネ〕の「彼は科学者の役割から逸脱して、われわれの移民政策を厳しく批判し続ける人物だ」という文句が頭によぎる。この文句からは、研究の世界には慎重義務〔公務員の政治活動は原則として自由だが、一定の限度を超える場合には制限が生じること〕があるのではないかという疑問が生じる。すなわち、研究者は、公権力が自分たちの領域にしたいと思っているテーマ〔この場合では移民の研究〕に（間違えることがあっても）取り組んでもよいのかという疑問だ。

さきほどのアドバイザーの文句は、価値観の逆転を引き起こす恐れがある。公的政策を細かく分析し、その現実性を評価し、移民流入数を増加させる法的拘束に注意を促すのは、「厳しく批判する」ことではない。それは評価であり、研究者としての務めを果たすことだ。あのとき私は、INEDに課せられた使命を全うしただけである。その具体例として、私は「求人難の職業」に選択された移民を充当するという仕組みを機能させるのは困難だと警告した。また、人口動態の基本的メカニズムを無視して選択された移民を優遇するという移民流入政策は行き詰まると分析した。私が家族呼び寄せの法的根拠について言及したのも、自分の使命を果たしたまでである。

私の分析は一連の出来事によって裏づけられた。移民政策は現実に根差したもの（地政学的な背景、人口動態、普遍的な法原則を考慮する）でなければ機能しないというのが私の信念だ。タンドネが大統領官邸の日々を綴った著書に描かれているような抑制のない無力な主意主義に基づく政策は、風車に向かって突撃するのと同じである。批判する人を排除するのではなく、批判を受け入れることのできる移民政策でなければ、達成可能で詳細な目標を打ち立てることはできないだろう。

だからといって、私は、科学者は自身の研究活動を政治に押しつけるべきだと主張しているのではない。それは研究者の役割を逸脱している。一方、政治は、自分たちが望む見解だけを受け入れて思うままに行動でき、自身の計画の実行可能性に関して研究者たちが発する警告を無視しても構わない。しかし、警告の内容が気にいらないからと言って警告を発する者を抹殺すると主張するのなら、今度は政治がその役割を逸脱し、権力の濫用という罪を犯すことになる。大統領官邸の「移民と治安問題」のアドバイザー〔タンドネ〕は、科学が自分の命令に従うべきだと考えていた。科学も、軍隊や警察と同様に、慎重義務に服従すべきだと思っていたのだ。しかし、彼は自分のいくつかの著書やブログにおいて、人口学、統計学、地政学、道徳などに関する彼自身の個人的な分析を提示し、慎重義務の原則に従わなかった。何のためらいもなく政治から科学の領域へと移行したのである。私が逆方向から同じ道筋を歩んだのだから、それは自分の権利だと考えたのか。

フランスでは、どんなテーマであっても、政治家、研究者、ジャーナリスト、行政官、知識人、各種組織のメンバー、宗教家、さらには、インターネット利用者や一般人など、誰であろうと公的議論を私物化することはできない。唯一の決まりは、誰もが、事実、論理の道筋、論証を詳述することである。この決まりは、専門の調査手段をもつ研究機関が提示する評価であるのなら、なおさらである。慎重義務を研究機関に対して一方的に課すのなら、行政のデータを利用したり独自の調査を行なったりすることによって、自由な立場から分析できる研究機関を黙らせることになるだろう。あるテーマに関する評価手段や知識をもっている相手に沈黙を強いるのは矛盾した行為だ。民主社会において、そのような行為は誰にとっても望ましくない。

研究機関の所長とそこで働く研究者を区別すべきなのか。知識を向上させ、大衆、ジャーナリスト、政治家を啓発するために自身の能力を発揮するのは、INEDの所長を筆頭に、社会科学の研究者全員が各自のスタイルで行なうこと（あるいは、行なうべきこと）である。[14] 私もその務めを果たす。ニコラ・サルコジは、「INEDのような研究機関の使命は、政府の長期的な活動を支援すること」であり、INEDは「科学的に偏りのない機関でなければならない」と主張したではないか。[15] まったく同感である。だが、政府も科学という投光器に照らされることを容認しなければならない。

一体、慎重義務とは何か[16]。国務院の判例の複合的な体系では、〔公務員の〕公的あるいは宗教的な意見表明は、その人物の地位や状況に応じて制限される。職業倫理において慎重義務がある唯一の団体は、警察、軍隊、司法などの国家の行政機関である。INSEEの人口学の研究部長だったとき、私は部局に通達される大臣の指示書を遵守してきた。たとえば、人口統計にフランス海外県を統合する計画や、「全国統計情報評議会（CNIS）」と協議する手続きなどである。INED所長だった一〇年間、政府がどのような意向を示そうとも、私は政府の指示に従って研究組織を改革してきた。それらの改革に対し、公に異議を唱えることはしなかった。それらは私が慎重義務を適用した領域だった。そうした政策の方向性に納得できないのなら、私は自分の職務を離れなければならなかっただろう。

逆に、科学の領域に慎重義務は存在しない。経済学者が公共政策を評価したり、地理学者が国土整備計画に関心を示したりするのは当然だ。人口学も同様である。租税政策、住宅政策、家族政策、家族計画を推進する政策、年金政策、一般的な社会および環境政策などの公共政策を考慮に入れずに、家族構成、合計特殊出生率、婚姻と離婚、人工中絶、死亡率の推移、人口の高齢化、国の人口分布、女性の社会的地位などを研究できるだろうか。研究者がいわゆる慎重義務を理由に自身の研究の独立性を、完全にあるいは部分的に断念するのなら、自分に課せられた使命に背くことになる。そのような研究者は、国際学会など専門家の間ですぐに信用を失う。こうした一般原則は、当然ながら移民政策にも当てはまる。

ポピュリズムを唱える政治家たちは「識者」を嘲笑う傾向がある。彼らは「識者」という言葉を軽蔑的な意味で用いて、専門家や研究者を知識階級の最下層に位置づけようとする[17]。人口学者としての私の場合、専門家のように一刀両断するのは政治家やエッセイストであり、研究者たちは逆に、自問し続けた（研究者たちは分析の精度を高めようと努力してきた）。次章のテーマは移民に関するデータの作成である。研究者たちが成し遂げた継続的な進歩を紹介する。

4

数字を操る?

フランスではここ二五年間に移民に関するデータが充実した。もっとも、やるべき仕事はまだたくさんある。一九九〇年代初頭、データは不足気味かつ不備があったため、INSEEやINEDには激しい批判が寄せられた。第4部では、統計学者や人口学者の仕事に関して長年にわたって囁かれてきた世間の不満を列挙する。すべてではないが、11個の不満について説明する。それらの大半はすでに時代遅れだが、一部のメディアや政治家たちは、自分たちの知識を更新することなく、それらの古臭い知識に基づいて批判を展開している。今後、「民族統計」に関する二項対立の議論（賛成あるいは反対すべきか、「タブーを打ち砕く」べきか）はなくなる。なぜなら、フランスは民族統計を公式に実施しているからだ。民族統計は宗教統計とともに、きわめて厳格な管理体制において実施されている。移民の出自に関するわれわれの統計は、市民籍（本人とその両親の国籍と出生国）の変化だけを扱いながらも家族の軌跡に関心をもつという点において、共和主義的であると同時に民族的である。しかし、大物政治家のなかには、タブーを破ることが革新的だと思っているのか、いまだにこの誤った議論にしがみついている者たちがいる。

本質的な問題は次の通りだ。なぜ統計を作成するのか。誰が統計を作成すべきか。統計を作成することによって行動する、そして理解することが可能になるのか。統計を統治の道具にするという戯画化した見方に反し、民主主義において国が統計を取らなければならないのは、国には説明義務があるからだ。統計は、国民の社会的な認識を高めるのである。

最後に、移民に関する量的研究は、統計を作成するだけにとどまらない。うまく構想された統計は、相関関係、因果関係、リスク要因を明らかにする。描写することから説明できるようになるのだ。洗練された統計を駆使しなければ、移民という現象は理解できないのである。

第8章 一九九〇年代以降のデータの飛躍

今日、われわれは重要な問題に関して詳細な情報をもっている。たとえば、「第二世代（片親あるいは両親が移民であり、フランスで生まれた人物）」の規模と生活状況、フランスの出生数と合計特殊出生率における移民の実際の寄与度、社会のさまざまな分野における移民とその子供たちの社会統合の状況、差別の実態などだけでなく、さらに読者を驚かせることに、移民と彼らの子供たちの宗教である……。私が監督した刑務所で実施した調査では、移民の被拘留者の出自がはじめて明らかになった。

データは大量にあるが、世間は懐疑的

情報源は多様である。たとえば、移民流入数に関する統計、難民認定申請の記録、滞在許可証に関する統計、人口調査のデータ[1]、人口縦断面分析の調査研究、調査の歴史ファイル、雇用・住宅・生活環境に関するINSEEの一般調査、移民とその子供たちの社会統合に関するINEDとINSEEの特別調査、国家医療補助（AME）の給付、（出自、身体的特徴、宗教などに基づく）差別という社会現象に関する試験的な

経験などである。そして量的手法（アンケートと調査）と質的手法（インタビューと観察）による移民と非移民の実体験も貴重な情報である。

同時に、移民に関する国際的な統計も飛躍的に進歩した。経済協力開発機構（OECD）は、加盟国のデータの収集と照合に関して尽力してきした。国連も、人口部、難民高等弁務官事務所、国際移住機関を通じて国際的な統計を発展させてきた[2]。

公的統計によって大量のデータが作成されているが、多くの人々は私が示すデータに懐疑的であることを心得ている。フランス政治研究センター（CEVIPOF）が二〇一六年一月にインターネットを通じて実施した「政治に対する信頼度」という最新のパネル調査では、「移民の数値」を「とても信頼している」と答えた人の割合はたったの三%、そして「どちらかと言えば信頼している」が二六%だった。合計すると、信頼している人の割合はわずか二九%である。反対に、「どちらかと言えば信頼していない」は四〇%、「まったく信頼していない」は二九%、「どちらとも言えない」は二%だった。この惨憺たる結果をどう捉えればよいのか。

はじめに、数値の信頼性を疑う傾向は移民問題だけでないことを確認する必要がある。犯罪に関する数値（強度と中度の信頼を合わせると二九%）と失業に関する数値（同じく三〇%）も同様の傾向を示している。調査対象になった他の分野もほとんど同じだ。公的債務に関する信頼度は三二%、経済成長は三六%、インフレは三八%である。したがって、人々の移民の数値に対する信頼度の低さは特別なことではないのだ。調査対象になった人々の感覚では、フランスには経済および社会に関する信頼できる統計は存在しないのである。

これをどう説明すればよいのか。まず、マルク・ブロックの「懐疑的なのは信じやすいからに違いない」という考察が頭に浮かぶ[3]。信頼できる情報がないので噂を信じなければならない状況では、とんでもない嘘を鵜呑みにするか、確立された事実を投げ返すかである。しかし、現状は異なる。統計数値は大量にある。世論がすべての分野において「統計懐疑主義」に陥るのなら、原因は固有の障害ではない（例：不法移民の数を推計するのは難しいという理由から統計を信じない）。世論は、すべての分野においてセンシティブな数値は過小評価するようにという政治的圧力が存在すると思っているのだ。

そうした不信感は、INSEEや省庁の統計部門などの公的統計にもおよんでいるのか。オピニオンウェイ社〔フランスの調査会社〕は「公的〔パブリックな〕統計に対する信頼」という見出しの記事で、世論の「統計懐疑主義」を示唆している。ところで、フランス政治研究センター（CEVIPOF）の質問は、「政府公認〔オフィシャル〕の統計」を信頼するかであった。私はフランス政治研究センター（CEVIPOF）の同僚たちに、パブルックとオフィシャルは同じではないと指摘すべきなのか。「公的統計」という表現が公益に資する中立的で専門的な印象を与えるのなら、「政府公認の統計」という表現は、時の政権の利益に捻じ曲げられたうわべだけの真実を示唆するのかもしれない。調査対象が何であれ、公的統計が示す数値に対する信頼度よりも、政治色に染まりやすい政府公認の数値に対する信頼度のほうが低いのか。「移民の数値」の背後において不信感をかき立てるのは数値の政治的な利用である。

大衆は、公的統計を作成する機関が公的権力に対して独立性を獲得するために長年にわたって戦ってきたことや（例：INSEEは物価指数の作成に経済省が介入するのを排除した）、「全国統計情報評議会（CNIS）」

や「公的統計機構」の存在を知らない。どうして大衆は、数値を改竄する仕組を想像するのか。そのことはフランス政治研究センター(CEVIPOF)の調査からはわからない。大衆は、数値の専門家は「ポリティカル・コレクトネスな数値」を作成せよという政府筋の圧力に抵抗できないのではないかと疑う。そしていくつかの見立てが登場する。すなわち、専門家たちの隷属は、自ら進んでか、あるいは無意識の仕業か。積極的、あるいは消極的な加担なのか。こうして、能力不足、無分別、お人よし、卑劣さ、イデオロギー的な衝動、出世欲など、あらゆる動機が整合性などお構いなしに並べ立てられる。

当然ながら、世間が抱くそれらの敵意に満ちた非難を放置することはできない。INSEEやINEDの大半の出版物は、移民に関するものも含めて世間では好評である。それらは参考文献になり、世間はINSEEとINEDにかなり好印象を抱いている。しかし、この正反対な反応こそが問題なのだ。一つの原因は、古い知識に基づいて意見を述べる人たちがいるからだ。この問題を具体的に把握するために、移民に関する数値の作成に対するおもな不満を列記する。そしてそれらの不満がどのような方法でいまだに正当化されているのかを検証する。

移民の数値に対する11の不満

移民の統計に対する不信感の一部は、二〇年から三〇年ほど前の移民統計の欠陥に起因する。「政府公認の統計」は不都合な真実を隠蔽しようと企んでいるという考えは、移民の統計に根強く残っている。次に、最も頻繁に耳にする不満を列挙する。

①政府公認の統計は、フランス国籍を取得した移民を除外している（出自に関する「ヴェールで覆われた」あるいは「タブー」なテーマ）

間違い。フランスに帰化した移民（現在では四〇％以上）は、帰化した移民を含めてすべてのフランス人が対象になる調査の質問によって一九世紀から把握されている。フランスにおいて移民の歴史を辿ることができるのは、この質問のおかげである。よって、「フランスの移民」は、フランス国民の統計ならびに移民の統計に同時に加算される。移民はフランス国籍を取得しても移民である。

②政府公認の統計は「第二世代」を除外している。

間違い。たしかに、国勢調査に親世代に関する質問はない（ただし、親と同居している場合は除く。もっとも、同居世帯は全体の四分の一である）。しかし、一九九九年から二〇〇四年にかけて、雇用調査（毎年一二万人）、家族調査（二五万人）、生活環境調査など、INSEEは大規模な調査を実施するようになり、両親の出生国やフランス人になる前の国籍を質問するようになった。それらの調査により、移民の子供がフランスで生まれてフランス人になったとしても、彼らの数や生活様式を把握できるようになった。EU統計局や経済協力開発機構（OECD）が管轄するすべての国では、この「第二世代」は今後重要になる。というのは、「第一世代」がフランス人口に占める割合は一一％だが、「第二世代」はおよそ一二％だからだ。よって、両世代を合わせると、移民はフランス人口の四分の一近くになる。

③フランスでは民族統計は禁止されている。

間違い。ヨーロッパにおいて「民族統計」と呼ばれるものは、「チュニジア移民の娘」や「スペイン移民の息子」など、前述の②を叙述するデータの収集である。ここで言う「民族」が意味するのは、ある人物が他の国に移民したときのその人物の元の国籍であり、民俗学上の国家下部あるいは流動的な国家間の構成要因である「民族集団」（例：カビル族、ソニンケ族、モン族など）とは何の関係もない。また、肌の色と文化的な特徴が混在する「白人、黒人、アジア人、アラブ人、ロマ」などの排他的なリストにチェックを入れるアングロサクソン系の統計が行なう「民族-人種」分類とも異なる。ヨーロッパ大陸の国でそのような統計を実施している国はない。

一九五八年に制定されたフランス憲法第一条は、「フランス共和国は、出自、人種あるいは宗教の区別なく、法の前の平等をすべての国民に対して確約する」と定めている。一九七八年に制定され、二〇〇三年に改正された「情報処理と自由に関する法律」により、個人情報（生徒、借家人、被雇用者、顧客、会員など）の管理記録に出自を記入することは禁止された。反対に、「全国情報および自由評議会（ＣＮＩＬ）」は、研究の目的に応じて個人データを厳重に保護すること（匿名、本人の同意、サンプリングの規模など〔ＣＮＩＬはサンプリングが小さいほうが回答者の匿名性が維持されやすいと考える〕）を条件に、研究調査に特例規定を設けた。

④フランスでは宗教統計は禁止されている。

間違い。メディアでは繰り返しそのように語られているが、誤りである。大筋は③と同じである。「全国情報および自由評議会（ＣＮＩＬ）」は、例外的に公的統計を作成するためのいくつかの調査において、明快な言葉で宗教に関する詳細な質問（例：宗旨、宗教に費やす時間、宗教が日常生活に占める重要度など）を認めている。

⑤政府公認の統計からはフランスにおけるイスラーム教徒の数はわからない。イスラーム教徒の数を提示するのは、民間の調査機関だけである。

間違い。先ほど述べた公的統計の調査は、この数値を提供した。残念なことに、最後に公表したのは二〇〇八～二〇〇九年の調査である。INEDとINSEEが実施した「生い立ちと出自（TeO）」の調査では、フランスには子供を含めて四一〇万人のイスラーム教徒がいた。彼らの半数（四九％）は「日常生活において宗教はとても重要だ」と回答した。ところで、一部の民間機関は、年初に調査テーマの一括認定制度を利用できるというメリットがあるが、民間機関も公的機関と同じフランスおよびヨーロッパの法規に従っている。

⑥政府公認の統計は出国者を記録していない。

正しい。ほとんどのヨーロッパ諸国では、外国人が登録そして登録を解除する住民登録は存在しない。しかし、最近では毎年の国勢調査によって外国人の出国を推定できるようになった。

⑦政府公認の統計は、純流入数において外国人とフランス人を区別していない。

以前まではその通りだった。しかし、今後はINSEEが毎年の国勢調査から推定値を導き出すため、その主張は間違いになる。

⑧政府公認の統計は「密入国者」の数を把握していない。

正しい。しかし、社会問題担当省は、不法移民に提供される国家医療補助（AME）の給付に基づき、おおよその数を把握している。合法移民と不法移民との境界は閉じていないことを考慮すると、不法移民の数はおよそ四〇万人だと思われる。

⑨政府公認の統計は、フランスの合計特殊出生率が高いのは移民のおかげだと説明することを「忘れている」。

間違い。合計特殊出生率の計算は、INEDとINSEEだけでなく外国の人口学者も何度も計算した。移民の合計特殊出生率が先住のフランス人より高いとしても、移民は少数派であるため、子供の数を〇・一人から〇・二人余分に増やすことによってフランスの合計特殊出生率を高めているにすぎない（一部の人は〇・一％や〇・二％と思っているが、それは間違い）。移民の寄与がないと、フランスの女性一人当たりの合計特殊出生率は、二・〇でなく一・九になる（さらに、年によっては一・九が一・八に変化する）。この件では、エリック・ゼムールもひどい間違いを犯している。ゼムールの間違いについては第11章で紹介する。

⑩民族統計の作成が禁止されているため、刑務所内の人口に占める移民や移民の子供の割合を計算できない。

間違い。INEDとINSEEは、一九九九年に刑務所内での家族アンケートを実施する権利を得た。このアンケートによって、刑務所内では、移民の割合は（国内と比べて）二倍であり（そうは言っても多数派ではない）、出身国（中央ヨーロッパとマグレブ）によっては三倍であることがわかった。それらのデータは合法である。問題は、こうした調査を繰り返し実施していないことだ（この件に関するエリック・ゼムールの非難に対する私のコメントは第11章を参照のこと）。

⑪二重国籍の数値データは存在しない。

間違い。またしてもＩＮＥＤとＩＮＳＥＥの「生い立ちと出自（ＴｅＯ）」が役に立つ。この調査は、フランスで暮らすフランス人とあらゆる国籍の移民に質問した。調査の結果は公表された。二重国籍をもつ者の数は、一八歳から五〇歳までの大人三三〇万人である（ただし、外国で暮らす一五〇〇万人は含まれていない）。しかしながら、二重国籍の記録の管理は難しい。というのは、元の国籍を維持するかどうかは外国の当局に依存するからであり、必ずしも形式化されていないからだ。また、移住先の滞在国での登録はほとんどなく、関係国と連絡を取り合うことも稀だからだ。国勢調査で二重国籍について質問する可能性はある。

これまでに紹介したように、一九九〇年代以降に飛躍的な進歩を遂げた移民の統計に向けられたほとんどの不満は、時代遅れ、極端な解釈、明らかな間違いである。二〇一一年にマリーヌ・ル・ペンが、「愛国心に燃えた公務員たちよ、行政を担うジャン・ムーラン〔戦時中のレジスタンス運動の英雄〕になろうではないか。専門家たちが秘密裏に改竄する統計に《レジスタンスを試み》、フランス国民が本当に求める数値を作成しよう」と声高らかに呼びかけたのは、とんだ勘違いである。その一方でル・ペンは、犯罪者や被拘留者に占める二重国籍者の数と外国人や外国出身者の割合を引き合いに出す[4]。これは成し遂げた進歩を否定するル・ペンの蒙昧主義に反する指摘ではないか。私は、ル・ペンが指摘するそれら二つの現象に関する政府公認の調査の擁護および資金の工面を個人的に行なったが、自分のことをレジスタンス、ましてや「タブーの破壊者」だと思ったことはない。われわれは一九九〇年代以降、管理当局と密接に連絡を取り合い、センシティブなテーマに関する知識を充実させようと努力してきた。国の機関で働く研究者や統計学者であるわれわれは、世間で話題になることなく、派手な声明を出すことなく、大衆の代弁者を気取ることなく、移民の統計を進化させた。なぜなら、知識を進化させるのがわれわれの仕事だからだ。

私は、ジャーナリストや政治家に訴えておきたいことがある。あなたがたは無意識の行動や型通りの考えにこそレジスタンス精神を発揮すべきなのだ。「破壊すべき統計のタブー」を取り上げようと思うたびに、一呼吸おいて熟考し、正しい情報源に当たってみるべきなのだ。知識を進化させるにはお金がかかり、知識は部分的にしか進化しないことも容認し、自由な発言とタブーをあからさまに対比させるジレンマは、必ずしも状況を描写する最良の方法ではないと認めるべきではないか。

私はメディアだけでなく、われわれ研究者にも責任があると考える。世間において社会統計が成し遂げた知識の進化がこれほどまでに周知されず、また過小評価されているのは、われわれの広報不足にも原因がある。われわれが啓発活動を行なう余地は大きい。しかし、客観的な理由もある。法律面で大きな前進がないのだ（例：先ほど述べた被拘留者の移民の出自の調査）。先駆的な調査活動が成功したのなら、そうした調査をまた実施すべきではないか。長期的にはそうした調査を定期的に実施する必要がある。センシティブなテーマに個別に付与される許可には、しばしば最終的に譲歩したという雰囲気が漂う（「これは一回限りのことだ」というニュアンス）。不足しているのは、研究費だけでなく研究者たちの粘り強さである。

もう一つ別の無理解は、メディアは「解読」や「事実検証」などのコラムを充実させているのにもかかわらず、ある種の無気力が蔓延していることだ。その象徴的な例が、宗教や民族に関する統計は「フランスでは禁止されている」という決まり文句を繰り返し報道することだ。だが、公的統計のいくつかの調査には、そうした情報が含まれている。統計の禁止事項は、さまざまな特例の寄せ集めだと何度説明すればよいのか。宗教統計は公的統計以外の何ものでもない。明確に禁止されているのは、各種管理ファイルに政治的な意見や宗教を記録することだ。最後に、政治に言及する。メディアがエスカレートするため、大物政治家たちは、実際にはすでに破壊されたタブーを打ち破ろうとする。これこそが問題の本質をつくり出す。というのは、アイデアの浮かばない政治家は、革新的な論理をつくり出す代わりにタブーを打ち破るという論理を振りかざす傾向があるからだ。

数値を正面から見据える

統計に対する大衆の不信感を一掃するには、統計の利用に実用的なアドバイスを与える必要がある。一つめのアドバイスは、正確な細かい数値でなく概算値を把握することである。基本的な概算値なら記憶しやすい。EUの人口は五億人、フランスの人口は海外県を含めて六六〇〇万人である。フランスの人口のおよそ八〇〇万人が移民であり、九〇〇万人がフランスで生まれた移民の子供たちである（多くは成人した）。以上が、現状におけるフランスに存在する人々である。次に、フローである。フランスでは毎年八〇万人が誕生している。彼らのうち一三万人は外国人の母親をもつ。非ヨーロッパ系の合法移民の毎年の流入数は二〇万、流出数（死亡は除く）は五万人である。よって、純流入数（流入数から流出数を引いた残り）は一五万人である。

二つめのアドバイスは、絶対値を覚えたら比率の意味を理解することである。絶対量を語ると手っ取り早く素人を驚かせることができる。数値の実際の価値を把握するには、比率によって思考する必要がある。六六〇〇万人の国民に毎年二〇万人が流入すると、国の人口の年平均増加率は〇・三％（人口学者風に言うと三‰）である。二年間で二万四〇〇〇人の難民を受け入れると（二〇一五年九月のオランド大統領の正式発表）、国の人口の年平均増加率は〇・〇二％（国民五〇〇〇人に難民一人の割合）であり、本書の「はじめに」で紹介したように、これは一万人の観客がいるサッカー・スタジアムに、観客が二人余分に加わったにすぎない。

三つめは、どちらかと言えば左派や極左の人々に向けたアドバイスである。彼らが自分たちの価値観を守りながらも信頼できる存在であり続けたいのなら、現実的になって移民に関する実際の数値を正面から見据えなければならない。

❶ 長年にわたる蓄積という理由から、フランスで現在暮らす移民の比率は史上最大である。国民のおよそ一一％が移民である。フランスで生まれた彼らの子供たちを加えると、移民はフランス人口の四分の一近くを占める。そうは言っても、フランス史上最大のこの比率は、ヨーロッパの大きな民主国ではありふれた数値である。

❷　一九七〇年代末にイベリア半島からの移民が枯渇したため、一九七五年から二〇〇六年にかけてマグレブをはじめとするアフリカ諸国からの移民が急増した。移民全体に占める彼らの割合は二〇％から四三％になった。

❸　近年の年間フローに関して、毎年合法的にフランスにやってくる非ヨーロッパ系の移民の三分の一は、フランスの旧植民地の出身者である。

❹　移民はフランス国内にきわめて不均等に存在し、高級住宅街よりも都市部の労働者居住地区に集中している。

❺　ヨーロッパの古くからの移民国（フランスを含む）の移民の失業率は、先住民のおよそ二倍である。

❻　移民の「第二世代」は、自分たちは「第一世代」よりも社会に溶け込んでいないと感じると同時に、より差別を受けていると思っている。

❼　先住民と移民との境界を取り除き、異なる者同士が結婚するようになるには時間がかかる。異なるという意味は、現在の国籍だけでなく両者の出自（彼らの以前の国籍、あるいは彼らの両親の国籍）も含む。

❽　少なくとも混合（異なる者同士の結婚）が数世代にわたって続くと、国民の出自は根本的に変化する（この大変化は、先住民と移民の相互に起きる）。

❾　一九四五年以来のフランス人口増加の三分の一は移民の寄与である（国民戦線が繰り返し主張する一〇〇％ではない）。残りの三分の二はベビー・ブームと高齢化である。

それらの現象のほとんどは、世論において大まかに観察できる。移民の数値は、歪んだ、さらには人を欺く幻影にすぎないという者たちがいる（とくに、左派の人々）。世論が移民現象を過大評価するのは事実だが、それはおもに第二世代やフランス海外県出身者の存在を含めて移民を考察するからだ。全体として、世論は移民の推移を正しく認識しているが、移民の国内における不均等な配分についてはあまり理解がない。世論の共通認識は、移民が密集する地区である。いずれにせよ、移民に関する人々の認識は慎重に解釈する必要があり、精緻な研究が必要である。

民族統計――すでに打ち破られた「タブー」

移民の統計に関する「タブー」という厄介な問題が残っている。

私は、統計や公的研究が著しい進歩を成し遂げたことに関する一連のセンシティブなデータを先ほど列記した。たとえば、両親の出生国と以前の国籍、移民の宗旨、刑務所内の移民と移民の子供たちの存在などである。刑務所内での移民や彼らの子供の存在であっても、それらのテーマは「タブー」ではないのだ（それらをまだ「タブー」だと思っているコメンテーターや政治家は多い）。一九九〇年代初頭には、データの扱いを妨げる法的な障害があったが、それらは次第に取り除かれた。

法律を少しでも注意深く読めば、法律にはきわめて限定的にだが、特例があることがわかる。[5] 言い換えると、（およそ一〇の）特例（例：公益に資する調査、匿名性の保持、回答者からの明確な同意、調査資料の厳格な保管など）を除き、本人の帰属や指向が明らかになる恐れのある個人データを扱うことは、（原則として）禁止されている。それらの帰属とは、政党、労働組合、宗教、民族、「人種」、健康状態、身体的な障碍、性的指向などである。この法的メカニズム（禁止だが、○○の場合は除く）は、個人の保護と統計の実施の許可という二項対立よりも複雑であり、タブーあるいは認可のアポリア〔難問〕にいたる。挑戦すべきは、法遵守を見張るのが使命の「全国情報および自由評議会（CNIL）」の原則を回避しつつ移民に関する統計データに法律を適用することではなく、より均整のとれた統計報告を作成できるように、既存の法律の効力を発揮させることだ。

したがって、「宗教統計はフランスでは禁止されている」と繰り返し説明するのは正確ではない。先ほど詳述したように、禁止されているのは、各種管理ファイルに宗教に関するデータを入力することだ。反対に、匿名性を維持し、調査対象者から同意を取りつけ、情報管理を徹底すると確約した統計調査や公的研究は、移民に対しても宗教に関する明確な質問を認めるという法的特例を得た[6]。私は同様のやり方で、被拘留者に関するＩＮＳＥＥの調査に、移民の出自に関する質問を入れる許可を得ることができた。多くの現代人がこのテーマにとらわれているのは、ご承知の通りである。

私がフロベールの『紋切型辞典』を改訂するなら、「タブー。タブーを一刀両断」という項目をつくる。その説明は次の通りだ。「統計に関する公的討論の場においてこの言葉が登場すると、ほとんどの場合、この言葉は誤って使用される。タブーは、統計作業の現実的な困難を描写する代わりに、タブーを語る者の重要性を肥大化させる（「私の勇気を褒め称えてほしい。私はタブーを一刀両断にするのだ」）」。実際には、すでにかなり以前から、統計を作成する際に法を遵守するという進歩はあった。私は、そうした進歩を成すために働いた、ひと握りの統計学者であり人口学者である。問題はそのことではない。

センシティブなそれらのデータの扱いを認める特例のメカニズムが資金不足のために稀にしか作動しないことである。原則は確立されたが、問題はこの原則を継続的かつ体系的に適用することが不確かな状態にあるということだ。

それはタブーだと叫ぶことによってタブーがまだ存在すると人々に信じ込ませ、タブーを破壊しようとする者と、タブーを維持しようとする者との間に溝が生じる。それはフランスでの自動車の利用に「賛成する人」と「反対する人」との間で社会が分断されるという、まったく無意味な二項対立と同じだ。問題は、自動車がどこをどのように通行するかという条件（道交法、信号機の設置、自動車の性能など）を探ることだろう。

メディアは、この二項対立から逃れるのは難しいと考える。テレビや新聞では、民族統計について賛成派と反対派を登場させて、両者が激論を交わすという設定のほうがはるかに簡単だ。たとえば、二〇一五年九月、あるラジオ局の女性ジャーナリストが私に電話をかけてきた。というのは、またしてもある政治家（フランソワ・フィヨン）が民族統計の作成を解禁しようと主張したからである。彼女は、次回の番組で民族統計を取り上げるので、私の立場を聞かせてほしいと尋ねたのである。私は彼女に対し、調査対象者の出生国や両親の国籍に関する調査を民族統計と呼ぶのなら、そうした統計はすでに特例として実施されているのだから、賛成か反対かを問うことには意味がないと説明した。民族統計の支持者と反対者を確保できたと思って電話をかけてきた彼女は、私が第三の立場だと知って落胆した。そのような設定は、ラジオのリスナーには複雑すぎるのだ。結局、このラジオ番組のディレクターは、ある政治家にインタビューすることにした。私はこれを自宅のラジオで聞いた。この政治家は、民族統計に関する知識はまったくなかったが、自身の役割を果たした。すなわち、統計という秘密結社の仕業に対する民衆の憎悪をかき立てたのである。大衆に正しい情報を提供する必要はない、ということか。

次に、フランソワ・フィヨンの興味深い宣言を紹介する。

フランスでは自分たちの国の人口増加に関する現実を誰も知らない。これがタブーになっているとは信じがたい(……)。私が推奨する移民政策を実施しようとするなら、(……)われわれはどのような人々を受け入れ、それらの人々がその後、いかなる暮らしを送り、社会にどう統合するのかを知らなければならない。そのためには、「民族統計」が必要だ。タブーを破壊するのだ。さもなければ、無言のまま現実を拒絶することになる。これこそが国民の怒りをかき立てているのだ。国民は、社会統合が必要だという演説と、日々感じる現実との間に、非常に大きな隔たりを感じている。[7]

移民に関するINSEEとINEDのさまざまな出版物をまったく読んだことがないとしか思えない驚愕の宣言である。国勢調査のインターネット・サイトには、「自分たちの国の人口増加についての現実」に関する情報が大量に掲載されている。内務省のサイトには、出身国ごとの滞在許可証の発給数が詳述されている。またしても「生い立ちと出自(TeO)」を紹介する必要があるのか。しかしながら、この熱のこもった告発とは逆に、元首相〔フィヨン〕は、二〇一七年の大統領選に出馬した際の政策綱領では、移民の出自に関する統計を発展させる必要性についてほとんど触れていない。つまり、二〇年前からの流れに任せるという態度である。つまり、フィヨンは「タブー」や「現実の拒絶」という、仮想の敵をつくり出しながら討論を害する大衆煽動の大言壮語を断念したのかもしれない。政治家を弁護するために言っておくと、彼らは自分たちが話題にすることの情報を自身で習得するには忙しすぎるのかもしれない[8]。しかし、このようなセンシティブなテーマに、拙速にコメントするのは間違いだ。

付言すると、このインタビューの要約は、証拠の重みを瓦解させるという、きわめてサルコジ風のテクニックを採用している。フィヨンは、非難の対象になっている行為を容認してきた過去の政府に対して口をつぐむ一方で、政府公認の統計を陰謀だと糾弾する大衆の怒りに同調する。こうして専門家は反証を提示するように強いられるのだ（だからこそ、私は本書で反証する義務があると感じているのである）。いつの日か、政治家たちは世論を利用して研究を根拠なく非難するのではなく、研究費を確保する努力をしてくれるのだろうか。

一般的に、フランスの政治家の教養は外国の政治家と比べると劣る。だからこそ深刻な問題が生じるのだ。フランスの政治家は、経済学、政治科学、社会学などの博士号をもたず、研究経験は一切なく、インターネットの情報を利用するくらいの能力しかなく、彼らの外国語に対する知識はしばしば凡庸である。せいぜい国立行政学院（ＥＮＡ）でのジェネラリストとしての教養しかないフランスの政治家は、基礎的な統計に関する知識をもたず、歴史文化についてはお決まりのことしか知らない。それは深刻な欠陥である。私はわが国の大臣、国務長官、事務次官に相当する外国の人物に会う機会があった。とくに、オランダとカナダである。誠に残念ながら、彼らはわが国の政治家とは別次元だと言わざるをえない。彼らのほうがインテリだというのではない。知識範囲が幅広く、学術的な素養があって博士号の取得者である彼らは、統計などの基礎的な分析道具を扱う術を心得ているのである。

第9章　国民の統計のために

二〇〇五年一二月に首相官邸で目撃した忘れがたい出来事を紹介する。移民省の新設を任されていた移民管理省間委員会（ＣＩＣＩ）の委員長パトリック・ステファニーニは、内務省、外務省、社会問題担当相、労働省、司法省など、関係各当局との会合を定期的に開いていた。ＩＮＳＥＥやＩＮＥＤなどの統計機関の責任者は、ときどきこの会合に招かれた。その日、私がこの会合に出席していたのはそのためである。

経験豊かな高級官僚ステファニーニは、国民運動連合（ＵＭＰ）〔サルコジが総裁を務めた中道右派政党〕の熱心な支持者であり、パリ市役所ではアラン・ジュペとともに働き、人道支援団体の間では一九九六年にサン・ベルナール教会に立てこもった不法移民を強制退去させたことで知られていた。ジャック・シラクの大統領選の参謀を務めたステファニーニのまとめ役としての才能には、誰もが一目置いていた（その後、ヴァレリー・ペクレスとフランソワ・フィヨンの参謀も務めた）。

ステファニーニは、いつもの慇懃な態度で国家憲兵隊の代表者に話しかけた。「連隊長殿、次回の会合までに、移民が憲兵隊におよぼす費用をご提示いただけませんでしょうか」。よきフランス人であるこの連隊長はその質問に驚き、「委員長、われわれはそのような数字を計算していません。憲兵隊は、違反者の出自を記録していないのです」。数分間にわたり、ステファニーは食い下がり、連隊長は反論した。会合は重苦しい雰囲気に包まれた。結局、連隊長が譲歩した。「委員長、わかりました。数字を提出しましょう」。そして小声でこう付け加えた。「もっとも、それらの数字には何の意味もありませんがね」。

数字による政治、世論による政治

この寸劇は何を意味するのか。「数字による統治」というステファニーの試みに対する憲兵の回答は、基本的人権に準拠しようとすることだった。つまり、違反者の出自に関係なく全員を平等に扱うという原則である。[1] しかし、歴史家ポール＝アンドレ・ロゾンタルが私に語ったように、このエピソードは「数字によって論争を挑む」ことにもなるのではないか。主権国家にとって、移民管理のために将来的に発生するかもしれない費用は、次期大統領選の論点の一つになるかもしれない。さまざまな証言や調査により、二〇〇七年から二〇一二年の〔サルコジ〕大統領任期中、「数字の政治」と「世論の政治」との密接なつながりが確認された。このつながりは、大統領官邸から行政の窓口までのあらゆる意思決定の段階に影響をおよぼした。[2]

そうは言っても、研究のための統計と管理のための統計を混同してはいけない。一九八〇年代以降に築かれた数字の作成者〔統計学者〕と法律の擁護者〔法律家〕とのつながりは脆い。法と統計という両者の論理を真正面から対立させようとする誘惑は大きい。私は経済学者ジャッキー・ファヨル[3]とともに、統計学者と法律家の同盟を応援する。統計学者と法律家が同盟関係を結べば、われわれは数字による統治を民主化し、国は国民に対して責任をもち続けることができるだろう。

これは最近になって登場した問題ではない。すでにルイ一五世の時代に重農主義者は、人口減は「悪い政府」の証拠だと見なした。今日なら失業率の上昇や経済成長の停滞である。しかし当時、調査や中央管理型の市民籍制度がなかったため、人口減を証明する手段は存在しなかった。そこで一七七〇年代に王の執事たちは反撃に出た。人口を明らかにするために、パリでは王国のすべての小教区の洗礼と墓の数を毎年数えさせ（これが市民籍統計の始まりである）、出生数から実際の人口を補外するために地方でもこの「実験」を行なったのである（これがフランス王国初の科学的な人口推計だった）[4]。つまり、数字を用いた批判に反論するために、人口学的な計算が実施されたのである。自分たちが目にする状況だけでは、すべてを説明できない[5]。だからこそ、統計の作成は公益と民主主義に資するのだ。

数字による統治を推進しようとする前に、独裁者が数字による統治をあきらめた例を紹介する。ソビエト連邦当局は、一九七四年以降、自国の平均寿命を公表するのを中止した。というのは、平均寿命に関して、西側諸国と隔たりがあることが明らかになったからだ。国際的に定められた計算方法に基づく統計（平均寿命の統計など）には、社会状況を暴露するという破壊的な力が備わっている。それゆえにこそ、暴君はジレンマに陥る。すなわち、自分は指標を公開して社会の破壊者になるか。それとも、指標の公開を禁止してしまうか。だが後者の場合、いつの日か自身の怠慢が暴露し、権威を失うことになる[6]。

楽しみで数を数える人は誰もいない。しかし、ミシェル・フーコーが過度に単純化して述べたように、当局は支配するためだけに数を数えるのだろうか。集団は数えることができるから数に入れられるのだ（アメリカの少数派や、国勢調査の際のフランスのコミューン〔フランスの最小の行政区〕）。われわれは昔から、比較し、分類するために数を数えてきた。しかし、当局は弁明するためにも数えるように催促される。数えるという作業は民主的な管理の一環であることを忘れてはならない。大物政治家（国民戦線も含む）が政府に対して移民の統計をより詳しく作成するように要請するのは驚きではない。公的討論では、作成された統計を最大限に利用しなければならない。つまり、分類の正当性、結果の利用、データの保護、データの正しい解釈について話し合うのだ。われわれは極端な意見の持ち主だけに推定値を利用させるのではなく、事実を見抜き、噂を一掃するために統計を利用するのだ。

数字を作成する者たちは、それらの数字を基にして自分たちの社会、政治、法律、倫理の課題が討議されることを確認しなければならない。それは移民だけでなく他のテーマでも同じである。統計学者であり人口学者である私は、まず、人類学者であり社会学者としての立場からそれらの疑問を考える。統計の作成は、市民社会の監視下に置かれなければならないが、統計の作成が滞るようなことがあってはならない。「全国統計情報評議会（ＣＮＩＳ）」と「全国情報および自由評議会（ＣＮＩＬ）」は、そうした問題について国民を支援する市民社会を代表する機関である。

移民の数字は、政府の善悪を意味するのか

しかし、われわれの前には、大きな困難が立ちはだかる。平均寿命の伸びは発展の徴候と見なされるが（「人間開発指数」の作成に組み入れられることがその理由）、移民問題は異なる。この問題に関する国民のコンセンサスは存在しない。

右派、そして実際には左派の一部も、次に掲げることを実行するのがよい政府だと考える。すなわち、移民の流入数の管理、人口の内生的増加が外生的増加を上回るように配慮する、経済ニーズに見合う技能資格者を選別する、「自分たちと同一視できる」文化や宗教をもつ人物を優遇する、国の統治（さらには国の選択）を優先させる、移民の志願者とその家族に厳格な条件を課す、彼らをできる限り上流で選択する〔例：送出国の段階での選別〕、すべての不法移民を国内から追放する――などである。

一方、極左が考える正しい移民政策は正反対である。「難民の地位に関する条約」で確認された難民認定申請の権利を認める、緊急時には難民を無条件で受け入れる、未成年者の保護を確約する、国内の治安よりも人道を優先する、出自の「多様化」によって国を豊かにする、人口の高齢化対策として移民受け入れを推進する――などである。移民の送出国の貧困を減らすことが目的なら、途上国に対して開発支援するよりもビザを発給すべきだという意見もある[7]。

紹介した右派と左派の一連の考えのそれぞれの基盤には数字の解釈がある。それらは独自の指標をもつ。だが、そのような指標がどうあるべきなのかはわからない。誰の目にも「よい移民政策」と映る指標とは何か。哲学、倫理、宗教の面での選択は自由だという。この問題を解決するのは民主的な討論であり、答えは選挙を経て見出すことになる。

社会は分裂しているとしても、そこには今でも無視できないいくつかの共通原則があり、それらによって結びついていることを忘れてはならない。それらの原則がなければ、社会は社会として、あるいは国として成り立たなくなる。フランスは普遍的な価値をもつ規範的な国際協定に批准した。これらの協定は単なる意見を述べる対象ではなく、われわれの長期的な義務である。批准国が選挙を行なうたびに、すでに脆弱なこれらの協定が再考されるようなら、これらの協定は将来的にどうなってしまうのか。

この共通の基盤の消失、つまり、極端な思想をもつ政府が、基本的人権を守るというわれわれが交わした約束を反故にするという最悪の事態を想像してみよう。われわれには道徳的な義務がまったくないのだろうか。人間性を失わない限り、われわれは最低限の倫理原則を尊重する義務を感じるに違いない。[8]「少なくとも害さないこと《プリームム・ノーン・ノケーレ》」という他者を害さない原則、他者に明らかな間違いが生じた場合のみ限定的に介入するという原則、より単純には、他者を尊重する原則などは、倫理の「黄金律」と呼ばれている（「他人から自分にしてもらいたくないと思うような行為を人にするな」）。ところで、この最低限の道徳であっても、数字がわれわれを見張っている。国連開発計画（UNDP）は、ヨーロッパ沿岸に辿りつこうとして海難事故に遭った難民船の情報を収集している。情報収集に関して、ヨーロッパは大きな進歩を遂げた。溺死者は、二〇一四年が三三〇〇人、二〇一五年が三八〇〇人、二〇一六年が五〇〇〇人以上である。ビザの発給数を急減させる一方で国境を閉じたため、「難民危機」は当然の結果を生み出した。統計は事実を明白にするのである。

この悲劇により、犠牲者以外の指標も登場した。「われらの海《マーレ・ノストゥルム》（地中海）作戦」により、二〇一三年から二〇一四年にかけておよそ一〇万人の人命が救われた。しかし、二〇一四年一一月、EU諸国はイタリア海軍によるこの作戦を停止させた。EU諸国は、「あまりに多くの人命を救助すると《誘引効果》が生じ、難民が押し寄せてくる」とイタリア政府に不満を述べたのである。この作戦に代わり、「トリトン作戦」が実施された。だが、「トリトン作戦」は、海難事故の現場から遠いヨーロッパ沿岸部を警備するだけである。「われらの海作戦」の活動費は一国のみの負担だったが、「トリトン作戦」の活動費はEU全体が負担したのにもかかわらず、「われらの海作戦」の三分の一だった（前者の九〇〇万ユーロに対して後者の三〇〇万ユーロ）。民間の人道支援団体はこうした状況に危機感を覚えた。たとえば、「SOS地中海」はアクエリウス号に乗船し、そして「漂着難民の救護所（MOAS）」はフェニックス号に乗船し、「世界の医療団」や「国境なき医師団」と協働した。それらの団体は活動実績を公表し（作戦を実行するたびに数千人の命を救った）、資金援助を呼び掛けた。

数字で表わされた指標から目を背けることはできない。それらは最良のことと最悪のことを客観的に表わす。これが数字による統治ではないか。数字がわれわれの良心も統治し、人命にかかわることであるとわれわれに再認識させると同時に、国に強く訴えるのなら、数字はその任務を果たすと言える。

統計の二つの利用法——概観とリスクの計測

われわれの社会では具体的な教育や実践が不足しているため、統計文化（しばしば数学文化と間違えられる）がいまだに欠如している。事実確認や信頼できる数字を求めるニーズの高まりからもわかるように、統計文化は公的討論にゆっくりと浸透している。統計学を、支配、操作、競争の道具だと疑う人々もいる。それを解放の道具にするのが、われわれの役目だ。統計学は歴史の研究と並んで、世界を概観するための貴重な道具である。われわれは統計学を利用して、おおよその大きさを知り、現象の本当の比率を把握し、表象を計測し、比較する。こうしてわれわれの視界は広がるのである。

オーストリア系のアメリカ人哲学者アルフレッド・シュッツの理論によると、社会の関与者は「街の歩行者」のようなものだという。すなわち、その人のもつ場所や道順に関する知識は、個人的な経験に基づいているという意味だ。研究者は、洗練された民俗学的な手法を使ってそうした経験を把握することができる。しかし、そのようにして得る知識がわれわれの日常生活においては重要だとしても、われわれは自分たちの地区の慣れ親しんだ路地において、つまり、「ミクロ」な規模で退屈しながら暮らす必要はない。教育と科学を利用すれば塔の頂上に上り、街を一望できる。すると、われわれの視野は「ミクロ」から「マクロ」へと拡大する。われわれは、長年にわたって王国の特権だった概観するという行為を、わが物にすることができるようになる。私が語るのは、城の主塔でなく街にある自由に上り下りできる塔である。誰もが統計を理解し、利用できるようになれば、統計は自由になるための道具になるのだ。

私は、「解読」、「解毒」、ファクト・チェッキングなどと題される新聞などのコラムについて暗に言及したつもりだ。メディアではそのようなコラムがここ一〇年間に急増した。国民戦線でさえも自分たちのホームページに似たようなコラムを開設した……。科学的な資料で裏づけられたコラムは大変よい仕事をしている。現在と過去の宣言を突き合わせるコラムには説得力がある。数字が示す真実はしばしば複合的で多面的であり、数字で一刀両断できない場合もあると語る思慮深いコラムもある。しかし、私はそれらのコラムに二つの留保を付す。一つめは、巷で聞かれる「フェイクニュース」や「嘘の数字」を並べ立てながらでは冷静な討論ができないと考えるからだ。二つめは、それらのコラムは社会統計や人口学を単なる数を数えたりマッピングしたりするための道具としてしか利用していない傾向があるからだ。ところが、社会科学で利用する統計分析は、分析対象の動態、急変、相関関係、因果関係を捉える。

仮に、「イスラーム系移民」＝「イスラーム主義」＝「テロリズム」という等式が成り立つとしよう。あるいは、「イスラーム系移民」↓「イスラーム主義」↓「テロリズム」という推論でもよい（矢印は論理的帰結を意味する）。図表を使った事実確認のコラムは、たとえば、概算値を全体に占める比率とともに提示する。しかし、異なる集団が存在するとして、それらの間にはどのようなつながりがあるのか。単純に数えるだけでは、次のような質問に回答することはできない。この等式ないし推論を証明するには、何件において、移民の子供たちがフランスで起きるイスラーム過激派テロ事件の犯人になればよいのか。四件、五件、一〇件、それとも二〇件なのか。それら三つの現実との連関は、単に証拠になる、あるいは証拠にならないという等式として捉えることができないのだ。それは「フランス人」↓「ドライバー」↓「危険なドライバー」と見なすのが不条理であるのと同様だ。それらの集団が型通りの人々だとしても、そのような等式や推論は成り立たない。ある集団を入れ子構造と見なすのは、因果関係を無視している。計測すべきは、ある状態から別の状態に変わる蓋然性であると同時に、これを高めるリスク要因である（例：リスクの許容度、アルコールの消費量、麻薬の摂取、交友関係など）。そしてこの蓋然性から推論する際には、実証に基づく反証も提出しなければならない。フランス人のドライバーで暴走する人は稀であるように、イスラーム教徒の大半はテロリズムの信奉者ではない。暴力への傾倒を促す「リスク要因」を突き止めるには、詳細な調査が必要なのだ。

また、数字を把握するという統計を利用すると、数字という確実な事実から型にはまった判断を下したくなる。たとえば、「フランスには移民が多すぎる」と言えるのは、フランス人の人口に占める移民の比率が何パーセント以上からなのか。社会が許容できる移民の人口比率は、フランス政治研究センター（ＣＥＶＩＰＯＦ）の「政治に対する信頼度」という調査の結果（フランス人の三分の二は「移民が多すぎる」と見なしている）から割り出せると主張しても、そうした回答に科学的な意味はまったくない。人口に占める移民の割合によって「強く感じられること」が計測でき、「強く感じられること」自体は現実であっても、この現実は著しく変化する。ところで、この「移民が多すぎる」というイメージは、調査が物語るように、実際の体験や公的討論の影響の結果である。また、実際の体験は、目に見える移民人口が増加し続ける居住地区で感じられる飽和状態や、移民が住み着くのではないかと怯える移民のいない居住地区での正反対の体験など、実にさまざまである。

私は、世論調査にまったく意味を見出さない研究者ではない。世論は大昔から存在する。代表的なサンプルを使って世論を客観視しようとする手法は、ロビー団体やメディアが実施する大規模な陳情など、これまで支配的だったあらゆる操作よりも価値がある。[9] 調査が発展する以前では、世論は今日以上に操作されていた。世論の計測で意味をもつのは、回答者に対し、彼らが感じ取る手段を実際にもつ事柄について質問するときである。彼らに対し、フランスは隣国よりも多くの移民を毎年受け入れるべきかを問うことは、ばかげている（かつて「ヨーロッパ社会調査」にはこの質問があった）。なぜなら、こうした比較をするには、国際的な体験をもち、分析道具を使いこなせる必要があるが、そのような人々はフランス人口のごく一部だからだ。反対に、個人的体験の移り変わりに関する思いについて質問することには意味がある。「移民が多すぎるのか」を調べる質問には解釈するのが難しい主観的な回答が寄せられるのと同様に、この質問からは自分の居住地区に移民が急増していると実感している人が増えていることがわかる。これは真剣に検討すべき問題である。

言い訳することなく理解する

二〇一五年一一月一三日、「イスラーム国」の指令による自爆テロと銃撃戦の末、パリ市街のバタクラン劇場と一一区の飲食店のテラス、そしてサン゠ドニ地区の多目的スタジアムにおいて、一二九名の死者が出た[10]。その数日後、国立科学研究センター（CNRS）のセンター長アラン・フックス〔化学者〕は、このセンターに所属する研究者全員に「テロ行為-研究」計画の実施を呼びかけた。この大胆な試みには激しい批判の声が上がったが、結果として大成功を収めた。承認された研究計画は二〇〇以上に上り、その八三％は人文科学および社会科学の研究だった[11]。おもなテーマは次の通りだ。過激派への転向とその防止、テロリズム、トラウマ、イスラーム世界、宗教や脱宗教に関する疑問などである。CNRSがまとめた一七ページにわたる報告書には、「移民」に関連する言葉は登場せず、多くの研究計画は、イスラームを直接的に強調しているが、社会統合とその失敗に関する疑問も同等に扱っている。ここではそれらの計画の詳細を述べるのは控えるが、私はアラン・フックスの行動力に敬意を表する。なぜなら、この研究計画のおかげで、国民が連帯感や反逆心を示す際の研究者の使命は、何が起きたのかを解明することであり、場合によっては、そのような蛮行が再び起きないようにするための最良の知的手段を社会に授けることであると思い出させてくれたからだ。その前提になるのは、結果だけでなく原因に働きかけることである。

CNRSの呼びかけから一週間後、マニュエル・ヴァルス首相は上院議員の質問に「言い訳の文化」と非難しながら次のように答えた。「私は、起きたことに対する言い訳と解説ばかりする人々にうんざりしている」。パリのヴァンセンヌ大通りにあるユダヤ食品店人質事件からちょうど一年後の二〇一六年一月九日、ヴァルスはイスラーム過激派のテロ行為を解説しようとする試みを厳しく非難した。「解説するのは、すでに言い訳しようとしている」。右派の犯罪に対するこの種の発言はお馴染みである。彼らにとって、社会科学は「許せないことを許す」という「画一思考」の中心的な役割を果たす。すべては個人の責任にすぎない出来事なのに、心理学、経済学、社会学の分析によって、犯罪者を被害者に変えてしまうというのだ。[12]今日では社会党の首相が、解説するのを正当化することだと思い、科学的研究を法的取り調べと勘違いし、こうした考えを繰り返し述べるようになった。[13]ヴァルスは、トラウマを負った世論に寄り添おうとしたかったのか。私はヴァルスに対し、「人々はあなたの態度を《理解》するでしょうが、あなたの言い訳には耳を貸さない」と述べて論争を仕掛けてみたくなる……。ヴァルスが個人的な見解だけでなく社会科学全般の解説を対象にしてそのように語ったのなら、彼の発言に弁解の余地はない。理解するのは許すことではない。原因は当事者を擁護しなくても追求できるのだ。

そうは言っても、研究者のなかには、自分の研究対象に愛着を覚え、無批判になる者もいる。この「研究対象との同盟」は、どの分野にも存在する悪い癖である。ヴィクトル・ユゴーの専門家がユゴー崇拝者になり、原子力技術者が原子力村の住人になるように、イスラームの研究者がイスラーム教の熱心な信者になることがある。イスラーム世界からイスラーム教への傾倒を引き出そうとする傾向が、行きすぎる恐れがあるのだ。しかしながら、私はマニュエル・ヴァルスが言及した分野である、ジハーディズム、サラフィズム、イスラーム教の政治利用に関するフランスの専門家たちの文書を読んでも、そのようには感じなかった。当事者のイデオロギーや行動論理を辿ろうとする彼らの努力は、独りよがりのものでなく、論旨明快である[14]。理解するという原則は、法律違反、暴力、テロリズムなどの行為だけでなく、最も平穏な行為も含め、あらゆる行動様式に適用できる。それは移民が歩む行程にも適用できる。たとえば、祖国を離れる決断から入国してからの社会統合まで、第一世代から第二世代まで、当初の期待から成功あるいは障害までという移民の歩みである。世界の移民の大半はやむなく移民する人たちだ（国連難民高等弁務官事務所《ＵＮＨＣＲ》によると、世界の移民人口は六五〇〇万人という。これはフランスやイギリスの人口に匹敵する）。しかし、祖国近くの難民キャンプに滞在するのではなくヨーロッパや北アメリカに向かう人々は、犠牲者かつ計略家かもしれない。彼らには、願望、将来の計画、野心、選好がある。経済移民、家族呼び寄せの移民、留学生なら、なおさらである。

束縛と自由との間にある移民

ここで世間知らずな二つの考えを否定しておく。一つめは、世界では個人が縦横無尽に行き交うという考えだ。そうした世界では、あらゆる種類の選択肢をもつ個人は、いつでも充分な知識に基づいて物事を自由に判断できる（この考えは、移民は経済主体者のように市況に応じて自由に移動できると見なす経済的自由主義に相当する）。移民の出国から最終的な同化まで、つまり、滞在の動機、労働市場への参入、教育や文化の選択など、すべては本人の意思と道徳、そして利害計算の産物だという考えである。二つめは、極端な社会的決定論という考えである。この考えでは、各人の運命は共同体の権力によって先験的に決まる。これら二つの考えがぶつかると、漫画のような構図が展開する。すなわち、計略家で不正を働く移民というイメージと、迫害された移民というイメージが衝突するのだ。社会科学をうわべだけから見ると、社会科学は決定論を支持し、決定論の影響から逃れる唯一の方法は自由主義を信奉することだと考えたくなる。だが、現実ははるかに複雑だ。

社会科学の研究を理解する努力を少しでもすれば、社会科学はこれら二つの極端な考えから離れたところで活動していることがわかるはずだ。社会科学は自由意志論でも決定論でもなく、不平等の比重を鋭く意識する蓋然論である。人生では、誰もが自身の「シーシュポスの岩」★を運ぶか、仲間とともにキャプスタン〔ウインチの一種。絞盤〕を回すことになる。問題は、人生における束縛が個人によってきわめて異なることだ。個人は束縛のもとに選択するが、それらの束縛は個人によって大きく異なる。フランスの社会学者レイモン・ブードンが指摘したように、個人はたとえ幻想かもしれないと思っても何かを求めて行動する。

★ アルベール・カミュの随筆より。神々の怒りを買ったシーシュポスは、山のふもとから山頂まで岩を運ぶ罰を与えられる。この岩は山頂に到達した途端、反対側に転げ落ちるため、シーシュポスはこの作業を延々と繰り返すことになる。

社会は個人の集まりだが、そこには、集団、ネットワーク、社会制度も存在する。個人の行動を成就させるカギを握り、成就の確率を著しく高めるのは、われわれの振る舞いを誘導および発展させるそれらの社会構造である。その確率は、人々を啓発したり、確信させたり、非人間化させたりする、さまざまな社会システムに敏感に反応する。さらには、家族、地域、国のレベルで過去から受け継いだ強力な手段や負の遺産が、成就可能な領域を押し広げたり狭めたりする。そのようなことは社会科学の公準に関することではないが、蓋然性を語る者が社会科学の手順を踏んで計測すべき現象である。

激しい議論の的になっている時事問題を例に取り上げてみよう。ジハーディストとは何者か。政治的なプロパガンダ、ある種の社会的な歩み、精神的な病理、西側諸国の支配に対する反動、あるいは純粋に宗教的な論証の産物か。優秀な論説委員や論客なら、列記したそれらの要因や行動を起こす理由は排除できないと考え、この疑問を一刀両断にはしないだろう。独断で答えを見出せる者は誰もいない。可能性のある要因を個別に突き止め、それらの要因は集積するのか、あるいは相互作用を起こすのかを検証し、各要因の比重を推定しながらそれらの要因を解きほぐす作業を行なう必要がある。

それが複雑な作業であることは認める。一部の論客は「画一思考」を厳しく批判して、手っ取り早く自分たちの信者の賛同を得ようとする。彼らは単に物事の複雑性を思い描くことができないのだ。わが国の極端な思想をもつ論説委員や煽動政治家には、行動の原動力は実際に研究してみなければわからないということを認めない。行動に影響をおよぼす要因を蓋然性として解きほぐすには、検証可能で信頼性のある調査技術（社会統計のロジスティック回帰など）を用いる必要があるが、それらの技術は習得しなければ身につかない。個人の行動に影響をおよぼす可能性のある要因の比重を個別に推定するのが研究者の技量である。次のように考えるのだ。Bを犯すのはBの性質を考えるとAではない。だが、Bを犯す恐れのあるのはAである。その理由は、X、Y、Zなどの一連の要因が介入するからだ。それらの要因は、Aに依存するものもあれば、ほとんど関係のないものもある。ジハーディズムが、精神医学の対象でなく、社会や家族のある種の歩みとも無関係であって、特定の個人や教義の悪意だけに依存すると明言するのは、先験的には誰も知りえない結果を予測することである。その解説が一部の事例には当てはまっても、残りの事例では当てはまらないこともある。大声でがなり立てる意見ではなく、経験に基づく研究がそれを決めるのだ。

フランスのアイデンティティの危機がささやかれている。それらの表われの一つは、大衆自発革命主義のためにデカルトの遺産と科学的な厳格さを捨て去る傾向だと私は思う。人口学について何も知らないのに「人口学的な変化」に怯えるアラン・フィンケルクロートやエリック・ゼムールの著書を読むとき、またイヴォン・リオフォルやジル＝ウィアム・ゴールドナデルの論説に目を通すとき、またニコラ・サルコジやマリーヌ・ル・ペンの攻撃的な発言を耳にするとき、私は、自分たちがまだ「われわれの国」にいるのだろうかという疑問を抱く。デカルトのフランスはどうなってしまったのか。「良識」だと主張しながら人々に発言させようとする腹話術師は、デカルトの『方法序説』を読んだことがないのだ。デカルトに言及する必要があるのなら、『方法序説』を真剣に読んでみるべきだ。デカルトは、「良識はこの世で最も公平に分け与えられているものである」と皮肉っぽく記した。それは警戒を促すためである。誰もがこの「判断するための良識」という能力をひけらかすが、この能力は方法に基づいて行使しなければ何の意味もない。デカルトのいう方法は、疑うという行為や、即興的につくられるのではない、分析するという技術を経る。研究は常にこうした観点から行なわなければならないのだ。研究テーマが移民と社会の関係というデリケートなものであるのなら、そうした要求はなおさら強いといえよう。

5

数字による論争?

昔から右派の論客は、移民に関する政府公認の統計には欠陥があると不満を述べてきた。彼らは、統計が数十年前と比べると格段の進歩を遂げたことを知らない。彼らの大半は時代遅れの批判を繰り返す。その他の者たちは批判する能力をもたない。

この部では、移民の計測をめぐる論争を検証する。それらの論争の共通の特徴は、まったく根拠がないということだ。

まず、二〇〇三年に新たな国勢調査の導入に反対した歴史家ジャック・デュパキエ（一九二二〜二〇一〇年）の激しい闘いを紹介する。デュパキエは、この調査は移民の調査に不向きだと主張した。ところが彼の言い分とは反対に、この新たな調査により、年間の移民流入数をより正確に推定できるようになったのである。

次に、論客エリック・ゼムールのＩＮＥＤの人口学者たちに対する煽動的な攻撃を分析する。ＩＮＥＤの人口学者の一人として私は、ゼムールがとんでもない間違いを根拠にして攻撃していることを明らかにする。

そして最後に、アラン・フィンケルクロートのエッセイである。フィンケルクロートは、人口学的な変化がわれわれの社会と文化を揺り動かしていると指摘し、そうした現象が検証されることも民主的な決定を経ることもなく社会に浸透していると嘆く。

これら三つの文書の内容は異なるが、共通点は、〔移民の〕数による侵入を非難し、統計学者や人口学者、そして国際機関を、この侵入を推進しようと企む者の手先だと糾弾している点である。

私の関心をひく人々ではないが、私は彼らが体現することに興味がある。彼らはどのような経路をたどって科学的な検証に耐えられない意見を表明するようになったのか。そしてなぜ彼らの発言は、いとも簡単に大衆を魅了するのか。

第10章　刷新された国勢調査をめぐる不毛の闘い

世間では、ＩＮＳＥＥはゆっくりと進む客船のような存在だと思われている。ところが、一九九七年から二〇〇四年にかけてＩＮＳＥＥは、八年から九年ごとに行なわれていた網羅型の調査〔対象は国民全員〕に代えて大型の国勢調査〔対象は国民の一部〕を毎年実施するという、驚くべき革命を成し遂げたのである。[1] 現在、ＩＮＳＥＥと市役所の技術者は、人口一万人以下のコミューンでは五つのうちの一つ、一万人以上のコミューンでは人口の八％を対象に、国勢調査を毎年実施している。五年サイクルの終わりには、小さなコミューンの場合では調査が完了し、大きなコミューンの場合では四〇％の区域が調査済みになる。調査が最も難しい大きなコミューンでは、かつては調査のたびにゼロからスタートしなければならなかったが、現在は住民目録がある。住民目録の質は住民税や電気代のデータを利用して充実させている。これは住民に関する調査であるため、移民が多く住む大きなコミューンで最新データを集めると、作業の質は著しく改善する。この改革のおもな動機は、データを毎年収集し、予算を変更することなくＩＮＳＥＥとコミューンの作業負担を平準化することだったが、ここではその詳細は省く。

新たな国勢調査を攻撃するジャック・デュパキエ

この画期的な計画に対して一部の地理学者が敵意を示した。というのも、彼らの教え子は網羅型の調査を研究論文に利用していたからだ。しかし、最も激しい反対は、住民登録がないという理由から網羅型の調査こそが移民人口を把握する最良の手段だと見なす陣営から沸き起こった。新たな国勢調査に反対する戦いの先兵になったのは、社会高等研究院（EHESS）の元研究部長であり、歴史人口学者のジャック・デュパキエだった。

デュパキエは、フランス全土を網羅しない国勢調査では、外国人を筆頭に、人口の一部を把握できないと信じていた。「倫理・政治学アカデミー」のメンバーであるデュパキエは、このアカデミーのメンバーたちを動員して首相に二度直訴した。一度目の二〇〇〇年一〇月一六日には、新しい国勢調査が「選挙権の適用、国土整備、地方分権、公的サービスの分配、公共投資、賃金、社会保険の給付など」におよぼす影響について懸念を表明した。だが、これらすべての懸念とデータの収集法との間には何の関係もない。二度目の二〇〇三年六月二三日には、議会がこの改革を承認したのにもかかわらず、「調査結果の信頼性と正当性に深刻な影響が生じる」と訴え、「より科学的な方法」にするために、次回の国勢調査からこの新方式の採用を中止するようにと主張した。

「倫理・政治学アカデミー」の同僚たちを巻き込んだジャック・デュパキエのそれら二つの反対運動は、実に素人の発想だった。忌憚なく言えば、権威ある人々の集まりから生じる知恵とはかけ離れていた。

「倫理・政治学アカデミー」のメンバーたちは、歴史人口学者ならＩＮＳＥＥの計画に異議を申し立てるだけの知見があると思ったに違いない。彼らはどんな思い違いをしたのか。複数年にわたる国内および国際的な大型合議の成果であり、何度も試験的に運用された実績のあるこの洗練された計画は、「全国統計情報評議会（ＣＮＩＳ）」と「全国情報および自由評議会（ＣＮＩＬ）」によって承認され、国務院が（調査結果の公表の時期について）修正を加えた後、議会で認可されたのである。ジャック・デュパキエはそんなことなどお構いなしに、この反対運動に執着した。

デュパキエは、私との何度かの私的な会話で、反対運動の動機をぶちまけた。国勢調査によって外国人の人口を最大限に把握することが彼の強迫観念になり、彼はこれを「ランダムなくじ引き方式」で実現するのは無理だと考えていた。デュパキエは、コミューンが電気代と住民税のデータを使って定期的にアップデートする住民登録を基にして住民を抽出するという、充分に検討された仕組みを理解できなかったのである。五年サイクルで毎年八〇〇万人以上のデータが含まれる住民抽出型の調査からは、当然ながら、次回の調査までの間隔が長いそれまでの網羅型の調査よりも詳細な結果が得られる。今日、人々の調査を事前に行なう国勢調査は、八年あるいは九年ごとに巨額の費用を投じて行なわれていた網羅型の調査に代わって毎年実施されている。それは大きな進歩だった。

質問が新しくなったのではない。最後の網羅型の調査が行なわれたのは一九九九年だったが、そのときすでにＩＮＳＥＥは、調査対象者全員に出生国と国籍を尋ねていた。帰化したと回答した者に対しては、以前の国籍と前回に調査を受けたとき（この場合では一九九〇年一月一日の時点）の住所を質問した。この質問により、二つの調査の間に移民によって増えた人口を推定できた。推定方法が新しくなったのでもない。出国者数の記録がないため、出国者数は推定していた。人口増は前回の調査との差から把握でき、また市民籍のおかげで、出生数から死亡数を引いた自然増もわかる。よって、人口増から自然増を引くと純移民流入数を推定できる。毎年実施する国勢調査の大きな貢献は別のところにあった。それは出国者数を推定するために、毎年この計算を実施できるようになったことだ。以前の住所に関する質問は、それまでは七年から九年という間隔が空き、推定はその期間内の「行ったり来たり」の影響を受けたが、現在では「一年前はどこに住んでいたのか」という質問になったのである。

以上が、われわれが卓越した歴史家〔デュパキエ〕に説明しようとしたパラドックスだ。網羅型の調査から部分型の観測へ移行することによって詳細が得られるようになった。つまり、毎年実施することによる利点が、網羅することによる利点を上回ったのである。そしてついに年間の純移民流入数を正確に推定できるようになったのだ。さらに、出生国そして現在と過去の国籍に関する質問により、三つの住民区分に従って移民の推移を追えるようになった。すなわち、外国で外国人として生まれた人〔移民〕、フランスで生まれた人〔先住者〕、外国でフランス人として生まれた人である。ところで、ジャック・デュパキエが反対運動を展開した原因は、情報の欠落だった。デュパキエが熱心に闘った改革された調査こそが、彼が心底願ったデータ〔移民人口〕を生み出していたのである。[2]

デュパキエはいつも慇懃な雰囲気で私と議論した。しかし、彼は私のことを命令に忠実な公務員だと思っていた。つまり、「ポリティカル・コレクトネス」を信条とする私は、「世論を安心させる」という目的だけのために、移民に関する「本当の数字」を隠していると疑っていたのだろう。私が彼にどれほど説明しても、彼は自説を曲げようとしなかった。ついにある日、私は彼に次のように提案した。

私の事務所に彼が選んだ情報処理技術者を抜き打ちで派遣してもらい、その技術者に、私のパソコンに彼が疑うところの移民に関する改竄データがあるのかを心ゆくまで調べてもらうのだ。もちろん、彼はそんなことをしなかった。すべては彼の強い先入観が原因だった。デュパキエは、私と私のチームの仕事にそのような嫌疑をかけることによって（それは彼が新聞や「倫理・政治学アカデミー」のメンバーたちに述べた嫌疑であり、彼は自分の発言の正当性を実証できなかった）、われわれの専門家としての名誉を傷つけたのだが、彼はそのことを意識していなかったようだ。そのような詐欺行為を疑われて黙っていられる専門家は存在しない。

ＩＮＳＥＥの責任者たちが国勢調査評価国家委員会のメンバーに「倫理・政治学アカデミー」のメンバーを入れるかについて、この委員会の副委員長である私に相談してきたので、私は賛成だと答えた。予想通り、「倫理・政治学アカデミー」はデュパキエを指名した。委員会の会議に熱心に参加したデュパキエは、ＩＮＳＥＥと各市が国勢調査のデータを厳格に収集した作業結果を間近に観察した。彼の疑念は薄れたが、完全にはなくならなかった。会議では、あまり現実性のない提案（調査の実施に郵便局を利用する）や大胆な提案（移民が調査員の要請に応じない場合、彼らの社会保障を剝奪する……）をした。

会議での会話から、私は彼の動機を垣間見た。彼はフランスを移民から保護したいと思っていたのだ。彼は、一九六〇年代までのフランスは出自の「民族的な均等性」を保っていたと主張し、途上国からの移民がフランス国民に混ざることに嫌悪感を示した。ある日、彼は私に、ノルマンディー地方出身の自分の家系で唯一の外国人はヴァイキングだと自慢げに語った。そこで私は彼に、「あなたが恵まれた出自の人物だということはわかりましたが、そうでない多くのフランス人に対して、あなたは何が言いたいのですか」と尋ねたが、彼は何も答えなかった……。後ほど触れるが、二〇〇〇年に国連の人口学者が初めて「補充移民」[3]に関する報告書を公表したとき、国連でさえ、大勢の移民を受け入れることだけによって現役世代と引退世代の比率を維持するこのシナリオは完全に非現実だと見なしたにもかかわらず、彼はこの架空のシナリオを真に受けた。[4] 彼以外にも誤読する人がいたため、いわゆる「大規模な補充」という説の信頼性はかえって高まった。デュパキエは、国の人口増に占めるベビー・ブームの継続による自然増の部分が維持されて、国の要素が優位であり続けることを願っていたに違いない。だからこそ、ベビー・ブームが終焉したのは人工妊娠中絶が合法化されたからだと嘆いたのだ。[5] この説も事実無根だが、彼は自説を決して曲げなかった。合計特殊出生率を年齢別に分析すると、合計特殊出生率の低下の原因は、新たな世代の出産時期が高齢化したためである。今日、この解釈に異論を述べる専門家は誰もいない。

病気で衰弱したジャック・デュパキエは、われわれの国勢調査評価国家委員会にあまり出席しなくなり、二〇一〇年夏に八八歳で亡くなった。

私は、彼のことをすばらしい歴史人口学者だと思っている。とくに一八世紀と一九世紀の人口について詳しかった。私は、デュパキエが二〇〇三年五月にカーン〔フランス北西部の都市〕で開かれたジャック・テュルゴー〔一八世紀の重農経済学者〕に関する討論会で「小麦戦争」について発表したことを鮮明に覚えている。すばらしい発表だった。経済史の専門家たちは、一九八〇年に「TRA調査」[6]の推進役を務めたデュパキエに感謝していた。その後、この調査は「三〇〇〇組の家族調査」になり、デュパキエは系譜学者らと協働で、一九世紀のフランスの市民籍の一〇年間の記録にサンプルを見つけ出すというアイデアを出した（これは先駆的な「市民科学」という調査形態）。この調査は、デニス・ケスラーが提供した資産データとつなぎ合わされ、相続財産に関する社会史の貴重な情報源になった。[7] ジャック・デュパキエがきわめて優秀だったのは、こうした分野においてである。

サルコジ大統領下の移民算定法の安定性

二〇〇七年、私はデュパキエに興味をもったおかげで、マキシム・タンドネが選択された移民政策の提唱者として、ニコラ・サルコジの周辺でどのような役割を演じたかを知る数少ない研究者の仲間入りをすることができた。当時のタンドネは私にとって移民流入数の「計算係」だった。よって、私は二〇〇七年五月にタンドネが移民問題に関する大統領官邸のアドバイザーに任命されたことに関心を抱いた。われわれは、それまでの政権が長年にわたって隠してきた数字が暴かれるのを、ついに目の当たりにすることになるのか。年間二〇万人の流入数が少なくとも二倍になるのか。

私の期待は外れた。何も起きなかったのである。私がINEDの所長として参加していた統合高等評議会（HCI）の統計委員会も新たな事実を明らかにすることはなかった。第三国からの合法移民の年間流入数は、相変わらず二〇万近くだった。年間流入数は、二〇〇六年の移民管理法の施行により逆にわずかに減少したが、その原因はおもに技術的なものであり（滞在許可証の事務処理が遅れたため）、その後、もとの水準に戻った。矛盾は明白だった。権力に就く以前のサルコジは、国は移民管理に失敗したと高圧的に糾弾し、政権の批判材料として移民の数値を膨らませることさえ厭わなかった

（年間の移民流入数は、難民認定申請を却下された者や不法滞在者を含めて四〇万人近くだと主張していた）。実際に現場を任されると、反対に、移民は管理されていたことを示さなければならなかったのである。

議会の年間報告書を作成する理由は、HCIの報告書の数値を正し、移民に関する「本当の数値（従来の二倍）」に関するコンセンサスを速やかに確立するためだった。この報告書は、純移民流入数と滞在許可証に関する従来のデータに、すでに把握ないし推定されていたデータである、難民認定申請を却下された者、国外退去になった者、「医療国家手当（AME）」の受益者に関するデータを加えた。それらのデータが一緒くたにされることはなかったが、同じテーブルの上に並べられることになった。それらのデータを足し合わせたものが不法移民の推定値ではないことは明らかだったので、この報告書は、そのような計算は行なわなかった。不法移民の推定値は、ニコラ・サルコジがまだ内務大臣だったころに（二〇〇五年から二〇〇七年）国会委員会に提出した数値がそのまま使われた。すなわち、「医療国家手当（AME）」の当時の受益者の数が二〇万人だったため、不法移民の数は多くてもその二倍の四〇万人と推定したのである（人口学用語では、フロー・データでなくストック・データ（ある時点において蓄積している量を表わす））。内務大臣は、これら二つの切りのよい数字を足して二で割った。こうして不法移民の数は三〇万人と見なされるようになったのだが、この推定値は予想幅の平均にすぎなかった……。

一部のジャーナリストは、内務大臣がヴェールの一部を剝がしたと思っていた。この数値はフランスで実際に暮らすすべての不法移民を集計した数だと見なされた。私は、この数字はINSEEが当時推定していた移民人口と比較すると一〇％未満にすぎないと指摘した数少ない観察者の一人だった。これは同時期のアメリカの移民全体に占める不法移民の割合（二五％前後）よりもかなり低かった。

議会の報告書とHCIの報告書は重複していたので（双方とも同じ情報源を利用していた）、賢明なことに一本化することになった。HCIの統計委員会の議論には、この委員会の委員長ブランディース・バレット＝クリーゲル、そしてINSEE、INED、内務省や外務省をはじめとする省庁の代表者が参加した。しかし、邪悪な天才が隠したと噂された、移民に関する新たな情報はついに出てこなかった。「在仏外国人の書類管理適用（AGDREF）」というソフトウェア管理のために内務省で働いていた二人のコンピュータ専門家は、二重に計算されるファイルを取り除く作業に専念していた。INEDも同様の作業を行なった。というのも、毎年、AGDREFのファイルの抜粋を受けとり、出自ごとに移民流入の詳細な数字を公表していたからだ。サルコジ大統領時代、マキシム・タンドネのきわめて高度な統計学上のアドバイスにもかかわらず、フランスの移民統計に革命的な出来事は一切起きなかったのである。

人口の純移動数の分析道具としての調査

ミシェル・トリバラ（INEDの研究者）は、AGDREFのファイルによって把握できる滞在許可証の枚数と純移動数の推定値との整合性という問題を指摘した[8]。すなわち、純移動数は、純移民移動数と純フランス人移動数という二つの数値の代数和である。この純移動数に純移民移動数が占める割合はどのくらいだったのか。エルヴェ・ル・ブラーズと同様にミシェル・トリバラは、間接的な計算によって純移民移動数は、それまで想像されていた以上に多いと推定した。彼らによると、純移民移動数は、フランス人あるいはフランスで生まれた人のマイナスの純移動数（帰国する人口より移住する人口のほうが多い）に覆い隠されているからだという。

一九九〇年代中ごろと二〇〇〇年代初頭、それらの推定は不確かだった。というのは、国勢調査はまだ八年および九年の間隔で実施される従来型だったからだ。出国者に関する直接的な記録がないため、人口縦断調査を利用するしかなかった。この調査からは、人口の一％について、同一人物が前回に調査を受けた地区にいるかを知ることができたので、移民のおよそ三〇％は一〇年後には帰国していたことがわかった。

その後、経済協力開発機構（ＯＥＣＤ）は離散民に関する大型データベースを作成した。二〇一二年に公表されたこのデータベースは、外国で実施された調査やアンケートに答えたフランス人を数え上げた。その結果には説得力があった。二〇〇五年から二〇〇六年までの期間に、フランス以外のＯＥＣＤ諸国に滞在したフランス人の人口割合は二・五％にすぎないことがわかったのである。この割合は、イギリス（六・五％）、イタリア（四・五％）、ドイツ（四・一％）と比べるとかなり低かった。高学歴者だけを対象にすると、各国間の隔たりはそのままで、それらの割合はすべて二倍になった。心配されていたフランスの頭脳流出は限定的だったのだ。ところで、それは「フロー」でなく「ストック」の計測である。つまり、その割合は少人数の移動が時間を経て積み重なった結果であり、数値からは近年における毎年の出国者の推移は把握できない。したがって、（二〇〇〇年代初頭の数値に関して）純移動数全体に占める外国人の純移動数（あるいは移民の純移動数）を大きく見直すべきだという主張は該当しない。

二〇一五年一〇月、ＩＮＳＥＥは、毎年実施される国勢調査を利用して、移民、外国で生まれたフランス人、フランスで生まれたフランス人の三つの人口集団に分けて流入数と流出数を個別に推定した。私はこれが重要な発表であることをすでに示唆していた。[9] この報告書によると、二〇一一年、ヨーロッパ人と学生を含む二三万五〇〇〇人の移民がフランスに居を構えた一方で、九万五〇〇〇人の移民がフランスを離れた。比率で表わすと、一〇人の入国に対して四人の出国である。どんな人が出国したのか。数年間の留学を終えて帰国する学生や、祖国に戻る、あるいは他の国に移住する就労者ないし退職者である移民である。

ＩＮＳＥＥの同じ調査では、二〇一一年にフランスで生まれたフランス人が祖国を離れた数を二〇万人、そして帰国した数を七万七〇〇〇人と推定した。比率で表わすと、四人の入国に対して一〇人の出国である。そして外国で生まれたフランス人の移動は少ない。七〇〇〇人の出国に対して二万人の入国である。フランス人のマイナスの純移動数〔純流出数〕は、今後、移民のプラス純移動数〔純流入数〕に近づく傾向にある。したがって、二〇一一年の純移動数全体は、およそ三万人の超過になる。この数値は少ないが、それは人の往来がますます激しくなった結果である。

サルコジ＝フィヨン体制のほとんどの期間である二〇〇六年から二〇一三年までの推移を詳細に検証すると、フランス人の外国移住の増加は最近の傾向だとわかる。移住者の数は一三万人から二〇万人になったが、帰国者の数は七万七〇〇〇人と安定的に推移している。よって、フランス人のマイナスの純移動〔純流出数〕は、およそ一四〇％増加したことになる。一方、移民の流入数は一〇万人から二四万人へと増加したが、流出数（とくに留学生）も三万人から九万人へと増加したため、この時期の移民の純移動数はおよそ一六万人で推移した。

フランス人の移住、とくに、学生が少なくとも一年以上留学する傾向は、今後も継続するだろう。私自身、社会人になってから三度、外国で暮らした経験がある。フランス人の外国に移住する人口は長年にわたって停滞していたが、サルコジ＝フィヨン体制時に急増した。私もフランスの人口動態を示すのに国全体の純移動数をしばしば利用してきたが、近年の推移を考慮すると、今後は、人口動態のすべての要因を並べて検証すべきだろう。そうは言っても、フランスの純移動数は、一九九〇年代初頭にヨーロッパ最大の移民国になったドイツ、二〇〇〇年代にドイツからトップの座を受け継いだスペインとイタリアなど、隣国と比較すると、外国人の純移動数ときわめて近い。反対にイギリスの場合では、英語圏が広大であって移住しやすいという理由から、純移動数全体の中身は、アイルランド、新旧の英連邦国家、アメリカなどの間で、大勢の人々が行き交いするため、見通しが悪くなっている。

第11章 無知によってすべてを一刀両断にするエリック・ゼムール

人口学は知識欲のある人々の関心をひく社会科学だが、人口学の難解さを過小評価する、学ばずにしてすべてを知った気でいるアマチュアも興味を示す。現実に、人口学は人々の期待を裏切る。人口学を学べば、誕生、愛、死、そして亡命、難民、人口増加がわかると思うかもしれない。誰でも理解できるのか。人口学を実際に学習する際には、それらの親しみのある言葉は、出生数、婚姻数、死亡数などの冷淡な専門用語に代わり、移民の「フロー」と「ストック」を検証することになる。人口学は、記録、調査、数えることに加えて（それらは人口学のごく一部であり、必ずしも面白いものではない）、標本調査や推定法によって情報不足を補う努力をしなければならない。また、適正に分類し、数値の関連性を分析する必要がある。そのためには、指標と比率、標準化の方法（比較可能であるものを比較する）、情報の保護技術、「安定人口」モデルの参照などを正しく使いこなすことが要求される。

読者は驚いただろうか。他の学問の専門知識に比べれば、たいしたことがないと思われたかもしれないが、人口学を扱うには最低限の専門知識が必要なのだ。ところが、「そんなことどうだっていい。人口学者なら簡単になれる」と思う輩がいる。「女性一人当たりの子供の数が二・一人なら人口置き換え水準である」と指摘すれば、すでに学識があり、ジャーナリストを煙に巻くことができる。テレビ局のスタジオでは、そうした輩が「人口学者」を自称している（しかも、彼らは日によって、経済学者、社会学者、地理学者、あるいは、それらすべてを自称している）。だが、本物の人口学者は、その人物が市民籍の登録を利用して合計特殊出生率や平均寿命を計算することさえできないと知っている。

一八七〇年の戦争〔普仏戦争〕以降、歴史愛好家は人口の推移に関する論争に強い関心をもつようになった〔この戦争の敗因がフランスの人口減だとする説があったため〕。人口の推移に関する計算技術を独学した者たち（例：戦間期のアドルフ・ランドリー）がいた一方で、技術的な知識なしにプロパガンダ活動に専念する者たちがいた（例：一九二〇年の人工妊娠中絶禁止法の熱心な推進者フェルナン・ボヴェラ）[1]。また、予測と説教を混ぜ合わせる前者と後者の中間的な者たちもいた（例：一九八〇年代にヨーロッパの「人口崩壊」を予言した歴史家ピエール・ショーニュ）。

今日の状況はどうなっているのか。フランスだけでなく外国の人口学の主要機関は、賢明な市民を育成し、「人口学もどき」、あるいはアルフレッド・ジャリ〔詩人、劇作家〕の造語のパロディーとして「超形而上学的な人口学」の化身たちを退治しようと懸命に努力している。INEDは、学生、教師、ジャーナリスト、行政、一般社会に向けて啓発活動を行なっている。INSEEも自分たちの出版物を通じてこうした活動に力を入れている。途上国の人口分析に関する資料が充実している国立開発研究所（IRD）のインターネット・サイトも啓発活動に一役買っていると指摘しておきたい。これらの組織は、わかりやすい文章に図表やグラフを添えて読者の理解を促している。だが、ルソーが『社会契約論』第三篇において「注意を払おうとしない読者にわからせる方法を、私は知らないのだ」と記しているように、全員がそれらの資料を熟読して理解するのではない。

このような現象の典型がエリック・ゼムールであるのは間違いない。移民やフランス凋落に関する終末論を記すゼムールは、出版、ラジオ、テレビなどで引っ張りだこだ。煽動者ゼムールは、彼の著書で自分は人口学者だと豪語し、INEDを次のように非難する。

わが国へ入植する「他民族」、おもにアフリカ大陸出身者の寄与は、わが国の人口再生の三分の一を占めている。INEDが示す**合計特殊出生率〇・一%**という指標は的外れだ。一体、INEDの単位はどうなっているのか。一般人の観察のほうがよほど現実的である。わが国の人口増の推進力は、マグレブ人やアフリカ人である。INEDのルイセンコたちが呪いを隠蔽したところで、フランス人口の状況はまったく変わらない[2]。

思いのたけを語る過激で明快な文章である。この一節が記されたゼムールの本には、三つの典型的な間違いがある。

一つめの間違い——〇・一人の子供と〇・一%

まず、この「INEDが示す合計特殊出生率〇・一%という指標」は、何を意味するのか。合計特殊出生率はパーセンテージではなく、女性一人当たりの子供の数の平均である。このような表現は、すでに素人である明白な証拠である。この本の宣伝インタビューによって、この点は明らかになった。

わが国の人口推進力の源泉は移民だ。私がＩＮＥＤのルイセンコたちと呼ぶ連中にそのように答えてやる。連中は数字をごまかし、移民の寄与率は〇・一％だと国民に説明するではないか……。これにはフランス人全員が腹を抱えて笑うしかない。連中は人々が目にするのと正反対のことを示そうとして、ついに妄想を抱くようになったのである。[3]

ＩＮＥＤの人口学者は責任重大だという。ようするに、「狂った判断」（「妄想」という言葉）、国民の声という論証によって愚弄と見なす（「これにはフランス人全員が腹を抱えて笑うしかない」）、「スターリンに落とし込む論法《リダクティオ・アド・スターリネム》」（「ルイセンコ」）という一連の論証のつなぎ合わせである。

当然ながら、ＩＮＥＤの人口学者（この場合、ジル・ピソンと私）は、移民女性がフランスの合計特殊出生率を一〇〇〇分の一しか引き上げていないという、ばかげた説を提唱したことは一度もない。もし、その説の通りだとすれば、たしかに、それはとるに足らない寄与だろう。[4] では、われわれの記述はどうだったのか。世間には、移民がフランスの合計特殊出生率を大幅に引き上げているのではないかという疑問があるとわかったので、われわれは、図とグラフを使い、さらには例を掲げ、四ページに渡るその出版物をできる限りわかりやすく記述する努力をした。次のように説明したのである。外国人女性は平均して三・三人の子供をもつ一方で、フランス本土のフランス人女性は一・八人である。しかし、外国人女性の一・五人分の追加はフランスの平均合計特殊出生率にほとんど影響を与えない。というのは、外国人の母親は少数だからだ。外国人女性がいないと、フランスの合計特殊出生率は、一・九でなく一・八になる。概算値で論証すると、外国人女性はフランスの合計特殊出生率を五％から六％引き上げていたとも付記した。それらすべての計算根拠をすべてそのまま記したのだが、それでは充分ではなかったのだ。

なぜ間違いが起きたのか。それはとんでもない思い違いが原因である。われわれを批判した寵児〔ゼムール〕は、指標の単位（〇・一人のプラス）をパーセンテージと勘違いしたのだが、われわれの文章をきちんと読めば、そのような誤解が生じる余地はまったくない。「〇・一％の合計特殊出生率」と語るのはまったくばかげている。そのような発言をするのは、人口学をまったく知らない証拠である。そんなことなどお構いなしに、エリック・ゼムールは自分の勘違いをわれわれのせいにすることを厭わない。ゼムールは、人口学者が移民の影響を何としても最小限に評価しようとしていると思い込み、われわれが実際に発表した合計特殊出生率に対する外国人女性の寄与度を、五〇分の一から六〇分の一に誤って解釈して、われわれを批判したのである。

ゼムールの本で最も奇妙なのは、その批判の三ページ前に、われわれの研究が数字〔〇・一人の子供〕を含めてそのまま引用されていたことだ。しかし、彼はその数字の意味を理解せず、われわれが数字を「捻じ曲げている」と糾弾したのである。実情としては、インターネットで閲覧できるのにもかかわらず、彼はわれわれの研究の原典を読んでいなかったのだろう。彼は、『フィガロ』[5]紙でも同じ趣旨の論説を記した。極端な意見を述べる論説者たちは、自分たちの考えが正しと信じ込んでいる。彼らは、自分たちの仲間の文章しか読まず、決して原典に当たろうとしない。驚くべき非常識である。

図1．フランスにおける外国人の合計特殊出生率（2005年の状況を単純化したモデル）

	女性の数（F）	子供の数（E）	子供の平均数（E／F）
外国人女性	7	24	3.4
多数派	93	166	1.8
全体	100	190	1.9
外国人女性の寄与	女性の7％	子供の13％	国の率に子供0.1人分が付加

女性一人当たりの子供の平均人数（あるいは合計特殊出生率）は、二列目を一列目で割った数字である。ゼムールは最終行を間違って解釈した。すなわち、0.1人の子供（1.9—1.8）であり、＋0.1％ではない。

ゼムールは、外国人女性が産んだ子供は、フランスの新生児の大部分を占めると言って、われわれに異議を述べた。ところが、われわれの論文はその点を包み隠さず、詳細な図を使って明確に説明した。二〇〇五年、七七万四三六〇人の新生児のうち九万四三一〇人（一二・二％）が外国人の母親をもつ（この数値は、外国人女性が移民女性になると一五％になる）。われわれは、出生数の寄与が大きくても、合計特殊出生率に対する寄与が小さいこともあるというパラドックスを強調し、この点を説明した。

本書では、詳しい証明を繰り返すのではなく、単純化したデータを使ってこの状況を図にまとめた。この図からは、同じ基礎データであっても、エリック・ゼムールが両立しないと考えた二つの結果が生じることがわかる。新生児の一三％は外国人の母親をもつとしても、国の合計特殊出生率は、子供〇・一人分しか上昇しない。数字を捻じ曲げているのでも、改竄しているのでもない。厳然たる事実である。

ゼムールは、第二次世界大戦から一九八〇年代までのフランスの人口増加における移民の寄与に関するミシェル・トリバラの計算（およそ四〇％の増加。ただし、ゼムールは出典には言及していない）を引き合いに出して、われわれを苦境に立たせたと思い込んだ。ここでもゼムールは、フランスの人口動態における外国人（あるいは移民全体）の寄与は、出生数、合計特殊出生率、住民の数に関して、同じ比率だという大きな勘違いをした。図の下段を見れば、それは間違いだとわかる。

かつてジャン＝マリー・ル・ペンは同じような比率をもち出して次のように述べた。[6]「新生児の六人に一人が外国人の母親をもつのなら、当然の帰結として、フランス人女性の合計特殊出生率は、国の合計特殊出生率の六分の五が上限になる（この場合、フランス人女性一人当たりの子供の数は、二人でなく一・六六人になる）」。政治家が帰一算を見事に解いたと称賛すべきか。実際は、とんでもない間違いである。というのは、外国人女性に合計特殊出生率の残り六分の一だけを割り当てているからである。このような計算では、外国人女性の合計特殊出生率は〇・三になるではないか。[7]

では、人口増全体における移民の寄与はどのくらいなのか。この問題に取り組んだ研究者全員は、似たような結果をはじき出している。（切りのよい数字にして）振り返ってみよう。フランスの人口は、一九四五年の四〇〇〇万人から今日の六五〇〇万人になった。仮に、フランスが戦前の人口ピラミッドの形（出産可能な年齢の女性の割合が少ない形）を維持したのなら、フランスの今日の人口は、三五〇〇万人でしかなかっただろう。ところが、現在の人口は六五〇〇万人である。この三〇〇〇万の増加分は、どこから生じたのか。

この増加分には三つの要因が介在している。もちろん、移民という要因もあるが、合計特殊出生率の変動（おもにベビー・ブームとその次世代の影響）や、人口の高齢化（人口ピラミッドの頂点にもう一層が加わった）という要因が存在する。反事実的な回顧予測術を用いれば、それら三つの要因がなかった場合、フランスの人口がどうなっていたのかが計算できる。この計算からは、一九四五年以降のフランスの人口増加〔三〇〇〇万人〕に対し、それら三つの要因はそれぞれ均等に寄与したことがわかった。つまり、ベビー・ブーム、高齢化、移民が、それぞれ一〇〇〇万人の人口増加をもたらしたのである。INED、INSEE、ボルドー大学の人口研究所など、この問題に取り組んだすべての研究者は、この概算値を支持している。[8] 専門家たちが認めた研究であり、私も同じように言及した。[9] この点に関して、われわれ専門家を分断しようとしても無駄である。

戦後以降、移民がフランス人口増加分の三分の一を担った。これは大量と言えるのか。たしかに、人口増加に占める移民の割合は大きいが、国民戦線が主張する一〇〇％とは程遠い。この割合は、フランスのほとんどの隣国（ドイツ、スイス、スペイン、イタリア）よりも少ない。というのは、それらの国々では、出生数より死亡数のほうが多いため、人口増加の第一要因が移民であるからだ。戦後のフランス人口の増加要因の三分の一は移民だが、ゼマールが述べようとしたこととは反対に、フランスの合計特殊出生率は、移民によって三分の一引き上げられたと考えるのは完全な間違いだ。

二つめの間違い――帰化した移民は統計から消え去るという誤解

生かじりの知識をひけらかすのは、知ったかぶりをすることである。ゼムールの『フランスの憂鬱』

にはそうした例が散見できる。最も唖然とさせられたのは、人口学を学んだと自負するゼムールが、移民がフランス人になると統計から消えると主張したことだ。ゼムールの言う通りなら、人口学者は帰化という陥穽にはまったことになる。人口学者は法的拘束から、フランス人になった外国人を数えることをかたくなに拒否しているのか。ゼムールは「専門家は、彼らはフランス人だと主張する」[10]と人口学者を批判する。人口学者は一部の外国人しか数えないから「大規模な補充〔国民の大規模な入れ替え〕」を確認できないのか。すなわち、人口学者は不完全な数字にしがみつき、街角の真実に目をつぶっているのではないか。この「イデオロギーに満ちた思い込みにより、公的統計が改竄されている」と確信するゼムールは次のように言い放った。

フランスは、昔からの移民大国であり、出生地主義であり、民族統計を禁止している。それらの事情が相互に連結するため、フランスでは科学的な討論ができない。他のヨーロッパ諸国では、こんなことはありえない。わが国の移民に関する議論はイデオロギーに満ちている。[11]

この断言は正しいのか。真実のかけらもない、まったくのでたらめである。ゼムールの知ったかぶりと思い上がりは、天文学的な領域に達している。初歩的な知識からおさらいしよう。フランスの人口学者が外国人だけでなく移民に関心をもつようになってから二五年以上が経つ。その目的はまさに帰化という陥穽を避けるためである。一九九一年にフランスが正式に採用した移民の国際的な定義は、国籍の変更とはまったく無関係である。[12]単式出生地主義〔フランスで生まれるか、フランスで少なくとも五年以上暮らすと、成人時にフランス人になれる）が、移民を把握する障害だと考えるのも重大な間違いである。国勢調査では、フランス国民は、生まれた時からのフランス人なのか、フランス国籍を得てフランス人なったのかを尋ねる。後者を選んだ人物に対しては、出生国についても質問する。こうした調査は、なんと一九世紀から行なわれているのだ。一九六二年以降では、帰化したフランス人に対して、以前の国籍について詳しく質問している。このようにして、ポーランド、イタリア、スペイン、ポルトガル、アルジェリア、モロッコ、トルコ、イギリスなど、外国で生まれたフランス人の人口が国別に把握できる。歴史家はこれらの情報のおかげで移民流入に関する歴史を再現できるのである。

ゼムールはわが国には「民族統計」がないと語りながら「移民の第二世代」の存在を問題視しているが、彼の無知には当惑するしかない。本人の国籍の変更だけでなく、両親の出生国や両親の最初の国籍に関する情報が「移民の第二世代」を把握するためにきわめて重要であるのは確かであり、ＩＮＳＥＥやＩＮＥＤは、アンケート調査によってそれらの情報をすでに把握していた。私はそれらの公的統計の結果に基づき、フランスで暮らす人々の二五％近くは移民あるいは移民の子供であると注意を促してきたのである。われわれは「全国統計情報評議会（ＣＮＩＳ）」と「全国情報および自由評議会（ＣＮＩＬ）」という監督機関に対して、こうした調査の必要性を訴えた公的統計に関わる一握りの研究者である。ＣＮＩＳとＣＮＩＬの承認を得るには一〇年以上かかった（一九九三年から二〇〇四年まで）。欧州委員会の支持を取り付けた後、調査を成功させるために、いくつかの実験を行なわなければならなかった。そうした進歩は、ゼムールの知性を必要としなかったのである。

ゼムールが「法律の専門家は国籍に応じて国民を画一的に語る」ので「このテーマに関するあらゆる

科学的な議論は不可能になり、イデオロギーだけが唱えられる」とわれわれを愚弄した時点で、彼の愚かさはクライマックスを迎える。どう考えても、このようなことを記す著者〔ゼムール〕は、情報を得ることも情報を発信することもできないだろう。ジャーナリストとして失格である。それらの決定的に間違った発言をしていた時期に、INSEE、INED、EU統計局、経済協力開発機構（OECD）などが発行する移民に関する出版物に目を通す努力を惜しまなければ、ゼムールはすぐに、それらの出版物には（外国人あるいはフランス人になった）移民に関する大量のデータが記載されていることに気づいたはずだ。たしかに、フランスで生まれた移民の子供に関する研究はあまりないが、急速に発展している。[13] 不可解なのは、エリック・ゼムールの無学でも思い上がりや自惚れでもなく、世論を啓発すると主張する立場が、なぜ真実と正反対の結論にいたるかである。そうした立場は、知識を伝達するのではなく、知識の取得を妨げ、知識不足という闇に光を当てるのではなく闇をさらに深める。私の研究者人生において、これほどの蒙昧主義に出会ったのは、きわめて稀である。

エリック・ゼムールの統計ポピュリズムが真実なら、INED、INSEE、各省庁の統計サービスの筆をへし折ってしまえばよいではないか。それらの機関にはすぐにでもお引き取り願い、「街角統計委員」や「本当の数字を伝える民衆代表」という人物が統計を語るのだ。そうした人物が、調査費用もかけず計算もせずに、人々の期待する、そして人々が日常目にする「本当の数字」を提示するのだ。数字を告げるこの新たな巫女は、三脚椅子に座って人々の熱気を感じ取り、毎朝、神託を告げる〔神話「デルフォイの神託」のパロディー〕。このポストに就くには、統計学や人口学などの専門教育は必要なく、率〔例：失業率〕、比〔二つの量の関係〕、割合〔例：人口に占める移民の割合〕が示す大きさや、相対数と絶対数を混同しても構わないが、自分の無知を隠すために厚かましくも専門家を罵倒しなければならない。人口学や統計学の学位を取得していなくても、極端な思想が飛び交うブロゴスフィア〔インターネット上のブログ圏〕のお墨付きがあればよい。とくに、大衆受けするためにありきたりであると同時に「劣等感を解消させてくれる（簡潔に言うと、良心の咎めを感じない）」人物が代表になることが望ましい。ようするに、「酒場の与太話」が得意な人物だ。そのような資格なら、私はエリック・ゼムールを強く推薦するが、採用委員会はゼムールが「周縁のフランス〔都市近郊の移民人口の多い地区〕」に住んでいないかを確かめる必要があるだろう。もしそうなら、暗号化された神託は、より真実に近くなるかもしれない〔フランス社会が分断された原因は、いわゆるポピュリズムでなく、庶民階級の合理的かつ客観的な判断だとする地理学者クリストフ・ギュリーの説〕。だが、彼は物事を客観的に見抜く庶民感覚の持ち主ではないだろう。

それはさておき、専門家や専門機関は権力に媚びるために研究結果を捏造していると公で批判するのは名誉棄損である（例：ＩＮＥＤの人口学者に向けられた御用学者という批判）。最低限の知的礼儀をもつジャーナリストなら、基本的な決まりに従うべきだ。非難する文書を自分の目でしっかりと読み、情報を自身で検証し（たとえば、フランスの合計特殊出生率は移民によって一〇〇〇分の一増えたというのは本当か。帰化したフランス人が統計に入らないというのは正しいのか）、著者に説明を求めるべきだろう。しかし、無知によってすべてを一刀両断し、事実を無視して手っ取り早く成功するには、それらの拘束は邪魔でしかない。二〇一〇年、私はゼムール氏に丁寧な手紙を書き、子供〇・一人と〇・一％との混同を指摘し、それまでの発言や文書による非難を公に否定してほしいとお願いした。訴訟手続きほど嫌なものはないので、手紙には訴える準備があるとは記さなかった。私は単に彼の良心を試したかったのだが、彼から返信はなかった。

三つめの間違い——人口内の割合と集団内の比率の混同（風貌に基づく職務質問の例）

（左派だけでなく右派の）わが国のエリートが統計的な根拠なしに頻度を比較するのは慎重さを欠くことだと認めるのなら、不毛な議論は避けられるだろう。この点に関して、私は、風貌に基づく職務質問と雇用差別に関するエリック・ゼムールのけたたましい宣言によって起きたメディアでの討論と法律面での論争にうんざりした。

きっかけは二〇一〇年三月六日に放映された「カナル・プリュス」の番組にまでさかのぼる。番組では、司会者がアラブ系やアフリカ系の通行人（警察官による分類）が街角で職務質問を受ける確率は他の人口と比べて八倍であるとゼムールに指摘した。[14] ゼムールは数字に異議を唱えず、次のようにコメントした。「移民出身のフランス人はそうでないフランス人よりも職務質問を受ける機会が多い。というのは、ほとんどの密売人は黒人かアラブ人だからだ。これは事実だ」。後日、ゼムールは「フランスÔ」という海外県向けのテレビ局の番組において、職業紹介所には雇用差別をする「権利」があると述べた。「隠し立てすることではない。それは普通に行なわれていることだ」。海外県の視聴者は、人種差別が何であるかを経験的に知っているため、当然ながら異議を唱えた。人種差別に反対する五つの団体は提訴した。

訴訟中、エリック・ゼムールは著名な二人の人物の支援を得た。パリ控訴院の次席検事フィリップ・ベルゲールと元大臣ジャン゠ピエール・シュヴェーヌマンだ。彼らはともに統計学的な証拠をもち出した。フィリップ・ベルゲールは、自身のブログでゼムールの主張は正しいと述べた。

良識ある国民に、パリの軽犯罪および重罪の事件を裁く法廷に出席してみることを提案する。そうすればこの「事実」が法的に正しいことが確認できるはずだ。(……)すべての黒人とアラブ人が密売人ではないが、多くの密売人は黒人とアラブ人である。[15]

一方、ジャン=ピエール・シュヴェーヌマンは、パリの大審裁判所にゼムールを支援する書簡を送った。内務省の国家警察公安中央総局の記録を調べればすぐに気づくことだが、確認されている犯罪者の五〇%以上は、ゼムール氏と同様に、苗字がアフリカあるいはマグレブ出身と思われる若者である。[16]

ここでも民族統計の「タブー」が糾弾された。フィリップ・ベルゲールは自身のブログで「公的統計のほとんど唯一の合目的性は、目を見開いて現実を見れば明白なことを覆い隠すことだ」と苦言を呈した。研究者として私が最も驚いたのは、これら二人の大物の「確認できるはずだ」や「すぐに気づくこと」という自信に満ちた物言いである。ようするに、「来た、見た、知った」である。統計や研究がこれほど単純な作業なら、統計学者や研究者は不要だ。ところで、頻度を比較するには、まず、既存のデータを得る必要がある。INSEE、INED、法務省に電話をかければ、次に掲げる三つの情報が得られただろう。

一つめは、フランスの刑務所内人口における移民の割合に関する推定値である。これは一九九九年に私が責任者になって行なったINSEEとINEDの共同プロジェクト「家族史研究(EHF)」の

「刑務所」編からの推定値だ。たしかに、データは少し古いが、おおよその数値は把握でき、今日でも参考になる。この研究は、この分野の研究者の間では有名であり、ＩＮＳＥＥのホームページから入手できる。この推定値からわかることは何か。フランス全土において、途上国で生まれた男性（とくにマグレブとブラック・アフリカ）は、被拘留者全体の一七％を占め、第二世代を含めると、この割合はおよそ二倍になる。ゼムールが指摘した風貌に基づく職務質問の対象になる人口は、被拘留者の間では三倍の比率を占めるが、これはバルカン半島出身の移民とほぼ同じである。これが「事実」だ。

二つめは、統計は明確な対象に関することにしか意味をもたないということだ。フィリップ・ベルゲールは「パリ」について語るが、エリック・ゼムールは、前提としてフランス全体、それも「密売人」に限定して考察したように思われる。一方、ジャン＝ピエール・シュヴェーヌマンは、警察の資料に言及するが、それが地方に関するものなのか全国に関するものなのかは語っていない。ところで、移民に関して、パリはフランスではない。同じパリであっても地区によって移民の比率が五〇％を超えるところもあれば、非常に低いところもある。ある現象についてデータを提示する際には、最低限、対象になる場所と犯罪を明確にしなければならないのではないか。

三つめは、全人口における少数派は、ある集団内では多数派でなくても、全人口における比率よりも高い数値を示す場合があるということに気づけば、過激な論争にはならなかっただろうという点だ。メディア界のお調子者がこの違いを知らなかったのは驚くに値しない。しかし、研究省の（評判のよかった）元大臣（ジャン＝ピエール・シュヴェーヌマン）と（優秀な）検事（フィリップ・ベルゲール）がそのような思い込みをしたのは、この一件における最も嘆かわしい側面である。「おめでたい善人」でも「ポリティカル・インコレクトネス」

でもない魔法の領域に立とうとしたのか。今日のパリでは反抗的であることがインテリジェンスの証明だと思い込み、そうした姿勢を示そうとしたのか。自身の独特のオーラを型破りなことに利用しようとしたのか。

エリック・ゼムールはといえば、「アラブ人や黒人が優先的に職務質問されるのは、警察は、軽犯罪者や密売人全体に占める彼らの比率がきわめて高いことを知っているからだ」と述べたように、ゼムールは、警察官の論理を忠実に再現しただけなのだろう。[17] 問題は、建設的な議論にならなかったことだ。ゼムールの戦略は注目を浴びたが、世論を分断した。

警察官は民族的な特徴に基づいて街角の通行人を職務質問する権利があるという事実について考察してみよう。これはアメリカの経済学者の言葉を用いると、「直接的な差別」ではなく「統計学的な差別」である（ケネス・アロー、ゲーリー・ベッカー、エドムンド・フェルプスは、この理論でノーベル経済学賞を受賞した）。すなわち、雇用主や警察官は、過去、現実、あるいは想定の相関関係を引き合いに出すことによって人物を選択するのだ。それは個人的な嫌悪感に基づくのではなく計算によるものだ。だが、そこには根本的な問題が生じる。というのは、偏見に基づく差別を撲滅するのは容易だと思えると同時に、統計学的な論証（身体的な特徴と振る舞いとの蓋然的なつながり）を引き合いに出す差別に反論するのは困難だからだ。ゼムールは、それらの疑問を投げかけるのではなく、確たる証拠もないのに「ほとんどの密売人は黒人かアラブ人であり、これは事実だ」という判決を下した。訴訟によって真実を語って罪に問われる殉教者というゼムールのイメージは強まったが、世間が問題の核心に関心をもつことはなかった。

第12章 刑務所内の移民の比率——偽りのタブー

ブロゴスフィアでは、統計に関する沈黙の掟がなくなれば、刑務所には「目に見える」移民が大量に存在することが明らかになるはずだという主張が繰り返されている。ところで、ゼムールの一件で説明したように、それは本当の問題ではない。タブーはかなり以前に破られた。利用可能な統計の情報源、大まかな結果、解釈の問題の三つを交互に言及しながら議論を進めていく。

刑務所で起きていること——移民の出自と社会的な要因

最初に、刑務所で行なったINSEEの「家族史研究（EHF）」について簡潔に述べる。これは一九九九年に実施した国勢調査に関連する家族調査の一環である。この調査では四〇万人近くに対し、家族構成（誕生、死亡、婚姻）と言語の伝達について質問した。[1] 私はこの調査のINSEEの責任者であり、INEDの責任者はローラン・トゥレモンだった。家族調査のサンプルは六〇歳未満の女性と「一般世帯」に限定されていたが、われわれは調査対象を男性、そして老人ホームと刑務所にも拡大することにした。

この場を借りて、法務省に勤務しＩＮＳＥＥの研究員だった今は亡きフランシーヌ・カッサンに敬意を表したい。家族調査に被拘留者の代表サンプルを含めることができたのは、彼女の決断と、統計研究と刑務所行政の責任者であるアニー・ケンゼーの支援のおかげである。一方、私は「全国情報および自由評議会（ＣＮＩＬ）」の承認を得るために努力した。

刑務所でのアンケート調査はＩＮＳＥＥにとって初の試みだった。私はロス〔リールの南西郊外〕の留置所で初めてテスト調査を行なった日のことを鮮明に覚えている。調査は、一二三ヵ所の留置所と五ヵ所の留置センターにおいて、一七二〇人の被拘留者を対象に行なわれた。回答は任意であり、無記名式だった。回答拒否はわずか一一・五％であった。データはすぐにフランス人口全体と比較された。このようにして刑務所内の人口のさまざまな構成要素がもつ蓋然性を比較し、おもな関連要因を探ることができた。二〇〇〇年春からは、ＩＮＳＥＥはおもに三つの結論を公表した[2]。

一つめの結論だ。「外国で生まれた人物は、人口全体（一三％）におけるより刑務所内（二四％）では二倍の比率である」。この比率は途上国の移民だけに限ると、人口全体の八％に対して刑務所内の一七％に下がる。マグレブ系の移民だけの場合では五％に対して一二％になる。それらの数値は、移民の第二世代、つまり、外国で生まれた両親をもつフランス生まれの人物を加えると二倍になる。「被拘留者の一〇人に四人近くは、外国あるいはフランスの旧植民地で生まれた父親をもつ」。それらの数値は全国平均である。よって、刑務所内の移民の比率は、フランス全体では五〇％を超えていなかったが、パリ周辺部の移民が極度に集中している地区の刑務所では超えていたところもあっただろう（県レベルで信頼性のある結果を出すには調査サンプルが足りなかった）。いずれにせよ、刑務所内の少数派の比率は人口全体の二倍である以上、刑務所内の移民の比率は高いと言える。これは紛れのない事実だ。

二つめの結論だ。被拘留者間の移民の比率は出身国によってばらつきがある。刑務所では、中央ヨーロッパ（ルーマニアや旧ユーゴスラビア）からの移民は三・三倍、マグレブからの移民は三倍、サブサハラ地域からの移民は二・七倍、フランス以外のEU諸国からの移民は一・四倍である。ここで重要なのは、「条件を同じにして比較する」ことだ。年齢層（つまり、研究対象にする分集団に対し、フランスの人口ピラミッドと同じ年齢ピラミッドを適用する）だけでなく、教育レベル、社会的な出自や社会的な環境、兄弟の人数まで配慮して比較することである。実際に、それらのさまざまな要因も、犯罪者になり、刑務所に入る蓋然性に影響を与える。だが、それらの要因は集団によって不均等に分配されている。「条件を同じにして比較する」ことにより、それらの各種ノイズは取り除かれる。この比較法を用いると、社会的、教育的なさまざまな影響を遮断して、出身国からの影響だけを計測できる。

三つめの結論だ。中央ヨーロッパやアフリカからの移民が投獄されるリスクは三倍というのはフランスだけのことなのか。その答えはノーである。これはヨーロッパ全体の傾向だ。EU統計局によると、ヨーロッパ諸国間での比較は、犯罪の定義や刑事裁判の機能の違いによって難しいという。しかし、投獄に関する外国の調査からは[3]、移民と元来の国民との間で有罪判決を受けるリスクには、似たような違いがあることがわかる。もちろん、フランスの社会統合が満足できる状態だというのではない。

移民の出自に関連する犯罪と投獄のリスクを正しく計測するには、別の比較が必要だ。すなわち、移民という「リスク要因」は、フランス社会を分断する他の社会的な亀裂よりも影響力が強いのかを探る必要があるのだ。その答えはノーである。移民の出身国が大きな影響力をもつ要因であることは否定できないが、その影響力は他の要因と似たり寄ったりである。たとえば、一六歳以前で学校教育から離れる場合だ。移民であろうがなかろうが、学校教育から早期に離れた若者が投獄される確率は、バルカン半島やアフリカに出自をもつ人物よりもはるかに高い。また、本人や両親の社会的な地位が都市部の庶民階級（労働者、職人、商人）である場合も同様である（移民である影響を上回る）。反対に、農業に従事している場合では、投獄されるリスクは著しく低い。よって、犯罪の根源は失業と類似していると言える」。すなわち、失業者における移民の比率は高い（移民の失業率は元来のフランス人の二倍）。同様の傾向は、ヨーロッパの他の古くからの移民国でも確認できる。失業リスクも移民という要因と関係なく、教育レベル、社会的な地位、家族の資産などによって大きく変動する。

当然ながら、それらのさまざまな亀裂は重なり合うことがある。たとえば、一五歳で学校教育から離れたマグレブ系の労働者の息子は、とくにリスクが高い。反対に、「早期離脱」するのでなく学校教育を受け続ける人物は投獄される脅威から遠のく。ヴィクトル・ユゴーの慧眼である「刑務所の代わりに学校を建てる」は、現代においても否定できない。もちろん、それは機械論的な連関でなく「負の相関」だが、強く明らかである。

これと反対のことを主張する論客は間違っている。ある女性コラムニストは、学校教育は犯罪予防にならないと糾弾したが、彼女はその証拠を一切提示していない[4]。軽犯罪者は公立学校に通っていたのだから、学校教育は失敗だと結論を下すのは拙速だ。というのは、若者の学業期間が長ければ長いほど、犯罪に走る確率は減ることが統計学的に確認できるからだ。学校の犯罪予防が機械的なものでなく（強い）蓋然的なものでしかないとしても、学校には犯罪予防効果がある。高等教育の学位は失業しないための絶対的な保証ではないが、出自、風貌、性別、身体的な障碍など、法律に反する規範と結びつきのある差別が作用しない限り、学位取得者が職を見つける確率は高まる。

移民と刑務所──データに関する広報

一九九九年の家族調査の「刑務所」編の結果を掲載したＩＮＳＥＥの報告書にはあまり反響がなかった。初版の著者たちは、出版界で必要な最も基本的なセンスを欠いていたのかもしれない。「ＩＮＳＥＥとＩＮＥＤが刑務所内の民族統計というタブーを勇敢にも打ち砕いた」と宣伝すれば、メディアで大きな話題になったに違いない。彼らがタブーを打ち砕いたのは確かだが、騒ぎ立てはしなかった。

広報に関するもう一つの大きな間違いは、「刑務所内のマグレブとアフリカからの移民の比率は人口の三倍」という見出しをつけなかったことだ。他の著者たちならこのビッグニュースを前面に押し出しただろう。たしかに、そうした情報は記事の要点をまとめたグラフを見れば分かったし、本文にも明記されていたが、それは二ページめだった（他の文章に埋もれていた）。そして記事のタイトル『被拘留者の家族史』は、ジャーナリスティックというより学術的な響きがした。

移民という要因を、年齢、学業期間、本人と父親の社会的な地位、家族構成などの要因と同列に並べて統計学的な処理をすることにより、刑務所内に見出せる機会の不平等をあぶり出そうとするのは、実に奇抜なアイデアだった。この記事は、それらすべての要因が重要であって、刑務所にいたるまでの道筋は、単に移民出身であるというだけでなく、社会的なハンディキャップというあらゆる不平等の結果であることを告げた。だが、それは、移民は諸悪の根源だと思い込む時評欄担当者の関心をひく結論ではない。

人々の気分を害する結果は公表しないのか。まったくそんなことはない。「フランスの文献」という出版社（行政情報局による出版事業）が出版する「ポケット・サイズの資料」という初学者向けのシリーズは、インターネット利用者の質問に答えながら正確な情報を提供している。移民編の執筆を担当した私は、二〇一二年版と二〇一六年版において「移民に犯罪者は多いのか」という質問に答えた。[5] 私はこの問題を二つに切り分けて回答した。というのは、対象が外国人（最近やってきた移民、さらには国境で足止めされた外国人）なのか、あるいは移民（かなり以前からフランスで暮らしている人物で、多くはフランス人）なのかで、データは異なるからだ。外国人の犯罪については、私は「国立軽罪処罰監視機構（ONDRP）」の発表に言及し、この資料を読み解く際の注意点を読者に伝えた。移民に関しては、先ほど述べた「家族史研究（EHF）」の結果を記した。

配慮しながら調査を更新する

問題は、それらのデータが古いことだ（この点にこそ非難が集中すべきだ）。「家族史研究（EHF）」は、一九九九年に実施されて以来、更新されていない。巷の噂とは反対に、無記名のサンプル調査による被拘留者の出自に関する情報収集を妨げる決まりはない。「全国情報および自由評議会（CNIL）」は、INEDとINSEEがそうしたデータを扱うことをすでに認めた。ところが一九九九年以降、行使されていないこの知る権利は腐食しつつある。このテーマについて国際的な比較を行なう際、フランスの研究者は外国の研究者に古びた数値を提示する羽目になる。[6] 時間が経過するにつれて、公的統計は隠し事をしているのではないかという疑いを抱く人たちが現われる。知る権利が二〇年間も放置されるのなら、それはもう権利とは呼べない。

調査が更新されない理由として、調査費用、刑務所や警察の職員の負担、法務省の公的統計に対する理解が得られなくなったことが挙げられる。陰謀論はまったく根拠がなく、それら三つの理由が作用しているのだろう。移民という身分や出身国に基づく犯罪統計に対する根本的な反対意見は、「国立軽罪処罰監視機構（ＯＮＤＲＰ）」の責任者を含めて存在する。たとえば、二〇〇三年から二〇一二年までＯＮＤＲＰの指導委員を務めた犯罪学者アラン・バウアーは彼の個人的な見解として、そうした統計の作成に反対した。彼は二〇〇七年一月二五日に開かれた「多様性の計測」に関する公聴会の場で、「全国情報および自由評議会（ＣＮＩＬ）」に対して反対を表明した。

私の信念は、「それらのテーマについて透明性よりも不透明性を培うほうが、社会が失うものがはるかに大きくなる」である。犯罪者集団や受刑者の人口に移民や移民の子供が占める比率が高いという事実は、社会統合を推進するという挑戦である。当局が社会統合の推進に取り組む際の責務は、現象を把握し、その推移を注意深く観察し、社会統合を推進する、あるいは悪化させる要因を突き止めることである。この作業に参加する統計学者には特別な課題がある。すなわち、移民という出自だけでなく、社会経済、家庭環境、心理など、あらゆる要因を同様の手法で分析することである。

そうした分析に、外国人の滞在に関する法律の影響を加味する。つまり、それらの法律が緩和される、あるいは強化されるのかに応じて、外国人の犯罪発生率は急減するのか、それとも急増するのかを探るのである。

外国人の犯罪発生率が減った顕著な例は、不法滞在の罪を廃止したことだ。一九三八年五月二日に制定されたダラディエ法令により、不法滞在の外国人は軽犯罪者になった。二〇一二年においても入国滞在法典（CESEDA）に従い、不法滞在者には、一年の禁固刑と三七五〇ユーロの罰金を科すことができた。毎年、裁判ではこの事由により、およそ五〇〇人が有罪判決を受け、そのうち二〇〇人が投獄された。ところが、その四年前に発令された二〇〇八年一二月一六日のEU指令では、各国は不法滞在の外国人を出身国に速やかに送還すべきという、これと反対の対応を促した。なぜなら、投獄すると送還が遅れるからだ。二〇一一年に欧州司法裁判所が下した判決と、それに続くフランスの破毀院の判決により、二〇一二年一二月三一日にフランスの立法者は、不法滞在の罪を廃止し、拘留に代えて、外国人の身元と、所有する滞在許可証に効力があるかを確認するための時間である、最長一六時間の「滞在する権利があるかを検証するための留置」を法制化した。

これによって「外国人による法律違反（ILE）」の数は急減した。この法律が施行された後、パリ市内だけでも外国人による犯罪件数は、二〇一二年の一万二三〇〇件から二〇一三年の一七〇〇件へと八六％も減少した[7]。ところで、「外国人による法律違反（ILE）」の三分の一を占める、フランス国家警察が道路交通法違反以外の軽犯罪や重犯罪の嫌疑をかける外国人の数も減った。これにより、軽犯罪者および重犯罪者に外国人が占める割合は、たったの一年間で二六％から一九％になった。

現在のところ、反例は、フランスに来たばかりの外国人が無許可販売（公共の場で無許可で物品を販売すること）を行なうようになったことだ。それまで無許可販売は単なる違反行為の対象だったが、商業組合や観光都市の要求によって制定された二〇一一年三月の法律により、無許可販売は「経済的、金融的な違反」である軽犯罪として扱われるようになり、違反者には六ヵ月の禁固刑と三七五〇ユーロの罰金が科せられることになった。その結果、無許可販売はスリに次いで外国人の比率が高い犯罪になった（六四％）。本書では、フランスが、移民以外の社会層が犯す、経済的、金融的な軽犯罪と同様に、移民の無許可販売を厳格に取り締まるべきかという「タブー」な問いは発しない。これまで述べたように、外国人あるいは移民の人口に関する軽犯罪と重犯罪についての統計学的な情報の解読には、とくに注意を要することがわかっていただけたと思う。しかし、それはそうした情報を隠すという理由にはならない。なぜなら、数字を隠して噂の増殖を許すと、情報が操作されるリスクは恐ろしく高まるからだ。

取り除かれたタブー、何をなすべきか

二〇一六年一〇月二〇日付の『ル・モンド』紙は、「なぜ、刑務所には移民の子供が多いのか」というタイトルの社説で民族統計の作成を呼びかけた。この社説は「これはタブーなテーマである」というお決まりの文句から始まったが、「フランスの刑務所では移民出身者の比率は高い」と記してあった。「だが、フランスには民族統計がないため、受刑者の出自を語るには二つの方法しかない。すなわち、自分の信条に合わせて解釈するか、押し黙るかである」という内容だった。

この社説は家族調査の刑務所編に言及したが、奇妙なことに受刑者の出自に関する統計の「タブー」と

いう神話を抱き続けていた。社説の執筆者は、世論調査のデータ（家族調査では、出自を尋ねることは認められている）と行政ファイル（刑務所行政の登録では、出自の登録は禁止されている）を区別していなかった（家族調査は刑務所で実施した調査であって、行政のデータを集めたものではない）。ところで、この執筆者は他の専門家たちの視点も紹介した。ファルハド・ホスロハヴァル（イラン系の社会学者）の刑務所でのイスラーム教の影響に関する調査をまとめた著作を高く評価したのである[8]。ホスロハヴァルは、大勢の被拘留者と看守に質問した（ほとんどがイル＝ド＝フランス地域圏の刑務所）。だが、それは質的な調査であって全体像を描き出す調査ではなかった。ホスロハヴァルの調査は確実に数えられる要素に基づいているというが（ハラール食の配膳数だろうか）、イル＝ド＝フランス地域圏の状況は特殊であるため、その調査からは、全国に二五〇ある刑務所のイスラーム系の被拘留者の比率を導き出すことはできない。このことを理由に刑務所行政の統計部門の責任者アニー・ケンジーは、ホスロハヴァルの推定値に疑問を呈した。ホスロハヴァルはケンジーの懐疑的な態度に苛立ったが、ケンジーはこの分野の専門家だ（そもそも、社会学者ホスロハヴァルの刑務所での調査を許可したのはケンジーである）。二人とも私の知り合いであり、私は、非常に難しい領域に経験的な知識を提供するという、彼らの共通の取り組みに敬意を表している。われわれは、彼らを対立させるだけでは何も得られない。

煩雑な法手続きと、刑務所人口の調査という名にふさわしい調査（的確な調査内容と充分な予算）を実施するために、関係者はひざを突き合わせて話し合うべきなのだ。たとえば、刑務所行政、法務省の統計部門、「国立軽罪処罰監視機構（ＯＮＤＲＰ）」、ＩＮＳＥＥをはじめとする研究機関（ＩＮＥＤ、ＣＮＲＳ）の担当者たちである。法的な拘束は一切ない。すでに述べたように、「全国情報および自由評議会（CNIL）」は、すでにそうしたデータを扱うことを承認したからだ。これはタブーな問題でなく、予算、意志、関係者の協力体制に関する問題なのだ。

こうした対価を払ってこそ、われわれは『ル・モンド』紙が取り上げた社会学者たちの主張の正当性を吟味できる。たとえば、社会学者ローラン・ミュキエリによると、刑務所における移民の比率の高さは、完全に社会的な産物だという。つまり、構造（例：移民は平均的な国民よりも貧しいため、司法が追求しやすい軽度の罪を犯す）や、警察と司法の差別的な扱い（例：「風貌」に基づく職務質問や、外国人に対する不公平な判決など）の影響が重なり合う結果だというのだ。ファビアン・ジョバードとソフィー・ネヴァネンが示したように、この難題は複合的である。[9] 先ほど述べたように、不法滞在による投獄がなくなった一方で、軽犯罪になった路上での無許可販売は投獄される可能性がある。犯罪行為を誘引するリスク要因の計測は一筋縄ではいかない。投獄された人口を、移民および移民でない、投獄されていない一般の人口と比較すべきである。そのためには、投獄される可能性における、社会経済的な要因、移民の出自、厳密な意味での警察と司法の手続きが、それぞれ個別におよぼす影響を切り分けて計測する分解テクニックを駆使する必要がある。

一九九九年の家族調査の刑務所編では、ローラン・トゥレモンは、受刑者を除くフランス人口を対照群としながらも、受刑者の出自にさまざまな社会的な要因を加味して分析した。残念ながら『ル・モンド』紙の社説の執筆者はトゥレモンの結論を見逃したが、トゥレモンのおもな結論は二つの段階からなる。すなわち、「投獄のリスクは移民であることによって高まるが、社会的な要因のほうがこのリスクにより大きく影響する」である。移民が投獄されるリスクが高いのは、警察と司法による移民に関する「設定」に原因があるからなのか。一部の移民集団の社会統合が遅れているからなのか。決定的な材料がないと、研究者は自分の願望を現実と見なす恐れがある。一定の方法に従った調査だけが、診断を下すために必要な距離を研究者に与える。ゼムールの衒学的な無知がはびこらないようにするために、知識を進化させ続けようではないか。

第13章 「補充移民」は、人口予測に関する陰謀論者の解釈か

人口学に関する払拭すべきつくり話のなかでも、私は国連人口部が二〇〇〇年に発表した『補充移民——人口の減少と高齢化の解決策になるのか』という報告書[1]をめぐる解釈ほど驚いた例を知らない。この報告書は極右のブロゴスフィアにおいて盛んに語られ、「大規模な補充論（一部のエリートが非ヨーロッパ系の移民が人口の多数派になるように密かに工作しているという、極右の人々が信じる陰謀論）」を正当化するためのおもな論拠の一つになった。国民戦線の広報担当者は、「大規模な補充論」を吹聴しているのではなく「客観的な評価」を行なっているだけだと主張しているが、この陰謀論の旗振り役が国民戦線であるのは間違いない。では、この報告書の内容を精査してみよう。

国連の人口学者たちは、報告書のタイトルである疑問に対して二重の答えを提示した。イエス：移民によって人口の減少を食い止めることができる。ノー：移民によって人口の高齢化を妨げることはできない。つまり、人口に占める高齢者の割合は、（高齢者の閾値をどこに定めようが）増加し続けるということだ。

この報告書の当初の目的は、平均寿命の伸びによる人口の高齢化は不可避な現象であることを、各国政府に周知させることだった。

人口学の架空の想定による頭の体操

人口の高齢化を周知させる目的から、報告書は二〇五〇年の人口予測に関するいくつかのシナリオを提示した。たしかに、若い移民を受け入れ続けるのなら、総人口の減少を食い止めることができ（第一のシナリオ）、労働力人口の減少にも歯止めがかかる（第二のシナリオ）。その際の移民流入率は、現在の数値と近い水準だろう。反対に、今後の数十年間、人口に占める割合の増加速度に関して、高齢者が若者を上回るのは不可避である（第三のシナリオ）。**移民政策だけを頼りにするのなら、**労働力人口と非労働力人口の比率（この場合では、一五歳から六四歳の人口と六五歳以上の人口の比率）を固定するのは不可能である。そうは言っても、報告書は出産促進論も効果がないと付言している。実際に、高齢化を防ぐには、空前絶後の出生数あるいは移民が必要になるが、これは収拾不能であるだけでなく人口学的に不可能である。膨大な数の移民を受け入れることになるため、世界人口だけでは足りないのだ。たとえば、韓国の人口の高齢化を阻止するには、中国全体の人口でも足りない。

ようするに、これは人口学の架空の想定による頭の体操だったのだ。結論は明瞭である。移民によって人口の高齢化を阻止することは、「必要になる移民の数が莫大になるため、達成できない[2]」目標なのだ。しかしながら、国連は人口の高齢化対策として移民に頼ることを完全に退けるのではなく、移民政策を五番目の対策として位置づけた。すなわち、定年の延長、高齢労働者の健康管理、就業率の引き上げ、移民の社会統合政策の財源を捻出するための社会保険料の負担増である。その例として、ドイツが記されてあった。

次のことを確認する必要がある。文書を落ち着いて直接読むことが贅沢になった世の中では、不合理による証明を用いて科学的な真実を伝えようとするのは無謀な行為になったということである。私の個人的な考えとして、こうした手法は感心しない。ジャーナリストや性急な読者が誤読するリスクがあまりにも高いからだ。私は国連の人口部に勤める私の同僚や友人とも話し合ったのだが、大量の移民という脅威が架空のものであって「反事実的な条件」だとしても、そうした脅威を煽りながら人口の高齢化という問題を啓発するのはよいアイデアではない。それは危険でさえある。

国連の広報によると、二回に分けて発表された報告書(一回目は二〇〇〇年一月、新たな人口予測を加えた二回目は三月)には、世界中から大きな反響があったという。十数ヵ国では、「移民と高齢化」というテーマを扱うための特別班が設立された。しかし、それら一連の反応は、単なる誤解や国連に対する痛烈な批判が混在したものだった。

誤読を誤読する

この一件で最も激しい批判を展開したのは国民戦線だが、二〇〇〇年に発表されたこの報告書を最初に誤読したのは、なんと『ル・モンド』紙と『リベラシオン』紙だった〔ともに中道左派の高級紙〕。前者のタイトルは、「国連の速報によると（……）、労働力人口と非労働力人口の比率の急速な悪化を取り繕うには、移民を受け入れる以外に方法はないだろう」[3]であり、後者のタイトルは、「国連は、労働力人口の減少を補塡するための手段として大量の移民受け入れを推奨する」[4]だった。『リベラシオン』紙の特派員は、記事のなかで「国連はこのシナリオを《非現実》と見なしている」と注意を促していたが、フランスの新聞ではよくあることとして、この記事にタイトルを付けた人物はそんなことなど考慮に入れなかった。

国民戦線がこうしたニュースを見逃すはずはなく、党首は怒りで窒息寸前になった。

フランスはすでに水没寸前だ（……）、国連は二つの報告書（二〇〇〇年一月と三月）において、二〇五〇年までに年間一七〇万人の外国人をフランス領土に迎え入れるようにと指示した。その目的は退職者の問題を解決するためだという（……）。常軌を逸した解決策であり、その唯一の狙いは、人口学から見た経済予測を口実にして移民受け入れの継続を正当化し、移民が元来のフランス人を包囲し、フランスを消失させることにある。フランスの為政者のなかで、それらの犯罪めいた愚策に異を唱える者は誰もいなかった。[5]

この段階では、ジャン゠マリー・ル・ペンは、これを単なる予測だと理解していたが、自身の政策を正当化するための道具になると見ていた。その二年後、彼は予測を計画と言い換え、国連が対象にするのは、ヨーロッパでなくEUになった。

国連は（……）人口学的な浸食を予測する。（……）世界中から数百万人を受け入れるというのだ。今から二〇二〇年までに受け入れる移民の数は、ヨーロッパが一億五〇〇〇万人以上、フランスが二〇〇〇万人近くになるという（……）。なぜなら、今後、ヨーロッパの人口は自然増によっては増えないので「EU官僚」は不足する人口を移民で補充しようとするからだ。国連の報告書によると、労働力人口を維持するには、EU圏内だけで一億五九〇〇万人の移民を受け入れなければならないという[6]。

国民戦線の国連の報告書に対する言及はまだある。二〇一五年には、マリーヌ・ル・ペンはエミール・ゾラの公開状の冒頭句を真似て、父親の演説をそのまま受け継いだ。

私は国連を弾劾する。国連は欧州委員会と結託して、ヨーロッパに大量の移民を迎えようとしている。彼らはヨーロッパが移民であふれるのは承知の上だ。国連のテクノクラートは、われわれの領土に一億二〇〇〇万人の非ヨーロッパ移民を迎え入れるように要請している[7]。

「承知の上」ということは、陰謀ではないということか。ところで、マリーヌ・ル・ペンは最近のこうした論証において、大量のシリア難民は仕組まれたものだと説明した。彼女の思い違いは絶頂に達した。

一九五〇年代、EUは一億五〇〇〇万人の外国人を迎え入れたいと言った。これがその後の数十年来のEUの政策である。[8]

「一九五〇年代」は驚きである。ベビー・ブームの最中に、誕生したばかりの共同市場が当時から陰謀を企んでいたというのか。しかし、そうした思い違いの原因は実に単純である。すなわち、国民戦線の党首〔マリーヌ・ル・ペン〕の頭から離れなかった国連の予測は二〇五〇年の時点の状況を描いたものだったが、彼女の頭のなかでは一九五〇年代に計画されたものになったのである。父から娘に伝達されたメッセージは、一五年間に三つの歪みが生じた。一つめは国連が対象にするヨーロッパはEUになり、二つめは架空のシナリオは練り上げられた計画に代わり、三つめは二〇五〇年の展望は一九五〇年代に準備された痛ましい話にすり替わったのである。つまり、対象、活動、時代について歪みが生じたのである。これほどひどい錯誤もない。三つの間違いが重なり合い、壮大な思い違いに達したのである。すなわち、わが国を移民に明け渡すという明確な目標を掲げる「数十年来のヨーロッパの政策」である。

この話はとんでもない誤解の典型例である。私がこの話を語るのは、教師、ジャーナリスト、研究者、さらには政治家が、国民戦線の真実を見分ける能力のなさについて次世代の若者に教えてほしいからだ。忘れ去るのでも軽蔑するのでもなく、過去一五年間に大きな政党の党首が誤読の積み重ねに基づき、数百万人のフランス人に対して、国連とEUが「犯罪めいた愚策」を実行していると糾弾してきたのである。

たしかに、すべてはフランスの新聞記者の誤読から始まった。この問題を大きく受け止めたINEDは、すぐに月間レポートで国連の報告書を取り上げ、『ル・モンド』紙の誤読を明確に指摘し、提示されたさまざまな人口予測のシナリオは現実的な観点から大きなばらつきがあると説明した。[9] そのように説明してからは、国連のシナリオを予測、さらには練り上げられた計画であると見なす者は急減した。われわれと接触のあった社会問題担当のジャーナリストたちは自分たちの間違いを認めた。しかし、国連とEUによる陰謀論を固く信じる国民戦線をわからせるには不充分だった。数週間だけの解釈の間違いとは異なり、国民戦線の一五年間にわたる誤読には、つける薬が見当たらない。

マリーヌ・ル・ペンは相変わらず国連の数値と、EU統計の移民に関する予測を糾弾し続けている。EU統計のこの予測によると、EUは今後の五〇年間で五〇〇〇万人の移民を受け入れるだろうという。そうなれば、五億人を超えるEUの現在の人口は一〇%増えることになる。これは途方もない予測ではない。ところで、人口学において重要なのは絶対数でなく比率であり、状況を客観視して予言者を自認するには、絶対値を振り回すだけではだめだということを、国民戦線にわからせるのは至難の業だろう。

「大規模な補充論」の犠牲者アラン・フィンケルクロート

読者はこの章の最後に、アラン・フィンケルクロートについて述べる必要はないと思われるかもしれない。フィンケルクロートの著作『残念なアイデンティティ』は苦々しい評価で始まる。「変化はかつての変化ではなくなった」（前書きのタイトル）。一九六八年月（五月革命）にはまだ起きていた変化とは反対に、人口学上の変化が「われわれに起きた」が、この変化は誰かが決めたものでも「討論を経たものでもなかった」[10]。フィンケルクロートはこの表現を用いて、イスラーム系の移民の台頭によって国の様相は一変してしまうと訴えたのである。すぐに阻むことができなかったため、その変化は不可逆的になったという。彼のエッセイの結論には同じ嘆きが記されている。

アラン・フィンケルクロートによると、人口学者はそうした急激な変化に冷然であるという。「電卓」で武装した人口学者という「専門家」は「現実の肉体」を無視する。彼らにとって、あらゆる人類は「互換性」がある（この国には、移民の出自や宗旨を告げるデータが一切存在しないというのか）。フィンケルクロートは、「国民と文明の変化」である「大規模な補充論」を唱えたことで極右の人々の間で有名な作家ルノー・カミュに言及する。一九七〇年代末にジャック・シラクが家族を呼び寄せる権利を「移民に与えた」というお馴染みの批判と同様に、『残念なアイデンティティ』は極右の型通りの考えの焼き直しである。国務院が述べる普遍的で基本的な権利の法基盤についての指摘は一切ない。

フィンケルクロートは、手遅れになる前にこの人口学上の変化について皆で話し合うべきだったと率直に悔やんでいる。人口学上の変動の集積が次世代に好ましくない結果をもたらすと思っているのだろう。だが、たとえば平均寿命の伸びについて考えてみよう。この現象は一九七〇年代以降、北、西、南ヨーロッパ全域で観察されている（私はわざと移民と同じ時期に生じた出来事である平均寿命の伸びを選んだ）。平均寿命は、毎年なんと三ヵ月も伸びている。つまり、一日六時間である……。われわれは晩年に猶予期間を見出すことになるのだ。だが、それは驚くべき推移だが、本当に望んだことだったのか。たしかに、病人、病人の親族、医師団、医療制度、研究者、納税者らは、病気や死と戦おうとするだろう……。

しかし、一九七〇年代にこのような平均寿命の伸びを予想した者は誰もいなかった。ところで、この平均寿命の伸びにより、第二次世界大戦以降、フランスではおよそ一〇〇〇万人の高齢者が生じ、年金制度は不均衡になり、将来世代は債務を背負うことになった。われわれはそれらのシナリオをいつ熟考したのか。

これ以外にも別の時代に、すでに移民に関する出来事はあった。一九世紀、イギリスの合計特殊出生率がフランスのように低かったのなら、イギリスが大量の自国民を新大陸に送り込むことはなかっただろう。新大陸の人々の様相は変化したが、実情は次の通りだ。一八世紀以降、フランスの合計特殊出生率は他のヨーロッパ諸国に先行して低下した。フランス革命戦争やナポレオン戦争によっても、その傾向は変わらず、フランスは「人手不足」に陥った。フランス第二帝政〔一八五二年から一八七〇年〕のもとで工業化を推進するには、フランスは移民の助けを求めざるをえなかったのだ。一方、フランスの隣国は自国民に移住を促した。では、啓蒙の時代の「われわれの祖先」は、いつそれらの選択を熟考したのか。彼らは国民に相談したのか。それらの領域では、かなり以前から、いや大昔から「変化はかつての変化ではなくなった」のである。

規模と影響に気づくのが遅れるそうした急変に直面するとき、次のような対応が考えられる。一つは、時間の流れは不可逆的であると悟り、あるがままの世界を受け入れるという対応だ（そして何が起きたのかを理解しようと試みる）。もう一つは、それとは別の決意を抱き、世界は自分たちの幸せな幼年期から不変であると想像するという対応だ。後者の場合、責任者を探し出し（例：一九五〇年代のEUや、一九七〇年代のフランス政府など）、原因が彼らの陰謀なのか無知なのかを自問することになる。アラン・フィンケルクロートの選択は、現実的には何の根拠もない陰謀論に近い。

ジャック・デュパキエ、エリック・ゼムール、マリーヌ・ル・ペン、アラン・フィンケルクロートという四人の人物をひとまとめにはできないが（彼ら全員が同じように怒りを爆発させているのではないが）、一本の線で結ばれている。すなわち、数、そしてよそ者による侵入という強迫観念である。フィンケルクロートの主張は他の三人よりも質的だとしても、それらの四人の主張は一つの連続体をなしている。〔彼らの考える〕数えることを任せられた者の役割はいつも同じである。すなわち、自分たちの均質性を脅かすので望ましくないと彼らが考える移民を、多すぎると数えることである。陰謀を企てるのは、統計の専門家、国際機関、あるいはそれら二つの混成など、さまざまである。専門家の罪状は、移民が多すぎるかどうかを自問せずに移民を数えることだ。ところが、われわれが移民を数えるのは、移民が数える対象であるという、ただそれだけの理由からなのだ。

6

徹底的な議論——関係者と論証

フランスでは、移民がわれわれの社会においてどのような地位を占めるのかが議論されている。過去三〇年から四〇年の間、このテーマに関するあらゆる議論には重苦しいタブーがついてまわっていたと主張する人々は、奇妙な健忘症に罹っている。この病を治癒するための唯一の方法は、一九世紀と二〇世紀の移民政策を研究した歴史家の著作を読み、新聞記事や行政文書を精査することだろう。[1] 過去四〇年間、演説や活動によって移民問題を煽った政治家はたくさんいた。たとえば、一九七〇年代のヴァレリー・ジスカール・デスタン、八〇年代初頭からのジャン＝マリー・ル・ペン、おなじく八〇年代末のミシェル・ロカール、九〇年代のシャルル・パスクワ、二〇〇〇年代のニコラ・サルコジなどである。私の記憶を遡る限り、それは反復的な議論である。

反対に、議論の形態は、インターネットが普及したという理由にすぎないとしても進化した。緻密な探究が要求されるようになったのである。第6部では、私の初の試みとして、指標を掲げ、読者に理論武装してもらうつもりだ。知的探究心の強い人なら、激しい論争を俯瞰したいと願うはずだ。いずれにせよ、読者はそうした論争に巻き込まれる。言い争いに加わるのもよいが、充分な情報をもち、的確な分析道具を準備する必要がある。レトリック分析はその一つである。

第14章 「全員に関係する口論のテーマ」

現在の討論は、過去数十年と比較して喧嘩腰になった。討論の最中、しばしば憎悪がむき出しになり、両大戦間の時代に引き戻されたような気分になる。大手新聞社が運営するブログにおいて、「移民推進主義者」と見なされ、「国家の嘘」だと非難され、「フランスを憎んでいる」あるいはイスラーム系テロリストの温床を育む「裏切り者」と罵られると、討論することはまだ可能なのかとさえ思えてくる。このように、討論では本質的なことを話し合うよりも論敵を公衆の怒りにさらそうという意図が優る。

議論する権利は当然ではなくなった

インターネット上での匿名性により、発言する人が増えた。人々はブログや論説で自由に発言し、極右だけでなく選挙運動の集会では多くの人々が意見を述べるようになった。今日では移民について「忌憚のない討論」ができるようになったという。モラルなく、あるいは他者のことに配慮せずに発言するために、そうした言い回しが用いられるのである。

このような環境にあるときに議論するとどうなるか。村八分や非国民の扱いを受けるか、ひどい場合では人間扱いさえしてもらえない。移民受け入れに関する論争は、移民受け入れを議論するという各自の権利について議論するようなことになる。議論の中心人物たちは移民について意見を交換するのではなく、意見を交換するという原則さえ拒否する。各自は転向者を公然と侮辱しながら説教する。これはマルク・アンジュノの言う『まったくかみ合わない会話』[1]にしかならない。

フランスが極端と韻を踏むようになった状況〔F-rance と out-rance（極端）は韻を踏んでいる〕において議論するには高みに立つ必要がある。つまり、単なる言い合いから抜け出すのではなく、そのレベルを引き上げる努力をしながら真っ向から議論しなければならないのだ。私の考えでは、そのための行動指針は三つある。一つめは、今後、われわれの民主主義はそうした論争を経て引き裂かれ、偏りのない研究者であっても言い争いに巻き込まれると覚悟することだ。二つめは、言い争いになるとわかっていても、公的活動や論争の客観的な限界を定める、人口学的、社会学的、法的な現実を提示しなければならないことだ。三つめは、相手の論法に騙されずに謙虚な姿勢を保つことだ。

本書の「はじめに」で触れたように、アリストテレスは論証に説得力をもたせるには三つの要素を配合すべきだと説いた。すなわち、論証の質を意味する「ロゴス」、感情に働きかける「パトス」、人物の信用を高めようとする、あるいは貶めようとする「エトス」である。弁論術において、公的討論はそれら三つの要素をうまく配合しなければならない。ところで、移民に関するわれわれの議論では、ロゴスはパトスとエトスに押しつぶされる。論敵を絶対悪に仕立て上げようとするレトリック（ヒトラーあるいはスターリンなど）が豊富にあるのだ。また、「狂った判断」という例もある。自分に理がある、または自分では**良識**だと思うことでも、相手は常軌を逸した狂気でしかないと捉えることがある。後ほど詳述するが、相手がそのような態度なら、議論はすぐ打ち切りになる。なぜなら、絶対悪や狂気とは議論できないからだ。移民に関する議論になると、こうした「論証」が右派だけでなく左派においても登場し、緊張にさらされる各種原則のバランスをとるための詳細な考察は姿を消し、議論は見当違いの方向へと突き進む。

風通しのよい論争の舞台

専門家に討論を委ねるのは論外である。『ペルシア人の手紙』[2]に登場するパリに来た訪問者は、宗教は信者だけのものでなく、「誰もが議論する対象である」と知って驚いた。この寸言は過去のものではない。この寸言がイスラームと脱宗教という対立において宗教に対してまだ通用するのなら、移民にはもっと当てはまる。現代では、誰もが移民について議論する。しかしながら、議論では専門家が特別な役割を担う。私は、資料に目を通さず原因もわからないのに一刀両断するエッセイストが専門家の代わりになるとは思わない。専門家は、厳格な方法に従って抽出および分析したデータを把握しているため、議論する際の強力な論拠をもっている。だからといって、専門家はこのテーマに関する論証は自分たちにしかできないとは思っていない。激論を交わすには、風通しのよい論争の舞台が必要だ。移民の議論の舞台は、形式だった厳格な科学で守られた城壁内でなく、人文および社会科学が探査する広大な世界で進行する。そこには、政治家、ジャーナリスト、政治評論家、世論調査の専門家、法律家、教師、活動家、ブロガー、討論会の常連などが言い争う。この群衆のなかで、研究者はごく一握りである……。

数学者は幸せである。数学者がもつ最高の価値は独立性である。権力者が数学者の導き出す真実を捻じ曲げようとしても、数学者はそれを許さない。世論が数学者の証明に異議を述べることはない。一方、人文科学や社会科学の場合、研究が非常にセンシティブなテーマや公益に関することになると、数学のようにはならない。移民問題であればなおさらだ。権力者たちには知識があり、世論は判断を下し、メディアは誇張する。研究者は『歩く定理』[3]ではないのだ。しかし、民主主義では、世の中の混乱とその対処について誰もが意見を発することができる。方法論に従って打ち立てられた事実であっても、騒乱に巻き込まれると、それは論争の対象になり、事実でなくなる恐れさえある。高度な行政手続きを経て練り上げられた論証でさえ、騒動に巻き込まれることがある。たとえば、行政の決定が俗悪な選択と見なされる、「ちょっとした一言」によって国際協定が破綻する、女性運動家の討論会で国務院はまったく間違っていると堂々と宣言されることも起こりうる。法学者に対するそうした厳しい試練は、人口学者が繰り返し受ける人口学の戒めと類似している。

視点が増えることは不可避である。そのための対策は一つしかないだろう。すなわち、さまざまな視点から研究対象をつくり出し、それらの手法を細かく分析することだ。複数の論者が同じ土俵に立つのなら、彼らの手法や理路は異なり続ける。何としても称賛されたい著名な論客が、大衆の前で剣を振り回す剣闘士だとすれば、人口学者はどちらかと言えば網闘士だろう。一刀両断するのではなく、最も扱いにくい社会的現実をよりうまく把握しようと網を投げ続けるのだ。それは骨の折れる地味な作業である。だが、私は最終的にはそれがより効果的な行為であると確信している。

交わされた議論〔あるいは交わされたのではない議論〕を詳述する前に、議論の論者を紹介する。その際には、論者の立ち位置に着目する。それではまず、立ち位置を確認しよう。

右派、超右翼、極右

論議を政治領域に落とし込むのは、論議の選択は中立でないというレッテルを貼ることを意味する。ジャン＝マリー・ル・ペンは当時から「極右」と見なされることに異議を唱えていた。自分たちは「国民的右派」だというのだ。マリーヌ・ル・ペンはさらに踏み込んで、国民戦線を極右と呼ぶ人々を「わが党のイメージを汚そうとしている」[4]として告訴しようとさえした。ご承知の通り、極右というレッテルを拒否するのは、悪魔視されないという意思の表われである。ファシストやナチと同列視されたくないのだ。だが、傍観者はジレンマに陥る。すなわち、国民戦線の自分たちは極右ではないという主張に同意するのなら彼らに加担することになり、彼らの主張を否定するのなら自身の彼らに対する偏見を告白することになる。

研究者は表現の自由を守らなければならない。したがって、私は政治科学で認められた分類法に従い、私自身は「極右」という用語を使う。フランスには非常に多くの政治思想があり、国民戦線の理念が極端の一つであることは、客観的な観察からわかる事実である。もっとも、極右のなかにも、創設者の娘〔党首マリーヌ・ル・ペン〕を左寄りすぎると見なす国民戦線の創設者〔ジャン＝マリー・ル・ペン〕に忠実な党員たちや、さまざまなアイデンティティの集団、原理主義者、またマリーヌよりもマリオン〔ジャン＝マリー・ル・ペンの孫でマリーヌ・ル・ペンの姪。国民議会議員だったが、現在は政界から退いた）の考えに近い者たちもいる……。二〇一三年九月にBVA社が『パリジャン』紙のために実施した調査によると、フランス人の四分の三はマリーヌ・ル・ペンを極右と見なしていた。BVA社は二〇一五年四月に実施したテレビ局『I‐Télé』のための調査でも、同じ結果を得た。実は、大衆の声を引き合いに出すまでもないのだ。私は国民戦線を過激主義だと頭ごなしに仮定するのではなく、国民戦線の政策綱領に基づき彼らを過激主義と見なす。移民流入のほぼ完全な阻止、二重国籍の禁止、出生地主義の廃止を同時に主張するのなら、極右であることは間違いない。

ある政党が政治領域の中心部に向かってゆっくりと歩んでいる場合、レッテルを貼るのは問題かもしれない。国民戦線の移民政策は極端だが、分析する際の重要な課題は、社会党を含めた他の政党の移民政策が国民戦線とどのくらい類似しているかを評価することだ。比較は容易でない。というのは、選挙公約と公約実行との間で生じるずれを抱える、現実という試練にさらされている政党が比較の対象になるからだ。ここでもまた、他の政党も含め、私は彼らの政策から思潮を明らかにする。それは決して逆方向からの作業ではない。

ここでは、サルコジ大統領とフィヨン首相のコンビがもつ特異な特徴を考察すべきだろう。政府は実践的な政策を実行したが（ヨーロッパ圏外からの移民を年間二〇万人受け入れ、移民省を設立した）、サルコジ大統領は、移民の管理と治安悪化に関する発表を繰り返した。よって、サルコジ大統領からは、政策の実行ではなく反対活動を遂行しているという印象をしばしば受けた。サルコジ大統領は、閣僚の無気力を糾弾するために国民に証人になってもらおうとさえした。その典型例が二〇一〇年七月三〇日ので、ニコラ・サルコジは後日、二〇一六年一月に出版した自身の回顧録[5]で、「グルノーブルの演説」であり、もっと早く提案すべきだったと述べた〔治安要員の生命を脅かした外国出身者からフランス国籍を剥奪するという提案など〕。後験的にわかるのは、それはサルコジの呪文を唱える性格を表わしていたということだ。私が「超右翼」という言葉で表現するのは、極右から着想を得た手法を推奨し、また『ミニュット』〔極右思想の週刊誌〕の元編集長でサルコジ大統領の特別アドバイザーになったパトリック・ビュイッソンによって体現された、この広い政治領域である。私は、移民問題に関して右派と極右との間に漂う見解にも「超右翼」という用語を用いる。さらには、『フィガロ』紙や雑誌『ヴァラー・アクチュアル』もこの混沌とした超右翼の一角を占める。ここでも、私は証明された類似性に基づいて思潮を分類する。

詳しく観察すると、この分類に入るのは、あふれ出る憎悪を通じてだということもわかる。一つの例を挙げると、一九七四年に発足した「時計クラブ」の共同創設者アンリ・ド・レスカンである。今日ではお馴染みの「移民排斥主義」に関する一連の議論の先駆者であるレスカンは、エリック・ゼムールのメディアでの成功に我慢ならないのだ。レスカンは自身のホームページで反ユダヤ色をむき出しにしている。〔ユダヤ系フランス人である〕ゼムールにフランスを愛する資格はないと考えているのだ。超右翼において世代間の内部抗争があるのは間違いない。内部抗争からは、観点の違いによる、父親、息子、娘のコンプレックスが透けて見えるが、生物学的な差別が文化的および宗教的な憎悪に変容するという、著しい変化も観察できる。水面下でそうした思潮に違いがあっても、移民に関する意見表明が似たようなものなら、私はそれらを無視する。[6]

第15章 あらゆる階層での論争

政治家と知識人という二つのピラミッド構造がある。政治家のピラミッド構造の頂点には、大統領選の候補者たちの本がある。一方、知識人のピラミッド構造の頂点には第13章で言及したフィンケルクロートの端正なエッセイがある。こうした文書はどれもよく練られている。たとえば、二〇一六年一月に出版されたニコラ・サルコジの回顧録[1]と二〇一六年八月に出版された彼の政策綱領を記した本[2]である。推奨されている措置は過激だ（例：イスラーム教徒に対し、滞在を許可されたときから社会同化を義務つける）。サルコジの本にはどのページにも敵対者に対する侮蔑がにじみ出ているが（「おめでたい思考のエリートたち」や「画一思考」がすべてを麻痺させたと糾弾している）、侮辱にはならない皮肉を述べ、完膚なきまで叩きのめすのではない中傷を記している。「ゴースト・ライターたち」は、こうした活動を熟知している。中核になる仲間だけでなく広範囲から支持をかき集めなければならないので、政治家の出版物は過激な文体を避ける。ここでは、さまざまな大統領候補が書物を通じて表明した措置の組み合わせに実現性があるかどうかは扱わない。ニコラ・サルコジの本と比較すると、アラン・ジュペの本[3]は謙虚であり、フランソワ・フィヨンの本[4]は過激になろうとしている。そうはいっても、全員が同じ論調である。

超右派のブロゴスフィア

ピラミッド構造の下部のトーンは変化する。超右翼の出版界とテレビやラジオは、それぞれのブログ空間も利用して、移民、イスラーム、テロについて執拗に語る。それら三つは、「セザールの圧縮彫刻〔フランスの芸術家セザール・バルダッチーニの大型プレス機を利用した前衛芸術〕」のように一つの塊にされる。そこでの論証は、ピラミッド構造の上部のものと変わらないが、一般的に呪いの言葉であふれている。イスラーム系の移民をテロの温床に仕立て上げる論証を行なわないと、対独協力者や反フランスの陣営に編入されてしまう。エリック・ゼムールのコラムやエッセイ、そして『フィガロ』紙や雑誌『ヴァラー・アクチュアル』（また、それらのホームページ）でのイヴォン・リオフールやジル゠ウィリアム・ゴールドナデルの社説を読めばわかる。それらの文書は大統領候補者の参謀が数週間かけて書いたのでも、経験豊かなゴースト・ライターの筆によるものでもなく、一匹狼の執筆者が激昂して書いたものである。彼らは高みの見物であり、互いの文書を引用することは稀だ。ゴールドナデルは「孤高の世直し人」を自認する。[5] 聖書に登場する預言者という古典的なモデルを真似て「居眠りしている国を叩き起こす」ことが目的だと言うが、彼らが実際に行なうのは、転向した聴衆を説教することだ。説教によって聴衆の憤慨をエスカレートさせようとしているのである。たとえば、敵は愚かで獰猛だというイメージを植えつけることだ。この種のつくり話は、勧善懲悪であり、自主検閲がほとんどないため、文書は暴露風になる。

レトリックは巧妙である。レトリックの観点から検証すると、超右翼のブログや論説の説明の出来栄えは、まちまちである。ゼムールは、違反がまかり通っていると述べ、中産階級の人々に恐怖心を植えつけることを楽しんでいる。ゼムールの手法に優れている点があるとすれば、それは内容の深さでなく（一般的に、それは公然の秘密）、露骨な物言いである。ゼムールは物事を述べるのでなく、われわれにそれを「あえて」語るのだ。ゼムールは、人々が憤慨して迫害に加わらなければ面白くないのだ。彼の企ては、メディアが彼の「暴走」を面白おかしく扱わなければ失敗に帰す。また、それは各種団体にたびたび告訴されることによっても後押しされる。こうして、訴訟の殉教者になるゼムールの書籍の発行部数はさらに伸びる。

ゼムールは、おしゃべりは上手だが、文章は冴えない。寄せ集めの歴史に関する知識（現代文明の衰退とローマ帝国の凋落との陳腐な対比など）をひけらかす彼のエッセイは、「物語」に飢えた半教養人を魅了するが、彼の語るテーマを本当に知っている人たちは苦笑いするしかない。本物の作家であるアラン・フィンケルクロートの独創性にあふれる洗練された著作（ただし、テーマは移民以外）とは雲泥の差である。フィンケルクロートの教養は歴史ではなく哲学だ。しかし告白すると、私はこれまで彼の著作に感銘を受けたことがない。というのは、彼の教養は、シャルル・ペギーやハンナ・アーレントが完成させた著作の要約であるからだ。これは現代人の衰退に直面する文化の守護者を自任するのに充分な資格だと言えるだろうか。教養の問題とは反対に、移民に関する問題になると、フィンケルクロートとゼムールの考えは見分けがつかない。なぜなら、「大規模な補充論」についてすでに述べたように、彼らの考えは源流が同じだからだ。

ピラミッド構造の下部にいるゴールドナデルとリオフールの二人組も比較したくなる。リオフールの辛辣なコラムがテコンドーなら、ゴールドナデルの意見記事はフェンシングだ。だが、ゴールドナデルは相手の胸当てに攻撃するのではなく、敵の周りをうろついて背後から攻撃するのが好みであり、攻撃と誇示を交互に繰り返すのが彼の楽しみだ。ゴールドナデルは、エリ・ヴィーゼル（ホロコーストの生存者でありアメリカのユダヤ人作家）に弔辞を捧げた。ゴールデナデルは友情についても文章を書くことができるのだ。彼の強みは、憤慨を自分の好みに応じて宣言できることである。それはイスラエルの立場を擁護するために情け容赦なく敵を追い詰める「ダブル・スタンダード」である（彼は、名誉棄損とユダヤ人排斥運動に関する事件を専門に扱う弁護士である）。彼が大嫌いなのは「イスラーム左派」だ。彼は毎週、「ヒトラーに落とし込む論法」や「スターリンに落とし込む論法」という攻撃によって「イスラーム左派」の触手を切り落とすことに専念している。「イスラーム左派」の触手が伸び始めると、それは彼が次週の激務に再び取り組む励みになる。一方、リオフールにこうした血気は感じられない。リオフールは、立派な剣術家になるにはあまりにも苛立っている。リオフールの発言はいつも極端で不満ばかりであるため、すぐに飽きられてしまう。

ピラミッドの最下層のブロガーも検証してみるべきか。フードを被る都市部郊外の若者たちのように、あるいは変装する刑事のように、ハンドルネームで身分を隠すインターネット・ユーザーは、ネット上で先ほどの述べた論説を称賛するか、あるいはそれらの内容をさらに過激にした議論を始める。彼らは大勢である（論説ごとに数百人の読者がいる）。もっとも、メディアを徘徊する常連は彼らの一部である。多くの者たちは、自分たちの代弁者になってくれたと論説の著者たちに感謝する。他の者たちは、ネットにちょっとしたエッセイを書きこみ、論説をさらによいもの、あるいはさらにひどいものにする。

彼らはピラミッドの底辺から何を叫ぼうとしているのか。人間としての信条を守りたいのなら、この地獄にあまり関わらないほうがいい。そこでは、管理人がメッセージを検閲している。たとえば、ある不法移民は、メッセージを送ったが無視され、三回目でようやく掲載されたと不満を述べていた……。ピラミッドの下層に行くに従って、罵詈雑言が飛び交い、文章の構成や綴りが乱れる。このように未知の要素につまずくと、次のような疑問が生じる。すなわち、終始怒っているインターネット・ユーザーは、一体何が言いたいのか。エリートに裏切られた民衆の怒りを表現するのだという主張を、どう受け止めればよいのか。私はこの疑問に答える調査を知らない。この調査を組み立てるのは、技術的に複雑だろう。とにかく、世論の実状を客観視する最良の方法は、入念に行なうのなら今日でも世論調査や政治科学による調査である。

超右翼については充分に述べた。では、超左翼はどうなっているのか。

左翼と右翼の非対称性

この疑問に答える前に注意事項がある。「画一思考」、「おめでたい思考」、「エリート」、「ボボ」、「左派系のインテリ」などの一つの用語のもとに、自分たちとは異なるすべてをまとめ上げるのが超右翼のライトモチーフ〔決まり文句〕である。ニコラ・サルコジの演説には、昔からこのライトモチーフが強迫性障害のように現われている。[6] サルコジにとって、言動は行動である。政治は演説に始まり、数値目標を含む政治術は、現実に見合った演説を行なうというよりも、現実を何としても演説の内容に従わせるという技法である。

注目すべきは、ニコラ・サルコジがこの論理を自分自身だけでなく政敵にも適用する点である。サルコジが公然と侮辱する「画一思考」は、識別しうる政治ではなく思想であり、この点において覇権主義的な演説である。サルコジによると、「画一思考」という言葉狩りだけによってすべての活動が妨げられる恐れがあるという。ニコラ・サルコジは画一思考を途方もない権力と見なす。その理由は、右派と左派の双方において、「三〇年間」にわたる放任主義に基づく移民政策の根底にあるのがこの画一思考だからだ。

レトリックの面では、「画一思考」や「おめでたい思考」で片付けるのは二元論であり、これは「一元的な要素への還元《レダクシオ・アド・ウヌム》」である。とくに、敵を絶対悪に仕立て上げるために、敵をひとくくりにするやり方である。「一元的な要素への還元」は、「悪魔に還元する」、ようするに相手を悪魔と見なすことだ。陰謀を企む怪物というイメージを提起することもある。たとえば、「画一思考」のイメージは、「暗闇に潜む悪の権化が無数の触手を伸ばして敵対者をからめ捕る」である。こうしたイメージにより、経済、社会、文化の諸悪の根源であるイスラーム系の移民と、画一思考の本質的な共謀が暴かれる。モリエールの『病は気から』の第三幕では、医者に変装したトワネットは、アルガンのさまざまな症状をたった一つの患部で片づける。「肺、肺ですよ」。このようにして度を越した想像力が機能するのだ。すべては、移民の侵略の共犯である画一思考に辿りつくのである。

左派の思想は統一されているのか。二〇一二年の大統領選前のブロゴスフィアの分析ではごまかせたとしても、左派の思想が分断しているのは明白である。[7] 左派と超左派が対立し、超左派の活動が互いを引き裂き合うのは、少なくとも二世紀前からの出来事である。[8] 選挙のたびに、この恒常性が明らかになる。左派には、右派のブロゴスフィアに相当するものは見つからない。レッテルを対称的に貼るのは誤りだ

（「左派圏」対「極右圏」という捉え方）。両陣営は奥深い非対称性によって分裂しているのである。

非対称である第一の理由はテーマの収束性である。超右派のブロゴスフィアには、移民とイスラームの問題がつきまとうが（副次的に、「誰もが自由に結婚する権利」）、左派や極左のブログのテーマは、学校、労働、環境、開発、文化、宗教、司法、格差、外交など、きわめて多様である。移民が占める割合は限られている。トマ・ピケティのブログを例に挙げると、そこでは非常に多くの問題が扱われている。経済的な格差が拡大していると指摘するピケティは左派に分類されるが、彼の広い視野は、人文科学および社会科学に精通する教養豊かな経済学者のものである。

非対称である二つめの要因は、現場との関係である。「右派圏」は、人道的あるいは法的な支援を行なう集団を中傷する。ところが、さまざまな障害を抱える移民を援助し、移民の権利の尊重を確保するために万難を排して働くのは、室内で呪いをかけることとはまったく異質である。移民の支援団体にとって、「現実」は思考実験でなく、ましてや様子見の派遣隊を送る「未知の土地」でもない。賛同するかしないかは別として、移民を援助する活動家たちは、難民キャンプ、受け入れセンター、法廷、県など、現場での辛い仕事を引き受けている。彼らはきわめて現実的な問題に直面する（例：「パリ市に対し、パリ・プラージュ《セーヌ川岸に夏季限定で設営される人工ビーチ》の移動式トイレを難民キャンプへと移転する許可をとる」）。私の知る活動家たちは、純粋主義者ではない。たとえば、彼らは、一部の移民は犠牲者であると同時に計略家であり、援助を求める人たちを公平に扱うには警戒することも必要だと心得ている。彼らは、難民認定申請者の間でときどき発生する暴力についても赤裸々に語るだろう。

次に、それらの立ち位置にある議論の当事者たちの最も攻撃的な論証について検証してみよう。

第16章 悪の肖像

読者が移民や移民に関連する論争（アイデンティティ、イスラーム、民族統計など）を知ってまず驚くのは、論争の当事者たちがすぐに極端な意見を述べることである。われわれより現実主義者だったこの分野の年長者たちは、論争はすぐに争論術の場になると説いた。つまり、情け容赦のない言い争いである。[1]議論には暗黙の規範があると主張した哲学者や論理学者は、不意打ちを食らったのである。[2]同じ人間性をもち、他者の論証に敏感で理性的な人々なら議論によって結びつくという先験的な公準がある。だが、これが認められるかどうかも確かでない。論敵に反論するよりも、論敵を排除しなければならないという感情のほうが優るのである。

「ヒトラーに落とし込む論法」——ゴドウィンの法則

イェール大学の法学者マイケル・ゴドウィンが「ゴドウィンの法則」を発見したのは一九九〇年のことだ。「インターネット上での議論が長引けば長引くほど、ナチスやヒトラーを含意する比較が議論に登場する確率は一〇〇%に近づく」。この法則からは「インターネットや他のメディアでは、どんな議論であっても続かない」という発展型が提起できる。議論には必ず、ナチス、ヒトラー、ミュンヘン、『我が闘争』、ドイツのフランス占領と対独協力、ゲシュタポ、ナチス親衛隊、ユダヤ人一斉検挙、ヴァンゼー会議、ユダヤ人問題の最終的解決、ショア〔ホロコースト〕、ガス室、「汚い獣〔ファシズムや人種差別などを蔑む際に用いられる文句〕」など、自分たちの歴史の忌まわしい時代に関する出来事との比較が登場するのだ。

議論に参加する誰かが論敵をヒトラーと同類扱いするようになる時点が「ゴドウィンのポイント」である。この暴走が始まると、議論は打ち切られる。というのは、相手が絶対悪なら議論にならないからだ。ところが、フランスでは「ゴドウィンのポイント」は議論の参加者を呼び集めるポイントになっている。ナチスとの類比があるたびに、その議論は世間の注目を浴びる。よって、ゴドウィンのポイントを稼ぐために不名誉な行為をする輩が現われる。こうした事情から複数のインターネット新聞は、受賞者リストを作成している(政界には「ゴドウィナー〔ゴドウィンのポイントを得た勝者〕」がたくさん存在する)。

一九五〇年代にレオ・シュトラウスのつくったより高尚な定式を使って、ヒトラーを絶対悪の典型と見なす「ヒトラーに落とし込む論法」が面白おかしく語られている。[3]その変型として、絶対悪の協力者であるペタンに落とし込む論法がある。ファシズムに落とし込む論法は頻繁に用いられてきた。そうは言っても、ファシズムは一九七〇年代中ごろから衰退傾向にあるため、今日、この論法はイギリスのジャーナリストたちがつくった「イスラーム・ファシズム」などの複合型になっている。[4]

ゴドウィンの法則は、イスラーム系の移民に関する議論によって定期的に実証されている。マリーヌ・

ル・ペンが街頭の礼拝者たちを占領と見なしたのがその例証だ。二〇一五年一〇月、ル・ペンは軽罪裁判所において「私は大文字で始まる占領〔第二次世界大戦時のドイツ軍の占領〕でなく、小文字で始まる占領について語ったのだ」と抗弁し、表現の自由を理由に無罪放免になった。しかし、超右翼のブログでは、一九四〇年との対比がしばしば無力感とともに繰り返し語られている。

（二〇〇〇年の）ある日、ある読者が私に「ドイツ占領時、われわれは抵抗できたが、現在はそうではない」と語った。そうした嘆きは、ブロゴスフィアやソーシャル・ネットワークにおいても散見される。「一九四〇年に政府高官があきらめてしまったように、今日、われわれは脅威を前にしてあきらめている」というようなコメントである。たとえば、マキシム・タンドネは、サン・テティエンヌ・デュ・ルブレで起きたアメル神父の殺害事件〔二〇一六年七月二六日に起きたイスラーム過激派によるテロ事件〕の後、次のように語った。

二〇一六年八月一五日、フランスの司教会議は「フランスのために祈禱」し、正午に教会の鐘を打ち鳴らす決定を下した。私はこれを理解できる。しかし同時に、メディアが大きく取り上げるこの呼びかけに、私は少しばかりの違和感を覚える。教会の声明は、一九四〇年という暗い時代を漠然と想起させる。当時、フランスは、フランス第三共和政府が崩壊し、ナチス・ドイツの占領下にあった。教会はフランスに対して祈禱する信者であふれていたのである。一連のテロ事件後の現在、教会の態度には、あきらめのような落胆が感じられる。[5]

単語を変えると〔脅威は、礼拝中のイスラーム系移民でなくイスラーム過激派のテロリスト〕、議論の構造は同じである。「暗い時代」を思い出すには若すぎるタンドネ〔一九五八年生まれ〕は、公的討論に古くから出回る議論の原型からこの文章の着想を得たのだ。

ナチス時代に落とし込む論法には、注目すべき点がいくつかある。

一つめは、この論法は敵を絶対悪と見なす類似技法の一種だということだ。カイム・ペレルマン〔ベルギーの法哲学者〕が打ち立てたレトリック術の分類では、類似は分離を妨げる。[6] 普通のイスラーム教信者をイスラーム過激派のテロリストと同列に並べてこき下ろすのが類似の常套手段である。オランダの自由党の党首ヘルト・ウィルダース〔極右の政治家〕は昔からこの類似を駆使してきた。「穏健派のイスラームなど存在しない」と繰り返し述べるウィルダースにとって、イスラームは過激派であり、生まれながらの殺人者である。類似というレトリック術は移行的な処理なので、イスラーム＝ナチズムという方程式を確立するには、ウィルダースの月並みな発言に「ヒトラーに落とし込む論法」を付け加えればよい。

ウィルダースは、こうした連鎖的な落とし込み論法を利用して、自身の鍵となる政策を打ち出した。コーランを『我が闘争』と同列に並べ、コーランの出版を禁止にすると提唱したのである。矛盾は明白だ。世界的な宗教の聖典を発禁にするのは、信教と表現の自由の推進者を自認するのなら、少なくとも奇妙である。ところが、ウィルダースはそんな矛盾など気にしない。

もちろん、左派では論敵を「ナチスと同一視する」のがお決まりになっている。移民の家族呼び寄せの際にＤＮＡ鑑定を行なうというマリアニ修正案に対して二〇〇七年九月に湧き上がった抗議がその例証だ。

たとえば、「われわれの歴史の暗い時代を思い出す」（パトリック・ブラウゼック、『ユマニテ』紙）、「ネオペタン派」（ノエル・マメール、雑誌『レクスプレス』）、「ユダヤ人規定に関する法律」の模倣（アルノー・モントブール、フランス通信社）、「優生学にいたる恐れ」（ローラン・ファビウス）などである。女優イザベル・アジャーニなど政界以外の人物も同様のコメントをした。同様に、右派の政治家もシャルル・パスクワのように「そのことからは嫌な記憶がよみがえる」（『パリジャン』紙）と述べた。私は、それらのコメントを大統領官邸で移民政策の改革を担当していたマキシム・タンドネの著書から借用した。だが検証すると、シャルル・パスクワの正確な発言は、「そのことからは、われわれド・ゴール主義者に嫌な記憶がよみがえる」だった。この発言はド・ゴール主義者を自認するタンドネにとって耳障りだったのだ。パスクワ（一九二七年生まれ）は、生物学的な基礎に基づく選択というとナチズムを思い浮かべてしまう、現代の遺伝学が発展する以前の世代に属していた。一方、若い世代は、DNAによる親子関係の検証は法医学的な手法だと考えたが、左派は法医学的な手法を移民の家族呼び寄せに利用するのは突拍子もないことだと見なしたのである。[7]

「ヒトラーに落とし込む論法」は過度に利用されたため、この論法の効果は失われた。ナチズムや人種主義という非難はお馴染みになり、焦点がぼけてしまったのだ。絶対悪の再来を暴くと意気込むのに、絶対悪を陳腐化させているのである。INEDの研究者たちは、エルヴェ・ル・ブラーズの「ヒトラーに落とし込む論法」による攻撃を覚えている。ル・ブラーズのメディアを通じた攻撃は、一九九〇年代と二〇〇〇年代ではお決まりの儀式だったため、大きく取り上げられなかった。したがって、攻撃の対象になった調査や出版物に対する影響はまったくなかった。

そうは言っても他方では、「ゴドウィンのポイント」と「ヒトラーに落とし込む論法」を徹底的に抑え込むだけなら、われわれは脅威が現実であるときに脅威を暴く可能性を封印してしまうことになる。反ユダヤ主義は実際に危険であり、過去の教訓に照らして早急に払拭しなければならない。歴史を振り返ると、人々は、大規模な経済的、社会的な危機によってトラウマになったり、外国の脅威に悩まされたりすると、あっという間に「救世主」のもとに駆け寄る恐れがあることがわかる。そうなると、法治国家は秩序を保つという要求の犠牲になる。こうした危機的な状況につけこんで世論を恐怖に導く政治家が常に現われることも過去の経験からわかる。

ナチスの迫害と比較することが適切である場合もある。エッセイストのギ・ソルマンは、アンゲラ・メルケルが難民受け入れを呼びかける以前に、シリアとエリトリアの難民の受け入れを拒否する議論を、一九三〇年代に西側諸国がナチズムから逃れたユダヤ人（そこにはソルマンの父親もいた）に異議を述べた議論に重ね合せた[8]。「比較できないことと比較することが必要なときもある」。それは二〇一五年の夏の終わりにこのテーマについて記された最も強力な議論の一つだった。同じ月（九月）に、カン平和記念博物館の科学委員会の会長であり、リヴサルト収容所（戦時中のユダヤ人収容所）記念プロジェクトの代表を務めるデニ・ペシャンスキは、対比する際の条件を提示した。問題になっている人々や政治体制は異なるが、メカニズムが繰り返し作動するのは「常に次のような明白な状況においてだ。すなわち、二者択一的な状況が、死あるいは避難であるときに、すべての扉が閉じられた際である[9]」。

二〇一五年から二〇一六年の難民危機と、一九三三年から一九三九年のユダヤ人危機との類似性をより深く探究するには、一九三八年七月に開かれたエビアン会議が大変参考になる。ヨーロッパでは、この会議を覚えている人はほとんどいない。ルーズベルトの掛け声によって開かれたこの会議では、ドイツとオーストリアのユダヤ人難民に対する支援が表明されるはずだった。しかし、この会議は失敗に終わった。なぜなら、アメリカを筆頭にほとんどの参加国は、経済危機を理由に移民の受け入れ枠の拡大を拒否したからだ。当時、ドイツとオーストリアの難民の受け入れ数は、年間三万人までだった。エビアン会議での理由は、二〇一五年の秋に耳にした理由とほぼ同じである。経済危機、社会同化の問題、侵略される恐れ、難民支援策によって生じる財政負担、「われわれの国には、すでに貧しい人々がいる」などである。すなわち、自国民を保護することが優先課題だったのである。[10]

他方、レトリック（「ゴドウィンのポイント」や「ヒトラーに落とし込む論法」）というレッテルを貼ること自体が、議論におけるきわめて怪しげな武器になっている。超右派はこれを逆説的に利用する。愚弄するレッテルを貼りながらも自分たちの汚名を返上するために、ナチズムやドイツ占領との類似性を無頓着に訴えるのだ。こうしたやり方により、最悪の脅威をあちこちに感じとる、善良な魂の性向を嘲笑うのである。「悪魔視する」という言葉は同じ役割を果たす。告発はレトリックになって告発者の信用を貶めると示唆しながら、相手の告発を告発するのは実に痛快だろう。こうして論者は、論敵から受け取る「ゴドウィンのポイント」数を自慢することになる。マリーヌ・ル・ペンが新たに任命した国民戦線の広報官は、移民やイスラームに関する自身の発言によって「悪魔視される」ことを得意がっている。ユダヤ人に関することでなければ問題ないのだ（移民やイスラームに対する中傷とは異なり、ユダヤ人問題に関する暴言は一般的に支持されない）。自身に跳ね返ってくるという論理に終わりはないため、論法の方向転換自体も論法に変わる。私は、自分が叙述したレトリック分析もレトリックに対するレトリック的な告発になると心得ている。そうは言っても、レトリックから逃れられる者は誰もいない。そのことはわかってもらえるだろう。しかし、レトリックの効果をほんの少しでも制御できるのなら、事情を充分にわきまえたうえでレトリックを使うべきではないか。

「スターリンに落とし込む論法」

皮肉中の皮肉として、「ヒトラーに落とし込む論法」を激しく批判する人でも「スターリンに落とし込む論法」を利用することがある。人種差別はよくないが、法的手続に関する批判なら問題がないということか。「モスクワ風のやり方」は批判されて当然だということか。これは論説者が自分の考えとまったく異なる相手についてあえて抗弁するときに用いる論法なのか（例：ローラン・ジョフラン〔左派系のジャーナリスト〕がエリザベス・レビー〔右派系のジャーナリスト〕に対してこの論法を利用した）。「政治将校〔ソ連が軍を指導するために、軍隊内に設置した政治部に勤務する将校〕」は批判されて当たり前ということか。たとえば、EU諸国間で移民を再分配する計画は「ソ連的」だ、移民の高い合計特殊出生率に注目しない人口学者は「ルイセンコ〔メンデルの法則を否定したソ連の農学者〕」と同じ疑似科学者である、などだ。「スターリンに落とし込む論法」の例は枚挙にいとまがない。

「公認の統計」の結果が気にいらないと、すぐにスターリンと比較したがる人には、スターリンの厳格な管理下にあった統計学者が実際に蒙った被害を指摘しておく。彼らは専門家としての高い学識に基づいてデータを収集して分析していた。[11] 調査をまとめるのに時間はかかったが、報告書をきちんと作成した。問題は、報告書を受け取った暴君がデータの公表を拒否し、改竄したことである。スターリンは、ソ連体制の繁栄を説明するはずの一九三六年の調査結果を、ソ連共産党の議会が始まる前に発表した。ところが議会初日に、調査の責任者は発表されたよりも冴えない数字をスターリンに提示し(人口が事前の発表よりも六〇〇万人少なかった：一億六八〇〇万人でなく一億六二〇〇万人だった)、さらにこの不足は、一九三二年から一九三三年の大飢饉とソ連から外国への集団移住が原因であり、集団社会主義に問題があると指摘したのである。スターリンはこの無礼者を銃殺し、代わりに前任者のライバルだった統計学者を起用した。だが、その統計学者も自身の調査チームの仕事をスターリンの取り巻きの役人たちから守ろうとした。その統計学者も粛清される者たちのリストに加わった。統計局の協力者たちも同じ運命を辿った。[12]

この悲劇から導き出せる教訓は何か。ソ連の統計学者たちは自分たちの職業倫理に忠実であり続けた。彼らは心地のよい数字をつくり出すのではなく、独裁者に実際の数字を提示した。独裁者はこれを厚かましい行為だと見なし、彼らを処刑した。幸いなことに、われわれは民主的な社会で暮らしている。では今日、期待される数字をはじき出さない統計学者や人口学者を死刑台に引っ張り出すのは誰か。それは公的権力ではなく、メディアを支配するオピニオン・リーダーたちである。パスカルは彼らが演じるこの「独裁者」について次のように語った。「すべてを一刀両断する高慢な無知、他者を侵害する命令、科学的に受け入れられない混同」。問題になるのは、闘いが不平等である点だ。すなわち、著名なエッセイストは何のお咎めもなく人口学者の数字を茶化すことができるのだ。

第17章 狂気、滑りやすい坂論、逆効果

カイム・ペレルマンが注意を促したように「論証で重要なのは、力だけに訴えることを断念し、理性的な説得によって得る論争相手の賛同に価値を置き、論争相手の賛同を目的とするのではなく、論争相手の判断の自由に訴えることである」[1]。

「狂気に落とし込む論法」——狂った判断

物事の高貴な見方は全員にとって有益か。聴衆を納得させようとする雄弁家が、理想の国、さらには共通の人間性に属するという恩恵を聴衆に与えるのなら、雄弁家は、同じ選挙民を口説く自分の競争相手にも同様の恩恵を施すことになるのか。ここではゴドウィンの法則と似た「法則」を提唱しよう。ある候補者が選挙民に訴えるとき、その候補者はたとえ自分の反対者たちが理性的な人間性をもっていても、彼らを狂人扱いして排除するだろう。こうした還元のありふれた形式では、政敵の提案は、狂っている、常軌を逸している、ばかげている、頭がおかしい、非常識などと形容される。

「狂気に落とし込む論法」に専念する人々には〔「ゴドウィンのポイント」のように〕「狂気のポイント」を授与すべきだろう。しばしば最後の論駁手段として登場するヒトラーやスターリンとの同一視と異なり、「狂った判断」という反論は、往々にして議論の冒頭から電光石火の勢いで叩きつけられる。その「ライト・ヴァージョン」は、敵の無責任や無分別を激しく非難する論法である。この論法は昔からある。フランスやアメリカにおける一九世紀から現代までの政治や哲学の論争における「狂った判断」に関する、マルク・アンジュノの非常に面白い詳説の一読をお薦めする。[2]

現在の民主主義において激しく議論されるセンシティブなテーマのなかで、「狂った判断」という評価を得るのは移民に対する門戸開放だろう。欧州委員会は、二〇一六年と二〇一七年に二万四〇〇〇人の難民認定申請者を受け入れるようにフランスに要請した。これを受け、ニコラ・サルコジは、この数値が年間の移民流入数を激変させると訴えるかのように「狂っている」と答えた。[3] サルコジは二〇一六年八月の大統領選のために記した政策綱領本でも同じ見解を示している。「欧州委員会は、移民受け入れ枠システムを設立し、このシステムを拒否する国には経済制裁を加えようとしている。このような提案は常軌を逸している」[4]。メルケルとエルドアンが協定を結び、トルコ移民に対するビザが免除されるのではないかという見通しに対し、サルコジは「われわれが知る治安や移民の状況に照らし合わせると、それは狂っている」[5]と憤慨した。マリーヌ・ル・ペンも「狂っている」とうんざりするほど繰り返し述べる。「カナダの新しい首相が決定したシリア難民受け入れ政策は《狂っている》」[6]。マヨット〔マダガスカル島付近のコモロ諸島に属する島〕をフランスの海外県にする決定も、フランスへの帰化申請者が大量に現われることになるため、「狂っている」と酷評した。[7] そして「移民によって人口増を牽引する」という欧州委員会の提起を「ヨーロッパ指導層の教条主義と政治的錯乱」の明白な証拠であると切り捨てた。[8]

論敵の見解を「狂っている」と評価する際には、いくつかの点を満たしていなければならない。第一に、「狂った判断」は、定めた目標が可能な手段を大幅に上回るなど、比率の感覚が完全に欠如しているときである（受け入れ容量が明らかに不足する場合）。次に、イデオロギーへの服従をともなう知的な喪失を辱めるときである。たとえば、ジル＝ウィリアム・ゴールドナデルの次の発言は「狂った判断」の典型である。「私は読者をうんざりさせるのを覚悟で、イスラーム左派のイデオロギーは、このイデオロギーの信奉者を狂わせ、愚かにさせると主張した。犠牲者は思考が停止し、錯乱するのだ。先週は、私の観察が正しかったことがわかった」。[9]

右派に対する左派——短絡的に発せられる「狂った判断」という評価

公平を期すために言うと、左派もそうした批判を免れない。作家ジュリアン・スオードー〔左派系の文化人〕は、マニュエル・ヴァルス〔脱宗教に熱心な右寄りの左派〕のブルキニとイスラーム女性の抑圧に関する演説に反応し、「狂った判断」という評価を並べ立てた。[10] スオードーの論旨は次の通りだ。「自分が教鞭をとるフィラデルフィアから眺めて言えるのは、アメリカ人はフランスのブルキニに対する《集団ヒステリー》をまったく理解できないということだ。フランスは、イスラーム教徒の女性がイスラームの服装規定に従うのは自由でなく抑圧されているからだと世界に釈明しようとして完全に孤立している」。そしてこの孤立をあらゆる病名をつけて糾弾する。すなわち、「フランスは、強迫観念、ヒステリー、偏執症、神経症、分裂症、独我論に襲われている」と述べ、最後に「それは正気の沙汰ではない」と結論づけた。

私は、最初のアプローチとして対象と距離を置くスオードーのこの論述を評価する。しかし熟考すると、スオードーは他者の「狂った判断」を糾弾することだけで性急に議論している。スオードーは啓蒙思想の論証を用いる。これは「どこから声が出ているのかわからない腹話術的な、外野からの論証」と形容できるかもしれない。自分たちの月並みな説をうまく否定するためにペルシア人〔啓蒙思想家モンテスキューの『ペルシア人の手紙』〕やカンディード〔啓蒙思想家ヴォルテールの小説の主人公〕に語らせるのだ。スオードーの場合、ペルシア人の代わりを務めるのはアメリカ人である。社会科学の研究者なら、この種の論証に敏感である。これは、そもそもキリスト教も利用したストア学派やピュロン学派〔懐疑主義〕の古い議論術である〔「どこから声が出ているのかわからない腹話術的な、外野からの論証」〕。偉大な古代の賢者にとって、われわれの論争は実にむなしい。スオードーの論証は、「狂った判断」という安易さに流されて外野からの声になり、説得力を失った。ところで、オベリックス〔フランスの人気漫画『アステリックス』の登場人物〕は、ローマ人の侵略に抵抗する偉大なガリア人である。「ローマ人たちは頭がおかしい」というオベリックスの決め台詞がわれわれ読者を魅了するのは確かだが、論証としては物足りない。オベリックスは思想界の頂点に立つのではないのだ。「狂った判断」という論証により、あらゆる深い議論は突如、打ち切りになる。「あなたの論証は議論に値しない。なぜなら、その論証を支持するのはあなただけだからだ」。これは相手に対する反論ではなく、相手の信用を貶める論法である。

「狂った判断」の弱点はまだある。まず、今日の狂気は明日の叡智かもしれない。アンジュノによると、一九世紀の諷刺作家たちは、国民全員に所得税や社会保障を導入する計画を、純然たる狂気と見なしていたという。ところが現在、そうしたユートピアはわれわれの生活様式に組み込まれている。最悪の事態を体系的に予見すると、よき予言者になれるが、根本的に道を間違えることもありうる。「狂った判断」は、道のどこで止まるべきかの標識をもたないため極端に振れる。そうなると、「狂った判断」に侮辱された未来が報復してくる恐れがある。

次に、他者を狂人と決めつけるだけでは不充分であり、自分に理があることを明らかにしなければならない。大西洋の向こう側〔アメリカ〕から眺めるスオードーによると、ブルキニに関するフランスの議論は滑稽だという。だが、二〇一六年一一月のドナルド・トランプの大統領選を待つまでもなく、国としての思慮深さを体現する能力がアメリカにあるのかは疑わしい[11]。

しかし、狂った論証は諸刃の剣である。一方では、それは迅速である。一言発するだけで論敵の人間性を否定することができる。他方では、だからこそ、それは凡庸である。論敵の発言に反論する代わりに論敵の信用を失わせるのは、論証を全面否定する個人攻撃になってしまう。この論法は、早く議論を打ち切るための催促になる（狂人とはまともな議論ができないため）。つまり、民主的な討論において守るべき最低限の倫理が無視されるのだ。討論には、極右から極左まで、全員が参加できるのだ。発言者が論敵を精神錯乱者や愚者として扱い、良識は自分にしかないと主張すると、発言者は論敵でなく自分自身の信用を貶めることになる。信用の喪失のこの逆転は、必然的に起きるのではない。これを防ぐには、討論の聴衆や主催者側からのある種の監視や議論のレベルを引き上げようとする強い意思が必要なのだ。すなわち、民主的な討論に、論証に代わる「狂った判断」（あるいは「ロゴス」に代わる「エトス」と言うべきか）が登場する幕はないのだ。

最後に、「狂った判断」という論法が登場するや否や、実りある議論でなくなるという例を紹介しておく。リール市〔ベルギーと国境を接するノール県の県庁所在地〕の市長マルティーヌ・オブリーの片腕フランソワ・ラミーは、ノール県の選挙候補マリーヌ・ル・ペンの外国人排斥は狂気になる」と非難した。ラミーは、地方選で国民戦線の党首が提唱した健康保険制度の改革案に反発したのだ。ル・ペンは、われわれの病院には「移民の流入に関連して、非ヨーロッパ系移民の伝染病患者が大勢いる」として「病原菌をもつ移民は全員追放すべきだ[12]」と訴えたのである。ル・ペンの考えは先験的に常軌を逸しているが、この訴えはル・ペンの病んだ脳から生じたのではない。ル・ペンは、移民の感染症の罹患率は高いという、健康監視研究所の報告書を参照にしたインターネット上の疫学講義の内容から着想を得たのだ。マリーヌ・ル・ペンの発言の背後に科学的データがあったのは事実だが、ル・ペンには、そうしたデータを読み解く能力はなかった。ル・ペンが取り上げた問題の調査は、フランスでの滞在期間が長くなるにつれて感染症（ヒト免疫不全ウイルスを含む）に罹る人が増えることを示していた。おそらく、劣悪な生活環境や医療サービスを受けにくいことが直接的な原因だろう。いずれにせよ、「移民が病原菌をもち込んだ」は事実無根である。

次のことを指摘しておきたい。移民の保健衛生は複雑なテーマであり、これまであまり研究されていない。それには二重の理由がある。病気の原因に関するデータはほとんどなく、また移民の健康状態には選択バイアスが生じるからだ。つまり、健康状態の悪い人はあまり移住せず、到着したばかりの人は元来のフランス人よりも平均的に健康だが、移民の健康状態は、平均的な国民よりも生活条件が厳しいため、滞在期間中に悪化する傾向がある。そして、一部の移民は死期が近づくと本国に戻る（これはフランスにおける移民の死亡率を引き下げる〕。連続して発生し、しばしば矛盾するこれらの「選択バイアス」は、移民と元来のフランス人との比較をきわめて複雑にする。疫学に関するこうした流動的な知識から、公衆衛生に関する政策を即座に導き出すことはできないのだ。

マリーヌ・ル・ペンは狂っているのか。おそらくそうではないだろう。しかし、外国人は病気と堕落をもち込むという古臭い固定観念を呼び覚まそうとし、そのために統計データの拙速な利用に励んだに違いない。だが、この場合において「狂った判断」という評価を下すことのほうが拙速であり、これでは議論は進行しない。そうではなく、ル・ペンの計画の一貫性のなさを指摘すべきだったのだ。たとえば、マリーヌ・ル・ペンは、外国人がもち込む伝染病からフランス人を保護したい一方で、〔不法滞在者に医療サービスを提供する〕「医療国家手当（AME）」の廃止を訴える。だが、AMEこそ、あらゆる種類の感染症の蔓延を防ぐための主要な手段なのである。論敵を狂っていると非難するのは短絡的な発想である。これは本当の分析の代わりにはならない。政治家はこの種の議論をすぐに始めるのではなく、じっくりと考え直してから議論すべきである。

良識と世論——民主主義という問題

狂気の逆は良識であり、「良識はこの世で最も公平に分け与えられているものである」〔デカルトの『方法序説』の一節〕。ただし、自分の政敵は除く。移民問題では、良識ある議論は二つの形式において増殖する。一つは、「街角での観察」を反論できない情報源として引き合いに出す形式である。もう一つは、世論を裏づけようとする調査を参照にする形式である。

マリーヌ・ル・ペンの秘書官は、ＩＮＳＥＥの出版物が移民の状況をきちんと伝えているのかを問われ、次のように答えた。「私は毎朝、地下鉄、ＲＥＲ〔パリと郊外を結ぶ急行鉄道網〕、そしてバスに乗って通勤している。これはＩＮＳＥＥの報告書よりも正確である」[13]。国民戦線は、ＩＮＳＥＥの統計は信用できないと言いたいのだろう。この発言を受け、あるインターネット・ユーザーは、民族統計は無駄だと結論づけた。

都市部や都市部郊外では、民族統計に関するデジタル・ファイルを作成する必要などない（……）。自分たちの目で確認するほうが、長年にわたってフランスに根を下ろしてきた人口の実態を把握できる。[14]

ブログでは、「周囲を見渡せばわかることだ……」、「それは一目瞭然である」、「都市部郊外に来てみろよ……」というようなコメントが飛び交う。私は多くのフランス人と同様に、そしておそらく彼らよりも都市部郊外の庶民地区を、自分の目を見開いて歩き回り、そこで誰もが目にすることを見ている。しかし、私が暮らすそうした都市部郊外はフランスの縮図ではない。移民の国内分布には大きなばらつきがある。パリの北駅に到着した私のオランダ人の友人たちは、路上や付近の地下鉄の駅にいる大勢のアフリカ人の姿を見て驚いた。おそらくこの地区は、ヨーロッパにおいて西アフリカからの移民が最も密集している場所だろう。私はオランダ人の友人たちに「オランダのデン・ハーグＨＳ駅に到着し、旧市街に行くためにモロッコ人街や中華街を通り抜けた際に、同様の感情を抱いた」と返答した。

多くの人々は自分の目で見たことを頭から信じる傾向がある。私自身の経験を語ろう。私は、一九六〇年代のフランスのほうが現在のフランスよりも多くの移民を受け入れていたという事実を、自分の体験だけからは信じることができない。子供のころ、私はコルマール〔フランス東部〕の人口密集地から離れたところで暮らしていた。ある日、ブルドーザーが現われ、私の建物に隣接する広大なブドウ畑をつぶし、市営住宅を建設し始めた。ほとんどの建設作業員はイタリア人だった〔彼らは歌を口ずさんでいた。私は彼らのお気に入りのナポリの歌をまだ覚えている〕。数百世帯を収容できる建物に最初に入居したのは大家族だった。彼らのほとんどはフランス人だった。だが一九七〇年代と一九八〇年代、この団地の住民は、おもにアルジェリア人とトルコ人になった。

もう一つの思い出は私の青年時代のことだ。一九六六年、ある人道支援団体の企画で、私はナンテール〔パリ郊外の都市〕の貧民街を見学した。当時、ナンテールの貧民街はフランス最大規模だった。一万人以上が暮らすこの貧民街は、カレーの荒れ地に建てられた二〇一六年一〇月に解体された難民キャンプよりも大きかった。ナンテールの貧民街の光景には胸が締め付けられる思いだった。ぬかるみだらけの地面にベニヤ板とトタン板でつくられた掘立小屋が乱立し、給排水設備はほとんどなかった。見学した地区の住民はアルジェリア人とポルトガル人だった。「労働移民」は、すでに妻や子供を呼び寄せていたのである。

記憶に残る局限的なそれらの経験、そして私がフランスで移民の人口密度が最も高い地区の一つで暮らしているという経験から、ある調査機関が移民の流入の推移について私に尋ねるのなら、私はどう回答するだろうか。得た知識は考慮に入れず、「街角の光景」だけから答えるのである。私は、移民の傾向について量的な知識はなくても、移民人口の増加、出身国の変化、「第二世代」の台頭、イスラーム人口が目立つようになってきたことについて「おおよそ」感知している。この「おおよそ」という感覚をもつのは、私の隣人たち（移民出身の人々も含む）も同じである。これに反して、新たにやってくる人の数は昔と同様に多いのかという疑問について、私は自身の経験だけから明確な傾向を証言しようとは思わない。街角の光景をどれほど眺めても、たとえば、目の前の通行人はフランスにどのくらい滞在しているのか、彼らは移民の第一世代あるいは第二世代なのか、彼らはフランス海外県あるいはアフリカの出身者なのかを答えるのは、私の良識が許さない。学識を構築するには、街角にたたずむ以上の努力が必要なのだ。

しかし、民主的な社会で暮らしているわれわれにとって重要なのは、選挙という運命の時期に、人々が何を感じるかである。重大な問題について、選挙民に答えなければならないのだ。たとえば、移民は多すぎるのか、「彼らを国民である」と認めることができるのか。このような形で発せられる良識の議論は新たな意味をもつ。すなわち、エリートたちは国民の絶対確実な良識に従うように催促されるのだ。世論のための議論というレトリックが語られるのである。国民のために語るのなら（そしてさらによいのは、国民のことを話すのなら）、必然的に正しいということになる。これこそが良識なのだ。ご存じのように、議論はこれまでと正反対の主義主張に与するようになった。国民の大義を要求するのは、極左ではなく極右になったのである。

世論を詳細に調べるにはどうすればよいのか。政治家は、社会科学の手法を手間がかかって負担が重すぎると見なす。社会科学の手法では、調査を準備し、財源を見つけ、質問事項を練り、できる限り幅広い社会層から数千人を選んで一時間以上にわたってインタビューする。そしてインタビュー後にさらに詳細なアンケートを行ない、統計学の手法に従って調査結果を処理し、それらを全体の推移に当てはめる。ようするに、こうした作業の目的は、社会にはさまざまな階層と不平等が存在することを示すためだ。政治家はこの手法をばかにする。世論に取り入ろうとする選挙対策本部にとって重要なのは、インターネットによる八〇〇人のパネル調査〔同じ回答者に対し、定期的、継続的に調査を行なって世論の推移をみる〕であり、四八時間内にいくつかの質問に回答してもらうやり方である。たとえば、「演説をもっと右寄りにすべきか」、「移民流入数の削減を主張すべきか、それとも国のアイデンティティの問題について訴えるべきか」、「政敵がイスラーム勢力の支援を受けていると当てこするのはどうか」などだ。これらの例は、私が適当につくったのではなく、二〇一二年の大統領選の第一回投票と決戦投票との間の時期に、サルコジの選挙チームが作成した質問事項である。この質問事項からは、国民の深奥を探り、マッピングを作成しようという意図が感じられる。すべてはサルコジの有能なアドバイザーであるパトリック・ビュイッソンの策略だろう。[15]

ヴェルサイユの中産階級とスーパーマーケットの清掃人を統合する必要がある。田園都市や農村部の貧困世帯は、自分たちは見捨てられた存在だと感じている……。こうした中産階級の定義は所得ではなくなり、民族文化の帰属先になった。彼らは下層白人と呼ばれるようになったのである。[16]

言い換えると、『周縁のフランス』[17]に格下げになった人々に訴えるという戦略である。つまり、中央と周縁という単純でわかりやすい二項対立だ。それ以外のマッピングは、選挙に利用するにはあまりにも学術的すぎるのだ。[18]きわめて過敏な用語である「民族文化」という標的を描き出した人物〔パトリック・ビュイッソン〕は、人々の願望を察知する並はずれた才能の持ち主と見なされた。だが今日、真実はより凡俗であることがわかった。大統領官邸が出資して調査を三三〇回も実施させたことはすでに言及した。そしてそれらの調査は、移民政策に関するものがほとんどだったのだ。

民主主義の忘れられた構成要素——熟慮の時間

しかし、国民の要望に耳を傾けなければならないのなら、そして自分たち自身で解決する国民の権利を認めるのなら、国民の声をじかに聞く手法は大事だという反論があるだろう。例を挙げると、ほとんどの選挙民が移民の台頭に恐怖を覚える場合や、選挙民がイスラームの公共圏への進出が国民のアイデンティティを侵害すると強く感じる場合や、彼らが自分たちの地区に難民を受け入れることに断固反対である場合に、よき民主主義社会において選挙民が正しいと認める以外のことができるのか。これは雑誌『コゼール』が取り上げた議論である。価値のある唯一の真実は世論だという考えだ。同じ発想により、移民の家族呼び寄せ、「要注意人物ファイル〔Sファイル〕」に記載された人物の強制収容、EU離脱、移民流入枠の設定、外国人の地方参政権など、数多くのテーマについて国民投票の実施を訴える人々がいる。

世論という議論の欠点は一つしかない。それは民主主義と世論による政治を混同することである。つまり、世論の判断にすぐに従って事実上の行動に移すための、その時点での全体的な意思を受け止めることが民主主義という仕組みではないのだ。民主主義には、討論の時間を設けるための重要な手段や民主的な日程が内包されている。民主主義が代議制なのは、それが熟慮的でもあるからだ。投票箱に託される通信簿ではなく、「熟慮」によってその上流にある世論形成を要求すべきなのだ。政治学者ベルナール・マナンは、秀逸なエッセイでこの問題について注意を促した[19]。国民には首尾一貫した安定的な選好システムが先験的に備わっているのではない。民主主義は、他者と熟慮する時間をわれわれに与えてくれる。そしてそれは、自分たち自身と熟慮する時間でもある。というのは、政治は国民同士の価値観の衝突ではあるが、それは国民全員の良心の裁きにおいても起きる衝突であるからだ。

ベルナール・マナンは、「誰もが減税と同時に社会保障の充実を望む」という単純な例を挙げる。移民政策の分野では、価値観の軋轢は重要な争点に影響をおよぼす。それは次のような対立だ。人道支援という選択と国内の治安という選択、亡命者との連帯と社会的なバランスの尊重、普遍的な権利の認知と国の統治権の確認、宗教の自由と女性の権利などである。それらの各立場に、狂気と良識を明快に振り分けることなどできないだろう。それは良識と良識がぶつかる紛争でしかない。われわれの野望がくじかれ、妥協することになっても、民主主義の熟慮という段階により、それらのジレンマを探究する場所と時間を確保しなければならないのだ。

したがって、重要な課題は、基本的な権利〔移民の人権〕を侵害することなく〔国内の〕治安を確保する移民政策を導くことだ。治安に関する、気持ちの通わないリアルポリティーク〔現実政治〕という良識〔他者の苦悩に冷淡になる〕が追いやられる、あるいは逆に、そうした良識がイデアルポリティーク〔理想政治〕に引き寄せられることもある〔普遍的な理性が他者の立場になって考えることを厳命する〕。たとえば、英語圏の政治科学では、政策は「利益型」と「理念型」に区別され、それぞれの型において合理的な型式をとる。しかし、良識の第三の型式では、これらの一方的な選択肢を退け、実用的な組み合わせを実現しようとする（それは、移民に対して「厳格だが公正な」あるいは「公正だが厳格な」政策というお決まりの発表とは異なり、口先だけではない）。良識は一つしかないというのは幻想である。良識の概念形成にはさまざまな方法がある。ニコラ・サルコジの良識の論理を検証してみよう。サルコジは歓待したい気持ちを抑えて冷酷になろうと選挙民に訴えた。

入国を拒否するのは、（……）意気地なし、異質なものに対する恐怖、エゴイズム、寛容な精神の欠如などではなく、良識の問題なのだ。彼らの大半は貧困から逃れようとしてやってくる人々だ。なぜなら、われわれは入国を拒否するしかないからだ。入国を許せば、とんでもないことが起きる。早急に移民の流入を管理しないと、移民がわれわれの社会契約を吹き飛ばしてしまう[20]（……）。

冷酷になれというこの薦めは、無能とあきらめのメッセージである（「われわれは入国を拒否するしかないからだ」）。これはサルコジが他で掲げる主意主義に反する。ここでは門戸を閉じて自分たちの国に留まるために良識を引き合いに出した。ユンケル計画に反対する者たちは、「年間一万二〇〇〇人の難民認定申請者を受け入れるのは純然たる狂気だ」と叫んだ。同じく良識ある回答は、「それは一万人のスタジアムに二人加わるのと同じだ」である。原理原則の立場にたつのなら、歓待の黄金則（自分が彼らと同じ悲惨な状態にあるなら受け入れてほしいと思う場合、彼らを受け入れること）も侵略の恐怖と同様に、まったくもって良識であり、道理にかなっている。

良識と同じく、主意主義も唯一の是認を得るのではない。門戸を開く、門戸を閉じる、さらにはいくつかの条件を設けて門戸を開くという考えもあるだろう。想定されるよりも複雑な価値観の衝突に直面する際、世論を無条件に受け入れることは何の役にも立たない。他者は常軌を逸しているのであって、良識は自分にあるのだと主張すると、民主的な討論は損なわれる。民主主義では、上流において分析と討論のための時間が必要なのだ。

破滅へいたる坂論、あるいは確実の起きる大惨事論

先ほど引用したサルコジの文章である「早急に移民の流入を管理しないと、移民がわれわれの社会契約を吹き飛ばしてしまう」は、脅威によって予言を締めくくった。マリーヌ・ル・ペンも似たような演説をする。もっとも、使用する言葉は異なる（「外国人優先」に言及するのも、移民に対する社会的サービスの提供を糾弾する方法である）。

大量移民や外国人優先に関する政策と決別しなければならない。こうした傾向はまだ始まったばかりだ。世界は人口増加の圧力にさらされており（……）深刻な危機に見舞われるだろう。毅然たる判断を下さないと、われわれは没落して破滅へと向かう。[21]

このような論証は、文学の世界ではお馴染みの「滑りやすい坂論」[22]である。これは「転落しやすい坂論」や「破滅へいたる坂論」とも呼ばれ、「狂った判断」と無関係ではない。いずれひどい目に遭うことがわかっていて、引き返すことのできない道を歩み始めるのだから、「狂った判断」だという論理である。移民に関する議論で繰り返し登場する「破滅へいたる坂論」では、歯車装置、吸引通風、最初の歪み、編み物をほどく、扉を開けるなど、実に多くの暗喩が用いられる。訪れる大惨事の様相は、伝染するという暗喩、また、より戦略的な表現として、歩兵を一人ずつ送り込む、少しずつ地歩を固めるなど、敵の容赦ない侵攻を意味する暗喩を用いて描かれる。インテリや半インテリが語ると、そこに、トロイの木馬、ドミノ、連鎖反応、氷山の一角などのイメージが加わる。その例としてブルキニに関する予言を紹介する。

（宗教の自由を放任すると）彼らはフランス社会のイスラーム化に向けて彼らの歩兵をさらに露骨な形で送り込む。今日、彼らはビーチでブルキニの許可を求める。明日、彼らは移民出身の女性全員にブルキニを押しつけ、一部のビーチではブルキニを着用しなければならないようにする。こうしてフランス領土において、彼らは少しずつ地歩を固めるのだ。[23]

「破滅へいたる坂」は、次に紹介するマリーヌ・ル・ペンの記者会見では、下りではなく上り坂である。ル・ペンは、移民によるフランス人口の「置き換え」を、狂っていると同時に何者かによって練り上げられた不可逆的かつ自発的な矛盾した過程だと訴える。

今日、紹介する移民に関する数値は、許しがたいだけでなく、文字通りの恐怖である。なぜなら、それらの数値は引き返せないほどの上り坂なのだ。すべてのヨーロッパ諸国が緊急事態に陥ったと自覚しているときに、それらの数値からは、フランスの移民流入数の増加に歯止めがかからないだけでなく、この急増は意図的なものだとわかる。その目的は、フランス人口の純然たる置き換えである。[24]

確実に起きる大惨事は、影響を直ちに計測できる地震のようなものではないという。連鎖反応型の表面化しない大惨事なのだ。この深刻な影響をもたらす過程では、負の結果は次に起きる結果を隠蔽し、未来は闇で包まれる。だが、世間一般の俗人では無理でも、洞察力のある人なら、そうした未来を読み解くことができる。大惨事が確実に起きると述べる詭弁者は、巫女ではないにしても幻視者を自認する。「狂った判断」と「破滅へいたる坂論」とのつながりは明白である。すなわち、ある行動の結果が、計算できないと同時に悲惨であって不可逆的であるなら、理性はその行動を控えるように命じる。その行動を実行に移すのは「狂った判断」なのだ。

「転落しやすい坂論」は詭弁である。なぜなら、結果が予見できないと同時に確実に起きるからだ。それがどんな結果をもたらすかはわからないが、必ず最悪の結果になると唱える。恐怖に依拠する「転落しやすい坂論」は、（一般的な意味においての）「予防原則」を極端に適用するため、あらゆる試みは阻止される。「転落しやすい坂論」は、検証も反論もできないため、あらゆる合理性から逃れる。この典型的な論証は、「起こりうる負の影響を避けるために、できる限り、さらには一切難民を受け入れない」である。ところで、論証の価値を評価するには、実際に実験する必要がある。たとえば、いくつかの解決策を検査することだ。飛行中の弾道を修正するのと同じやり方で、解決策を段階ごとに評価するのである。ようするに、行動と評価を同時に遂行するのだ。そうすることによって、大勢に影響のない結果でない限り、よくも悪くも何が重要なのかがわかる。大惨事は確実に起きるという論証を振り回すと、身動きできなくなり、現実を拒絶するという、純然たる負の解決策を選好しながら、現実という試練から逃れることになる（例：障壁をつくる、経由国を閉鎖する、すべての移民の入国を禁止するなどを実行すれば移民流入数を「大幅に削減できる」と信じること）。

いつ起きるのかわからない容赦なき大惨事という詭弁は、「衰退論」と波長が合う。たとえば、失速する経済、破綻寸前の国家、失われるアイデンティティ、消滅するフランスなどである。それらはしばしば「恐怖に訴える論証」とも形容される。この論証も「逆効果」という論証と、混ぜ合わさることはないが、見事に共鳴する。

「逆効果」と受け入れ容量――左派と右派の行き違い

「逆効果」とは「地獄への道は善意で敷き詰められている」という意味であり、悪よりも事態を悪化させる処方のことである。対話者の提唱する処方が善意に基づくことは認めるが、その処方を実行すると最終的に破綻を招く。たとえば、次のような論証だ。移民は「フランスを豊かにする」どころかフランスを貧しくする。なぜなら、われわれの資源には限りがあるからだ。別の例として、移民は一部の職種の技能労働者の不足を補充するが、それは移民送出国の頭脳流出という犠牲をともなう。

「逆効果」は、マイナスの場合もあればプラスの場合もあり、望まない、そして思いがけない結果を告げる。アルバート・ハーシュマンは、これを『反動のレトリック』と呼んだ。「逆効果」という論証は、あらゆる改革案を叙述する際に、定期的にもち出される。[25] レイモン・ブードンによると、左派とマルクス主義は、資本主義の崩壊は不可避だという主張においてだけだとしても、この論証を濫用したという。[26]

善行を施したはずなのに思いがけない結果が生じるため、「逆効果」の論証は直観に反し、良識に襲い掛かる。自由主義の経済学者は、真っ先にワークシェアリングの問題にこの論証を当てはめる。彼らによると、雇用数を増やすには労働時間を週三五時間に削減し、早期退職を促せばよいと考え、誤りが生じたという。労働時間の短縮は、最善の場合では雇用に何の効果もなく、最悪の場合では雇用を減らすというのだ。[27] ワークシェアリングに異議を唱えたのは「非正統派」の少数派の経済学者たちである。私はこの論争に立ち入らない。労働時間削減の問題の場合と、移民と自国民との間での雇用をめぐる競争の問題の場合であるかによって、左派と右派との間には「パイの切り分け」に関して奇妙な行き違いが存在することは、すでに本書の第3章で言及した。そして私は、フランソワ・フィヨンが提唱する、毎年の移民流入数に上限を設ける受け入れ容量という詭弁をフランス憲法に明記しようという考えに、強い留保を表明した。

読者は次のことに気づくはずだ。私の結論は「逆効果」の論証に転じる。右派は、ワークシェアリングの誤った保護的な特徴に狙いを定めて、厚かましくも常識と対峙する。反対に、移民との競争に直面する雇用の保護者を自認する際には、常識にへつらう。レトリックは、コミュニケーションを行なうための準備作業だけでなく、物事の本質に触れるのである。

7

統合の時代

「統合」と言っても、ご存じのようにこの概念は、統合するように命じられる人々にとっては、きわめて辛辣に感じられる。というのは、フランスで生まれた世代も統合という課題を受け継ぐだけに、彼らは統合に疑念を覚える。これは移民に関する偉大な社会学者アブデルマーレク・サヤードの基本理念である。サヤードは、自分が生まれた社会に溶け込む〔統合する〕ように命じられる矛盾を指摘する。というのは、溶け込めという命令は、誰にも意味をなさないのか、あるいは、すべての出自の者たちをひとまとめにする全員に意味をもつかの、どちらかだからだ。

実際に、「統合の測定」を試みるフランスや外国の調査では、質問事項に用いる言葉に注意が払われる。研究者たちが統合指標を作成する際には、教育、住居、雇用、余暇、市民社会への関与に関する各自の経験をデータ化し、それらを個人の受け止め方によって補完する。

誤解してはならないのは、統合の測定は、個人の人生のある時点において、社会に溶け込んでいるかどうかを二項対立的に見立てるのではない。そうではなく、統合の決め手や障害を評価し、集団として観察し、集団を比較対照するのである。それは決定論でなく蓋然論のアプローチだ。統合は一枚岩でなく複雑な構造であるため、統合の進捗は、生活領域に応じて大きなばらつきがある。そしてとくに、統合は静態的でなく動態的である。時間の経過とともに、人々はどうやって親しくなるのか。結果の一部を削除することにはなるが、祖父母たちの世代を含め、社会全員の人生の軌道に関心を寄せ、国籍を得る権利も考慮に入れ、時間が統合に担う役割を熟考することは正しいアプローチだろう。

最後に、統合の進捗は、各集団とその集団を取り巻く環境という二重の過程で決まることは、指摘するまでもないだろう。第7部は、二〇一五年から二〇一六年の「難民危機」によってよみがえった基本的な疑問で締めくくる。すなわち、われわれは必要な場合には、まだ他者の立場に立つことができるのか。「共通の人間性」の規範とは何か。なぜなら、それこそが統合の本源的な形式であるはずだからだ。

第18章 対照的な統合

統合の最初のアプローチは、ある時間における移民と元来の国民とのパフォーマンスを、さまざまな要因の相互作用という複雑性を捨象して比較することである。現在では、このテーマには欧州委員会に触発された大量の文献が存在する。

雇用、教育、資源

最初の指標は失業率である。失業率はEU統計局がまとめる雇用調査の結果からわかる。イギリスを除く大半のヨーロッパ諸国では、移民の失業率は元来の国民の二倍であり、女性の失業率のほうが男性よりも高い。移民の場合では、就職しても社会的格下げに苛まれる者が多い。高学歴の移民の三分の一は、(自身の学歴を大きく下回る)中位あるいは低位の職業に就いている。押し寄せる難民を受け入れる国(例：イタリア)では、移民の六〇%にそうした傾向が確認できる。その理由は、緊急事態では就職と学位の関係が弱まるからだ。

さらに心配なのは、移民男性の失業率は、第一世代よりも第二世代（現地で生まれた移民の子供）のほうが高いことだ。アフリカ大陸出身の家族の場合、この隔たりは著しい（一三％に対して二〇％の失業率）。というのは、第二世代は、大量失業が蔓延した時期に労働市場に参入したからだ。ちなみに、フランスでは他のヨーロッパ諸国よりも移民の第二世代の数が多い。第二世代の運命はこうした労働市場の状況に翻弄された。

ヨーロッパのほぼ全域において、移民女性の就業率は一般の女性よりもおよそ一五ポイント低い。このような格差は古くからの移民受け入れ国（オランダ、ドイツ、イギリス、フランス）において顕著である。それらの国では移民全体に占める家族呼び寄せの割合が高い。一九七〇年代以降、それらの国では景況と移民流入のサイクルが解離したことが確認されている。

現在、移民はどの分野で働いているのか。フランスでは、二〇〇八年の経済危機直前の二〇〇七年に実施された調査によると移民の比率は、清掃員の三二％、建設作業員、タクシー運転手、家庭内労働者の二五％、食品小売業の店員の二二％、ガードマンの二一％、個人向けのサービス業の従事者の一五％だった。[1] これらの比率にフランスで生まれた第二世代は含まれていない。二〇〇八年の経済危機以降、失業率は増加したが、これらの比率はほとんど変化しなかった。[2]

移民の終着点とも言える帰化率について話を飛ばすと、帰化率の国ごとの比較は難しい。というのは、EU統計局のもつ比較指標は、第三国の移民に関する年間流入数だからだ。フランスでは毎年、移民のおよそ二〇人に一人が帰化している。フランスの帰化率は、ドイツの三倍、スペインやイタリアの二倍だが、北欧および北西ヨーロッパ諸国と比べると明らかに低い。マリーヌ・ル・ペンは、フランスは平均である。

「何としても」〔外国人を〕帰化させないと言っているが、実際には、フランスの帰化率はヨーロッパの平均である。

教育水準の単純な比較から何がわかるのか。教育水準についても、フランスは平均に位置する。フランスで暮らす第三国からの移民は、ドイツで暮らす第三国からの移民よりも高学歴である場合が多い。ドイツの第三国からの移民はほとんどがトルコ人である。フランスの高学歴の移民は、イタリアやスペインの二倍だが、イギリスの半分である。イギリスの技能労働移民を引き寄せる能力は際立っている。

「経済協力開発機構（ＯＥＣＤ）生徒の学習到達調査（ＰＩＳＡ）」からは、移民の生徒とその国で生まれた生徒との成績格差がわかる。この調査は、一四歳の生徒の読解力、数学、科学の理解度を示す。ほぼどこの国でも、第三国で生まれた生徒の成績は、その国で生まれた生徒よりも劣る。フランスはヨーロッパの平均に位置する。大きく劣るのは、男子生徒の場合では読解力、女子生徒の場合では数学である。しかし、こうした構造はほとんどのヨーロッパ諸国で確認できる。移民の子供の統合および学習という観点から見て、フランスがとくに劣っているとは言えない。

ＥＵ統計は、二〇一一年の比較予備調査では「所得と生活水準統計」（ＳＩＬＣ）の貧困指標を引用している[3]。貧困リスクは、国の中位所得の六〇％以下で暮らしている人々のパーセンテージで計測される。移民の貧困リスクはきわめて高い。この定義に照らし合わせると、フランスの移民女性の三分の一が貧困状態にある。保有資産に関しても資産形態〔預金、生命保険、自宅など〕に関わらず、同様の傾向が確認できる。しかし、これは驚くに当たらない。なぜなら、資産形成には時間がかかり、数世代を要することもあるからだ。ようするに、資産形成に関して移民は運が悪いのだ。移民の資産は平均よりも著しく劣る。

移民送出国に応じた違いを見てみよう。ＩＮＳＥＥの「所得と生活水準統計（ＳＲＣＶ）」は、きわめて具体的な一連の指標を提供する。それらはほとんど民俗学の資料のようでさえある。たとえば、財力の不足、劣悪な生活条件、滞納、住居難、消費の制約（例：年に一足の靴も買えない、一週間の休暇をすごす費用が賄えない）である。第三国からの移民の状況は、非移民やヨーロッパ系の移民との著しい格差に加えて、出自国によって大きく異なる。大雑把にいうと、移民の家族で貧困状態にあるのは、サハラ砂漠以南出身では三分の一、マグレブ出身では四分の一、非ヨーロッパ系と移民の家族全体では八分の一である。移民集団ごとの段階的な貧困が明らかだとしても、貧困は連続体としても存在し、移民の集団間で大きく重なり合う。移民に関する経済的な統合の問題を提起するのはお馴染みだが、統合の問題はフランス自国民にも生じる。これはドミニク・シュナペールが初期の著作から強調する点である。すなわち、統合する社会は、社会自体が統合されていなければならない[4]。ところが、われわれは格差が蔓延する分断された社会で暮らしている。アメリカの研究者たちはフランス社会を「分断化された同化」だと語った。これは分断化された統合とも言えるだろう。つまり、金持ちは金持ち、貧乏人は貧乏人に同化する。しかし、このような一時しのぎでは、問題は解決しない。現在も続く二〇〇八年の経済・金融の危機により、移民と元来のフランス人との格差は、解消されるどころか広がっている。

統合の分析における「他の条件が同じならば」

さきほど簡潔に述べたそれらの違いは、個々の違いであり、それらは激しい相互作用を引き起こす。

存在するさまざまな要因を解きほぐすには、どうすればよいのか。
学校の成績に関する移民の子供と自国民の子供との格差を例に挙げよう。各種調査からは、成績が悪いのは、自国民の子供より移民の子供だとわかる。成績の格差は著しい。問題は、こうした格差の原因が、社会経済学、制度、移民など、さまざまな要因を混ぜ合わせた結果だということだ。移民の子供の学校の成績が優れないのは、彼らが貧しいからなのか。それとも、彼らが移民の子供だからなのか。所得レベルが同じなら、彼らの成績はフランス人家庭の子供と同等なのか。移民の子供の学校の成績が劣るのは、何が最も大きく影響しているのか。生別、年齢、両親の滞在期間、社会的な出自、出生国、両親の教育レベル、周囲の環境、住居の広さ、宗教への取り組み、言語能力、兄弟の数なのか。学校のクラスの生徒の数、クラスメートの社会的な出自の構成、教師の教育レベルなのか。両親の願望や関与、兄や姉の先例、学校制度に関する理解度など、より個人的な要因も見逃せない。紹介したように、考慮すべき潜在的な「変数」はたくさんある。

一九八〇年代中ごろまで、フランスの研究者たちは多くの質問に答えられなかった。彼らは、せいぜい二つか三つの変数を扱うグラフを提示するくらいだった（今日でも一般向けの出版物では、フランスの調査機関はこのような説明をしている）。質問事項自体も不充分であり、他の情報源（例：学校の資料、居住地区の社会的な類型）からの「状況変数」を用いて調査ファイルを充実させるやり方も知らなかった。

時代は変わった。質問事項が充実すると同時に、「他の条件が同じならば《ケテリス・パリブス》」という分析が広まった。こうした分析により、行動様式に影響をおよぼすさまざまな変数のもつれを解明して、それぞれの変数の影響力を推定できるようになった。こうした手法は、「ロジスティック回帰」、『要因のベイジアンネットワーク分析」、「マルチレベル分析」などの統計モデルに基づく。今日、これらの統計手法は世界的に知られており、進化し続けている。これらの統計手法を否定する研究者はきわめて稀である。[5]古い時期（一九五〇年から一九八〇年）に人口学を学んだフランスの学者は、こうした「モデル化」を理解できない。彼らは長年にわたって「人口タイプ」方式を利用してきた。この方式では、調査する各要因に対してできる限り均質な人口モデルを構築するため、複雑な人生の行程や状況をもつすべての部分群サンプルを削除しなければならない。この方式もモデル化や標準化の一つだが、手作業で行なうため、すぐに人手不足という問題に直面する。

次に、統合に関する研究のきわめてセンシティブな点を紹介する。たとえば、高校一年生の二学期で高校を退学するケースを考えてみよう。[6]これは、両親の学歴、社会的な出自、住宅の質（例：子供が一人になれる部屋があるか）などに強く依存する。それらの要因を考慮に入れた後に、地理的な出自が運命におよぼす影響を把握する。このように分析しても、地理的な出自が影響をおよぼすことがわかる。「他の条件が同じならば」（あるいは、少なくとも多くの条件が同じならば）、トルコ、中央アフリカ、サハラ砂漠アフリカの出身者の場合、地理的な出自は、学校を中途退学する蓋然性に影響をおよぼし続けている。これをどう捉えればよいのか。三つの解釈が可能である。これら三つの解釈は相互に相容れないが、三つの要因が関与しているとも考えられる。一つめは、調査に含まれていない要因がある可能性だ。二つめは、社会的な統合に適しない特有の振る舞いが一部の集団にある可能性だ。三つめは、人種差別的な行為や体制がある可能性だ。

同じ出自の女子と男子の学校の成績を比較すれば、何か手がかりが得られるかもしれない。ほとんどの出自集団では、そして常に「他の条件が同じならば」、中途退学するリスクは男子のほうが女子よりも高い。大雑把に言うと二倍である。だが、この男女差はイタリアやスペイン出身の移民の家庭では存在しない。逆に、トルコ出身の移民の家庭では女子のリスクのほうが高い。トルコが例外なのは、トルコ出身の両親のどちらかが、娘の学業を強引にやめさせることに原因があるのか。これはあくまで仮定である。核心に迫るには、分析の構成要素の質を高め、さらに的を絞った調査を実施する必要があるだろう。

以前、私はルイ゠アンドレ・ヴァレの研究に「他の条件が同じならば」という注釈を記した。[7] ヴァレは画期的な一連の著作において、「他の条件が同じならば」、移民出身の中学生の学校の成績は他の生徒と同等、さらには優れていることを明らかにした。両親（とくに母親）の学歴、社会的な環境、兄弟の数など、家族の社会文化的な特徴を考慮に入れると、移民家庭の社会的なハンディキャップは消えたのである。

私は次のような注意を促した。現実の生活では、社会的な当事者たち（生徒、教師、生徒の両親、合格者など）は、有利あるいは不利という不平等な要因が混在する「すべての条件が異なる」状況で暮らしている。移民出身であるのは、多くのハンディキャップの蓄積にさらなる要因が加わることなのだ。では、ヴァレの得た不思議な結果は何を意味するのか。移民出身の生徒が学業で困難を抱えることは否定すべきではないが、外国出身であること自体は、遭遇する困難の源ではなかったということだ。今日、われわれは一九九〇年代のヴァレのときほど楽観的にはなれない。出自は相変わらず影響力をおよぼす。このことは人種差別によって説明できるのか。

出自による差別

「生い立ちと出自（TeO）」という調査の骨子は、当事者が強く感じる差別の研究である。差別を受けたと最も強く訴えるのは、マグレブ出身の第二世代である。また、ほとんどの場合、差別を訴えるのは男性よりも女性のほうが二倍ほど多い。世代間の違いもある。移民の第一世代は自身の境遇を、自分が祖国に残っていたらという仮定と比較するが、移民の第二世代にとって、この比較は意味をなさない。移民の第二世代の比較対象はフランス出身の同じ年齢の国民であり、彼らの境遇は平均して移民の第二世代よりも恵まれている。生涯を通じて差別を受けた経験について、より詳細な質問を投げかけると、回答は差別的な待遇に関する全体的な診断と一致する。「生い立ちと出自（TeO）」の立案者たちは、フランス出身の国民を対照群サンプルとして慎重に引用することによって、アラン・フィンケルクロートが訴える、いわゆる「白人差別」という現象の輪郭をはっきりさせた。彼らは次のような明快な結論を下したのである。「白人差別は存在するが、その頻度と強度はマグレブ出身者に対する差別の五分の一から六分の一である。さらに言えば、それは真っ先に挙げる経験ではない」。

「生い立ちと出自（TeO）」の分析は続行すべきだ。とくに、表明される差別をより客観的に捉える必要がある。そうすることにより、教育、居住環境、職業など、人生の軌道において観察される歪みが明らかになるかもしれないからだ。INSEEは、雇用調査や生活実態調査からわかる移民出身者に関する情報を利用して、すでにこうした検証に大きく貢献した。[8]

「生い立ちと出自（TeO）」の斬新さは、出自に関係する差別と宗教に関係する差別を切り分けたことだ。他の調査[9]においても、両者は部分的にしか一致しない。出自ではなくイスラーム教に対するマイナスのイメージに基づく差別があるのは確かだ。この差別は外見に対する差別に加わる。

パトリック・シモンとヴァンサン・ティベルジは、「生い立ちと出自（TeO）」の宗教の側面を分析した。彼らは、一部の集団が同じ宗旨の者たちだけで閉じこもって暮らしているのかを検証しようと試みた。これは、共同体主義（コミュニタリアニズム）を確認した最初の研究かもしれない。宗教的な族内婚の割合は集団ごとにほとんど変わらない。イスラーム教徒だと答えた人が同じ宗旨の人と結婚する確率は八二％であり、この割合はカトリック教徒では七八％、正教徒では八三％、プロテスタント教徒では七四％、ユダヤ教徒では六五％だった。面白い結果としては、「自分は無宗教だ」と答えた人の族内婚率も七一％と似通っていたことである。

第19章　同化／統合、過大評価された議論

今日、移民の社会統合の問題について研究している若手研究者たち（ほんの数名を挙げると、ヤエル・ブランバウム、ミルナ・サフィ、ラマ・カッバンジ、マチュー・イシューなど）は、出自集団内だけでなく、それらの集団間の不均質性を見逃さないように注意している。彼らは、同化と統合を対比させる二元論的な議論にはほとんど意味がないと考える。

同化モデル、回顧的な創造

印刷された文献をくまなく検証すると、一部の例外は除き、アングロサクソン系の著者たちは、同化（assimilation）と統合（intergration）という用語を使い分けていない。一般的に、二つの用語とも文化的な形容詞として使われている。[1] 一方、フランスでは、歴史を経てこれら二つの用語の概念は分離した。この分離は意図したものであり、現在でも影響が感じられる。フランスにおいて同化が語られたのは、きわめて断続的だった。少なくとも言えるのは、同化を目指した二つの試みは大失敗に終わったと

いうことだ。一つめの失敗は、（ロシア帝政のユダヤ人大虐殺後の一九一〇年代以降に、フランスへ逃れた東方ユダヤ人のときとは異なり）「同化した」ユダヤ人は、ヴィシー政権の反ユダヤ政令から逃れられなかったことだ（ユダヤ人一斉検挙）。二つめの失敗は、アルジェリアのイスラーム系エリートたちは、同化に尽力したにもかかわらず、完全な権利をもつフランス国民の地位を得ることなく、植民地帝国に隷属した状態から抜け出せなかったことだ。

今日の「同化モデル」と呼ばれているものは、過去におけるわれわれの願望を如実に表わしている。移民の家族は時間をかけて何とか同化した。同化の過程は、学校（長くは続かなかった）、仲間、兵役、協働作業などを通じて、フランスで生まれた移民の第二世代で実現した。同化は時間の経過とともに認知された。同化は脅迫的な命令ではなかったが、われわれの時代になって一部の選挙公約では厳命になった。これまで同化の過程には、行動と進歩のための猶予が与えられていた。

われわれは消極的な無関心を貫きすぎたのかもしれない。フランスでは、自分たちの植民地からやってくる移民はフランス語ができるという理由から、新たにやってくる者たちを対象にするフランス語教育の国主導による実施が遅れた。二〇〇三年以降、そうした語学講座は「受け入れ統合契約」という枠組みで無償提供され、二〇〇六年の法律で受講が義務づけられると同時に、名称が「フランス共和国の統合契約」に変わった（その理由は不明）。移民局（OFII）は、専門の機関とともにそれらの講座を公的に運営している。受講時間は年間最低二〇〇時間である。ちなみに、ドイツは三〇〇時間以上である。語学講座は提供されたが、内容は不充分だった。フランスの語学講座もドイツのように、日々の買い物の際に必要な会話などを含む、より実用的な内容にすべきだろう。[2]

今日、好んで語られる「同化モデル」と異なり、「統合政策」は一九八〇年代末に立案された厳命政策だった。グーグルがスキャナーを使って読み込んだフランス語の文献データベースによると、「外国人の同化」や「移民の同化」という表現は、一九三〇年代ではあまり使われず、一九五〇年代になると少し目立つようになったが、それらの使用は学問的な文献に限られていたようだ。こうした傾向は、二〇年ほど前から急速に広まった「外国人の統合」や「移民の統合」という表現の使用頻度とは比較にならない。これらの使用頻度は少なくとも一〇倍である（この点に関して、ドイツはフランスと歩調を合わせている）。われわれの時代に一つの統合モデルが存在するのは確かだが、新たな入国者に対して提唱される一般的な同化モデルと呼べるものは、厳密に言えばいまだかつて存在しなかった。

私は、統合に関する演説を見事にやってのければ、統合の実践の成功が保証されると考えるほどナイーブではない。統合は、移民だけでなく受入国を含め、全員の努力の賜物である。ミシェル・トリバラはフランスの同化モデルの終焉を嘆く。トリバラによると、このモデルは三つの障害によって破綻寸前だという。一つめは、移民が多すぎること、二つめは、イスラームは「非同化」であること、三つめは、国民は移民の居住地区から逃げ出したいとしか思わないことだという。[3] これらの先入観を共有する必要はまったくなく、移民の人口密度の高い地区での試みを過小評価すべきでもない。ところで、これまで以上に高いハードルを、より早い時期に義務づけることからなる統合（あるいは同化）試験を新たな入国者に課そうとする動きがある。そうした試験を課せば、障害は解消するのか。同化は漸進的で継続的な社会適応の産物であるのに、前提条件として同化を課すのは道理にかなったことなのか。★

★同化と統合は語源学的な観点からの違いはないが、フランスでは、これら二つの概念は次第に対立し始め、政治的、形而上学的な論争を引き起こしている。フランスの統合政策の狙いは、移民に、教育、雇用、住居、市民参加権を与える一方で、彼らの文化と宗教を断念させることである。「同化」は、右派だけでなく脱宗教の闘いに熱心な共和主義左派の厳命である。同化の目的は、移民が彼らの差異をできる限り消し去り、出身国の文化的な指向を断念させることである。

入国する以前から同化する

二〇一五年五月に共和党の総裁に選出されたニコラ・サルコジは、中道右派の大統領予備選の演説において、「移民して間もない人々に対する大型の同化政策を実行する（……）。将来のフランスにとって、同化は根本的な課題である。同化は移民政策の核心だ」と訴えた。[4] 狙いは誰か。まず頭に浮かぶのは、移民の子供、さらには若者全体だ。なぜなら同化政策のおもな仲介役は、よく言われるように学校だからだ。学校は、フランスの歴史教育においてあらゆる「悔悟」を拒まなければならない（学校は国家の歴史的過ちを教えない傾向にある）。さもないと、国を「中傷」することになるからだ。ところが、標的は学校よりも上流に定められたのである。すなわち、フランスに滞在したい者たちである。二〇一六年八月にニコラ・サルコジが出版した政策綱領本には、新たにやってくる人々に「同化を課す」と露骨に記してある。同化は（現在、法制化される予定の）帰化の規範になるだけでなく、「長期滞在の条件でなければならない」という。

この言い回しは強烈である。なぜなら、長期滞在は一年以上だからだ。つまり、フランスでも適用されている国際的な規定による移民の定義そのものである。したがって、サルコジの政策の対象になるのは新たな移民全員である。明確には、フランスに滞在しようとする人々は、入国前の段階でフランス社会に同化するという証拠を提示しなければならないのだ。すると、彼らは入国前に試験を受けなければならないのか。これまでの経験から、ニコラ・サルコジは滞在許可と帰化を常に混同してきたので、その問いに答えるのは難しい。サルコジは、これら二つの手続きを隔てる時間的な隔たりや、それらの性質の違いにもかかわらず、滞在許可について質問を受けると帰化について答え、その逆も然りだった（移民問題を自身の政策の中核に据える人物であるのに、驚きの混乱である）。

したがって、二〇一六年五月の演説はこの混乱の例がもう一つ増えたことを意味し、滞在許可証を更新するためだけに同化が求められるようになるのかもしれない。また、ショック療法の追求により、そのような政策綱領が提起する具体的な執行から生じる問題が無視される恐れもある。しかし、イギリス人が言うように、この演説を「思いやりをもって」解釈し、サルコジの主張を謙虚に受け止めてみよう。その場合、これは紛れのない分岐点になる。なぜなら、それは前代未聞の原則を提起するからだ。すなわち、入国時に同化を強要するという原則である。

これまで同化（ましてや統合）は、移民が受け入れ社会に順応し、そこで子育てするに応じて、時間をかけて熟成する社会適応の成果だった。世界中どこでも、どのような分野であろうと（言語、進学、就職、住居、賃金レベル、文化や宗教の実践、市民活動など）、研究者が統合そして（あるいは）同化の進捗度を正確に計測する際には、滞在期間に応じて検証する。時間の経過とともに、移民や彼らの子供の境遇が、元来の国民の境遇に近づくのかどうかを探るのである。時間の経過を省く統合や同化の研究が発表される機会はまずないだろう。というのは、そのような研究手法には重大な欠陥があるからだ。

移民してから一年もたたない時期に同化を要求するのは、無理強いであり、拙速である。ところで、科学的な観察の領域において真実であることは、政治活動の領域においても同様だろう。同化は頭ごなしに決まるのではなく、時間の経過とともに確認されることである。政治活動により、同化を促し、障害を取り除く条件が整備される（例：政治活動によって始まった取り組みである「受け入れ統合契約」に付随する語学講座）。しかし、政治活動が同化に向けて移民をどう操作すればよいのかはわからない。ニコラ・サルコジの計画を注意深く検証すると、同化の概念を表わす隠喩である消化という言葉そのものが覆る。すなわち、サルコジの主張する同化は、外国人の身体を徐々に消化するのでなく、一気に飲み込むことを意味する。

サルコジの発言を慮って読んでいないという反論があるかもしれない。たしかに、ニコラ・サルコジの演説のレトリックを無視すれば、別の解釈が可能かもしれない。サルコジは、滞在許可が下りた日から同化を課すことを企てているのではなく、「新たな移民が同化すると正式に約束することを要求する」と考えているだけなのかもしれない。だが、その場合、この約束は、滞在許可を新たに得る人にすでに課している、語学講座や共和国の価値観を尊重してもらう講義の受講を義務づける「統合契約」とどう違うのか。この約束は、フランス人の男性や女性と結婚した外国人の男性や女性がフランスにおいて配偶者とともに暮らすために現在でも調印しなければならない「共和国の価値観に関する憲章」と、どこが違うのか。

サルコジの提唱する解決策は、契約や宣誓、つまり、単なる一三〇時間の語学講座の修了証や、（イスラーム人を筆頭に）新たな移民がフランス共和国の価値観に忠誠と遵守を誓い、文化的、宗教的にフランスの生活様式と明らかに異なるすべての行為を断念すると約束する公的儀式の代わりに、新たにやってくる者に対する要求時期を早めるということなのだろう。この種の儀式は、帰化を称賛するために存在する。だからこそ、それらの儀式を滞在許可よりも先に挙行するという理屈だ。ニコラ・サルコジの大統領再選は失敗に終わったため、こうした政策綱領が実現される見通しは遠のいた。

組み入れモデルとしての多元主義

一般的に考えて、社会科学や市民原則に従えば、移民や彼らの子孫はさまざまな生活モデルのなかから選択し、さらには人生の途中で生活モデルを変えることができる。だが、われわれはこうした可能性をあきらめるべきなのか。同化したい人々もいる。移民や彼らの子孫が生活スタイルを変えないのは、自分たちの生き方こそが正しいと他者に押しつけない限り、自由である。より個性的で自由な生活形態を望むのも自由だ。柔軟で分化した統合を選択するのも自由だ（つまり、職業、家族、宗教、文化など、社会生活の分野に応じて、さまざまな選択を自由に選択する）。国際的な出自や媒介的職業〔中間管理職などのホワイトカラー〕に適する、国家の枠を超えた生活スタイル、あるいは二国間混合の生活スタイルを選択するのも自由だ。そのような生活様式はこれまでにも存在した。ポルトガル出身の移民が受入国の感情を害することなく行なってきたように、出身国の文化とのつながりを発展させることも考えられる。

フランスでは、社会生活の営みと市民権を得る道筋は複数あるという、このようなリベラルな見解を示すと、驚愕する人々がいる。これは教義がきちんと遵守されているかに目を光らせる教会の反応と似ている。よって、このようなリベラルな見解は相対主義への道筋かもしれない。そうは言っても、多元主義を相対主義だと非難するのは、やめようではないか。フランス共和国は民主主義の一変型にすぎず、強力な社会モデルであるが、ときに「栄光ある孤立〔孤立政策〕」の誘惑に負けることがある。フランス共和国モデルの民主的な特徴を完全に維持したいのなら、われわれは、フランス社会で暮らす移民はさまざまな生活モデルを選択できると認めるべきだ。統合は最低限の形式に留め（言語の習得や経済活動への同化）、それ以外は多様な選択肢があるのだ。研究者が現場で観察するのは、まさにこの多元性である。

時間が経過しても統合が進まなくても、統合に時間が必要であることには変わりがない。外国生活の経験が三回ある私は、外国語の奥行きの深さ、礼儀作法の違い、社会制度の不思議な仕組み（とくに、教育制度、医療制度、政治制度、メディアなど）を習得するための努力を実際に経験した。現に、移民の組み入れと統合に関する進捗調査からは、言語、経済、社会などの統合の要因として、滞在期間はきわめて重要な役割を担うことがわかる。[5] 運転免許証を取る際には交通条例を猛勉強するが、「統合試験」の準備をしたところで、統合への道筋をうまく歩めるかは定かでない。領土に根を下ろす以前に移民の統合を検証すると主張する政策綱領は、人間が物事を経験する論理的な順序を逆行し、現在において将来を解読しようとして時間を葬り去る。はたしてそれは理性的なことか。今後、滞在しようと願う者に対して、「すでに入国したことがなければ入国できない」と説くことになる。では、次の段階である国籍を取得する際には、何と言うことになるのか。私は、出生地主義と血統主義のそれぞれの利点に関してわれわれを引き裂く絶え間ない議論には、統合の要因として滞在時間を充分に考慮していないという欠点があると考える。次に、この点について細かく検証しよう。★

★民主主義の基本的な特徴である多元主義は、多様な意見の表明や信仰の自由を認める。具体的には、それは、基本的人権の尊重を前提にして、複数政党制や報道の自由によって担保される。相対主義が非難される理由は、すべての価値は同等だと見なす点にある。絶対的な真実だと確信する一神教の宗教にとって、相対主義は受け入れがたい。一神教は、宗教は個人の選択の一つだと考える相対主義を批判する。ヨーロッパ、とくにフランスでは、長年にわたって王国あるいは国家には一人の王と一つ宗教しかないという考えのもとに暮らしてきた。カトリック教会が宗教的な多元性と国の宗教的な中立を認めるまでには長い歳月を要した。多様化された宗教を実践する日本をはじめとする極東地域で暮らす人々にとって、これらの概念を理解するのは難しい。フランスの問題は、公的な空間での宗教の露出に反対しながらも、自分たち自身はフランス革命以前のように物事の唯一の見方を優先しようとすることにある。

出生地主義でも血統主義でもなく——滞在期間主義

フランスの国籍法は、歴史を経て複雑な構造になった。その生成過程は、ロジャーズ・ブルーベイカー〔アメリカの政治学者〕やパトリック・ウェイル〔フランスの政治学者〕が明らかにしている。ところで、移民に関する議論では、この法律を「出生地主義」か「血統主義」かの二元論によって論じる傾向がある。極右は「出生地主義」を「机上のフランス人」をつくり出す背徳的なメカニズムだと見なし、「出生地主義」の廃止を訴える。一方、左派は「出生地主義」を懸命に擁護する。これは左派が粘り強く守り続ける移民問題に関する要素の一つでもある。よって、左派にとって出生地主義への執着はアイデンティティの標識になる傾向がある。

私は、出生地主義と血統主義を同時に遵守すべきだと考える。なぜなら、それらは唯一の原則と言える「滞在期間主義」に関する二通りの解釈だからだ。

フランス国への帰属を確立するには、三つの方法がある。これらは忘れられがちなのでここに記しておく。[6]

❶フランス人女性あるいはフランス人男性の子供は、出生地がどこであろうと誕生時からフランス人である。これが「血統主義」である。しかしながら、外国で生まれたフランス人の両親をもつ人物が外国で生まれた場合には、その人物はフランス国籍を要求する際に苦労するかもしれない。というのは、両親がフランス人であることを証明しなければならないからだ。その際には、家系図を作成して丹念に説明する必要があるだろう。だが、緊急の必要性がないのに血統主義に訴えてフランス国籍を取得することは稀である。いずれにせよ、「領土外」での国籍の原則は、フランスの法律に明記されている。これは国籍法の始まりでもある。

❷フランスで生まれた親（父母のどちらでもよい）をもつ人物がフランスで生まれた場合も、その人物は誕生時から十全たる権利をもつフランス人である。これはフランス第二共和制（一八四八〜一八五二年）が一八五一年に法制化した「加重式出生地主義」である。フランス国民の四分の三もこれに該当するだろう。加重式出生地主義は簡単に証明できる。出生届には、自身と両親の出生国が記されている。出生届を閲覧できる警察や市民籍の担当者なら、親子の出生国がフランスかどうかを検証でき、もしそうなら、その子は誕生時からフランス人である。

❸外国で生まれた両親からフランスで生まれたのなら、フランス人になれる。ただし、成人してからである。これには二つの条件がある。現在もフランス領土で暮らし、一一歳のときから少なくとも五年間、フランスで暮らしていることである。これは一八九九年にフランス第三共和政（一八七〇〜

〔一九四〇年〕が法制化した「単式出生地主義」である。そのときの明快な論証は、「フランスで生まれ育った人々は、他に祖国をもたない」だった。奇妙なことに、この第三の道は、誕生時、青年時、そして子供時代の少なくとも五年間という三つの時期にフランスに滞在していることが要求されるのに、最も非難の対象になっている。「即時型の単式出生地主義」のアメリカの場合とは異なり、フランスの「単式出生地主義」は事後決定である。つまり、フランス国籍を子供に与えるには、フランスで子供を出産するだけでは不充分なのだ。フランスの立法機関は、フランスに来て出産すると、生まれた子供は自動的にフランス国籍になるという見方を常に否定してきた。フランスで生まれた子供がすぐにフランスを去り、成人になる直前にフランスに戻ってきてフランス国籍を得ることも認められていない。この点については一切変更がない。子供がフランス人になるには、フランスで五年間暮らしていなければならないのだ。

ところで、すべての鍵はここにある。「単式出生地主義」である第三の道は、フランスの国籍法を弱めたのではない。この第三の道は、現在と滞在期間という条件を組み合わせたことによって、二つの異なるメカニズム〔血統主義と出生地主義〕に関する解釈を明確したのである。血統主義の場合、血統自体には何の意味もない。重要なのは、世代を経て継承される連続性である。フランス人の子供は、国に愛着を抱く最低限の条件を備えていると見なされるのだ。では、出生地主義はどうか。これも名称がよくない。なぜなら、重要なのは出生地でなく、そこですごす期間だからだ。つまり、フランス社会に適応するのに充分な期間である。立法者はフランスとの親密性を二つの方法で推定する。すなわち、フランス領土において二世代連続で生まれたか〔加重式〕、あるいは、子供がフランス領土で生まれ、所定の期間内にそこで暮らしていたかである〔単式〕。

出生地主義の反対者は、国籍を取得する第三の道を「受動的」だと批判する[7]。ようするに、反対者は、われわれが受動性に自発的な行為と同程度の徳を与えない傾向に巧妙につけ込むのだ〔一般手に、受動的な行為より能動的な行為のほうが社会的に評価される〕。しかしながら検証すると、これはまことしやかな論証である。国籍を取得する他の二つの道のほうが「能動的」なのか。さらには、それらの道そのものは能動的なのか。むしろ逆だろう。血統主義や加重式出生地主義の恩恵を得るには待つ必要さえなく、誕生時にフランス国籍が得られるのだから、誕生さえすればよいのだ★。単式出生地主義だけに向けられる受動的という非難は選択的な憤慨である。実際には、この非難は別の論理基盤をもつ。すなわち、フランスで生まれ育った外国人の子供に対するラディカルな他者性という公準である。これは良識を装う提言の好例であり、詭弁を弄している。ようするに、差別である。「受動的」という批判の論理構造は、「フランス国籍は、受け継ぐか、獲得するか」という国民戦線のスローガンを想起させる。たとえば、よい就職先は受け継ぐのではなく獲得するものであり、瞳の色は受け継ぐものであって獲得するものでない。フランス国籍を「受け継ぐか、獲得するか」と同時に並べるのは詭弁である。

★血統主義の場合、片親がフランス人であればよく、加重式出生地主義の場合、フランスで生まれた片親をもち、フランスで誕生すればよい。これらはきわめて受動的だ。国民戦線やオルトフーだけでなく、多くのフランス人は、この受動性はフランス人の子供の特権であり、外国人の子供はたとえ生涯のほとんどをフランスで暮らしていても能動的でなければならないと考えている。著者は、この待遇の違いに疑問を呈している。

フランス国籍を取得するための三つの道を制御するシステムは、矛盾する原則の集合体でなく唯一の原則に基づくのだ。すなわち、時間を経てフランスに親密になるという原則である。血縁や出生地から国籍所得に関する固有の徳が湧き出るのではない。「ユス・ソリ〔出生地主義〕」を「ユス・サンジェニス〔血統主義〕」

に対立させるのが習わしになった。ラテン語を使うのは自身の発言に永遠の響きと威厳をもたせ、神聖な概念について語っていると相手に思わせるためだ。だが私は、現在においてもこの対立が存在するとは思わない。フランスには出生地主義も血縁主義もなく、滞在期間主義がこれら二つの主義を包括しているのが現実だ。言い換えると、領土で暮らす期間によって付与される権利である。滞在期間によって当時者の公民精神や心の内がわかるというわけではないが、その人が国の生活に早い段階から親しんでいるということは保証できる。フランスの法律は賢明にも国籍取得に複数の道筋を切り開いた。それらの道筋の一つを閉鎖する、あるいはその道筋を元来のフランス人でない外国人の子供だけを対象にする試験に変更するのは、今日のフランスの現実に完全に適合する、柔軟かつ統一された論理構造を破壊することだ。それは改悪であり、フランスの国籍法の奥深い論理に照らすと、まったく理解できないことである。

第20章 連帯と憐れみ

滞在期間主義は、通常の移民管理に適している。しかし、集団で訪れる難民の場合のように、特殊な移民の不意な出現を「統合」するには、どうすればよいのか。こうした事態に直面する際、われわれには、どのような法的、道徳的な手段があるのか。

アラン・クルディ――道徳によって水没する政治？

読者は、二〇一五年九月に三歳のアラン・クルディの遺体がトルコ南西部のボドルムの浜辺に打ち上げられたのを覚えているだろう。世界中を駆け巡ったその写真からは、その子はシリア人の難民認定申請者でも移民でもなく、大人の狂気によって成長する権利を奪われた一人の子供だということを、われわれは思い知らされた。その子供の不条理な死は人間の道義心に反した。

このショッキングな写真が世界中を駆け巡ったことによって、左派や人道団体は、同情し、感情移入し、悔悟の念を表明した。これに対して、一部の哲学者、論説員、政治家などが反撃した。人間としてのこの道義心を抑制すべきだったのか。最良の手段はわれわれの罪悪感に罪悪感を与えることだったのか。つまり、われわれがこの子の死に罪悪感を覚えることが罪悪だったのか。「冷酷になれ」というメッセージが発せられた。ある雑誌のタイトルは「移民――同情するのは危険[1]」だった。

憐みに抗するために攻撃に移る者たちがいた。彼らはその子供の両親を非難し、演出ではないかと疑い、そうでないなら、原因はトルコ大統領かイスラーム教主義にあると述べた。このイメージを世界に拡散させた背後には、大規模な情報操作があると告発する入念につくられた批判もあった。シャンタル・デルソルは、『フィガロ』紙においてこうした議論を展開した。「押し寄せる大量の移民からヨーロッパの人々を保護することは政治的生命線であるのに、ほとんどの国際メディアは国境の開放を唱え、罪のない犠牲者というこの型通りの考えにより、政治的信条が道義心に飲み込まれる」と論じたのである[2]。デルソルは、「たしかに、道徳的要求を唱える権利はあるが、責任ある政府は、政治的要求によって道徳的要求の平衡を保たなければならない」と付言した。

この点に、責任倫理と信条倫理というマックス・ウェーバーの有名な二元論の変型が認められる〔結果説と動機説の対立〕。そうは言っても、マックス・ウェーバーにとって、それは二者択一だった。政治を行なうか、あるいは道徳を追求するかである〔ウェーバーは、不可避なジレンマを非常に特殊な状況を使って説明し、そうした状況における自身の考えを表明した[3]〕。現状では、二つの要求を両立させなければならないが、これら二つを並べるとぎくしゃくする。すなわち、ほんの少しの道徳を加味する必要はあるが、まずは政治が重要だとなるのだ。

ところで、この区別は場合によっては何の意味ももたない。祖国から逃げ出した外国人の保護が単なる

「道徳」であるのに、自国民の保護はどうして「政治」になるのだろうか。こうした割り振りは恣意的である。この問題を解決する際のジレンマと緊迫感は、政治と道徳の対立ではなく、政治的な要求と道徳的な要求の対立である。シャンタル・デルソルが提起した疑問は結局のところ、政府は外国人と自国民のどちらを保護するべきなのかということだろう。つまり、競合関係にある外国人と自国民との間に均衡を見出す必要があるという前提だ。

歓待の務めには迎え入れる国民の合意が必要であることは、カントがすでに言明した真理である。祖国を離れる権利は、どこに移り住もうとも、安住する権利を確約しない。さらに、安住には受け入れ先の社会の同意が必要になる。受け入れ先の社会は、移り住んでくる人々の安住する権利を確約するための、納得できる条件について話し合う必要がある。難民を受け入れるために最大限の努力する社会（あるいは社会を構成する一部分）がある一方で、最低限の努力しかしない社会がある。さらには、国境に壁を建造する社会もある。それらの選択の際には、政治と道徳が不可分になる。国境を開放する、国境を閉鎖するという二つの行為（国民戦線が「国家の選択」と称して明瞭に掲げる選択肢）との間には暗黙の序列があるという考えに基づき、前者は道徳的、後者は政治的だとは言えない。政治には道徳以上の価値があると鼻にかけ、道徳は無責任だと見なして道徳に制限がかけられるのなら、両者の領域を厳密に定めようという試み（ここで言うのは、道徳をやめ、政治を始める試み）は無駄に終わるだろう。

その例として、私はシャンタル・デルソルの文章を挙げた。デルソルの文章以外にも多くの例がある。それらの文章は、道徳に基づくのは憐れみを誘う戦略だと見なす、無情な分析である。メッセージは明確である。すなわち、「過度に同情するのは問題外であり、憐れみに心を奪われてはならない」である。

移民に侵略されたくないのなら、憐れみに溺れてはならない、である。だが、無防備な子供は、滅びゆく人類を具現しているのではないか。冷酷な精神の持ち主は、そこには大きな危険がひそんでいると反駁する。「敵意を失わせるあのイメージは、われわれを骨抜きにするために故意に拡散されたのだ。つまり、武装解除させるためだ」。

こうして政治哲学に後押しされる冷酷な精神をもつ保守派は、祖国を離れた人物、さらには、移民政策について、道徳的に考察しないように専念する。次のように考えるのだ。亡命者が戦争の恐怖や独裁者の迫害から逃れてきたと思ったら大間違いだ。亡命者は二重の領土侵略リスクを抱えている。自国民の生活資源を横取りしようとする移民のリスクと、政治を押しのけようとする道徳のリスクである。これらの論証の先には、道徳（あるいは、われわれがなすべきこと）に配慮しない政治という考えがあり、外国人であふれることがない（あるいは、われわれにとって異質でない外国人だけ）という理想の国の姿が描かれる。われわれが自分たちの国をそのような姿にしたいのかは疑問であり、ここでも政治と道徳は不可分である。その回答も同様だ。

憐れみの政治

同情、感情移入、情動の政治、憐れみ、善意、思いやりなどを、「高邁な精神の持ち主[4]」が培う感情過多な形式だとして嘲弄する冷酷な精神の持ち主が記すエッセイは多数ある。ヘーゲル、そしてニーチェも然りである。

私は古臭い福音主義の概念である慈悲についてあえて語ろうとは思わない。マックス・ウェーバーは、慈悲を無責任だと見なしながらも感嘆した。なぜなら、慈悲は利害計算を無視するからだ。この点において、脱宗教のわが共和国は慈悲に疎遠になり、慈悲を社会的な目的にしなくてもよくなった。[5] 世間は、人道支援団体のことを租税負担が軽減される組織だとしか思っていないのかもしれない。

歓待はどうか。カントに感化された一部の哲学者たちは歓待の精神を擁護し続けるが、これら一連の攻撃の次の犠牲者はおそらく歓待だろう。友愛はどうか。友愛という言葉は因習に従って公共の建物の正面外壁にまだ掲げられているが〔自由、平等、友愛〕、友愛に法的原則としての地位はないので、友愛を真剣に考慮するのは困難である。といっても、アナカルシス・クローツなどのフランス革命時の狂信的革命家など、友愛の革命的な考案者は、裏切り者に対して容赦しなかった。連帯〔麗しい概念だが、その意味と歴史はまったく異なる〕を基礎に友愛を築きながら友愛を救わない限り、友愛は消え去るだろう。ケア〔病人や障碍者に対する無償のサービス〕と奉仕活動はどうか。人間は何の見返りもなしに他者に関与できると考える社会学者はほとんどいない。よって一般的に、社会学者はケアや奉仕活動を経済行為だった場合に置き換えて、金額で表わそうとする。何の見返りもなくケアや奉仕に従事する人々は、こうした計算に必ずしも納得しない。

自分たちは騙されないと自負する論説委員や政治家がすぐに「同情的だ」と非難するこれらの概念は、内容は異なっても同じ原則に基づいている。すなわち、共通の人間性における観点の可逆性、つまり他者の身になって考えるという能力である。社会を成り立たせる最大の原動力として、アダム・スミスは「共感」、ルソーは「憐れみ」を語った。倫理学では、それは黄金律と呼ばれている。「他人が自分にしてほしくないと思うような行為を他人にするな」である。文明が始まって以来、「同情的」な傾向を嘲弄する人々は、誰もが知る道徳的な感情に関する理論の長い歴史を無視している。憐れみがなければ、社会は成り立たない。憐れみは、不公平だという感情や社会的な連帯感と同じく、政治的な情動なのである。

同じ血が流れる

私が暮らす地区の公共体育館で献血する機会があった。現在、献血団体は人々の携帯電話に献血キャンペーンのメッセージを送っている。きわめて多様な人々が暮らす私が暮らす都市部郊外では、連帯感は単なる掛け声ではない。当日、大きな体育館には大勢の人々が集まった。人々の顔ぶれからは、街角と同じく、さまざまな民族的な出自を見てとれた。本国、海外県、マグレブ、トルコ、西アフリカ、東南アジア、少数のインド亜大陸とラテンアメリカ　もちろん、出身地域がわからない人々も大勢いた。マグレブ系の人々のなかには、ヴェールを被った女性もいれば、被っていない女性もおり、一部の女性は体にぴったりの服を着ていた。服装はさまざまでも、全員が袖をまくって献血に協力していた。長い行列ができ、会話が弾んでいた。民族的な顔ぶれも服装も実に多様な人々は、顔を突き合わせておしゃべりに興じていた。献血の動機は、近所づきあい、奉仕やPTAの活動、友愛の精神からだろうか。採血する医療チームの顔ぶれも多様だったのは言うまでもない。私はこの光景から何を言いたいのか。私の「純粋主義」からユートピアが生じたのか。「画一思考」の影響による「多文化主義」という願望か。

そうではない。それは何度も身をもって体験した客観的な現実であり、世間の関心をひこうとする前述の蔑みは的外れである。この光景は単なる生活の一場面であり、驚くに値しない。

たしかに、地区の住民全員が献血などの呼びかけに反応するのではない。献血者たちは地域住民を代表する厳密なサンプル群ではない。しかし大まかに言って、献血者の多様性はこの地区のサンプル群のイメージを如実に表わしていた。

私がこの団結に言及するのは、パリ郊外における献血者の多様性を強調するためだけでなく、この多様性は公的機関のおかげで共通の目的と両立できることを示すためだ。バーコードが付けられた採血容器は血液型や医学的な基準に応じて分類される。集まった血は、フランス憲法の第一条が規定するように「出自、人種、宗教の区分なく」、また、居住環境、生活様式、最近では性的指向などと無関係に人々の命を救う。いつの日か、あなた、私、あるいは身内の命が、献血によって救われるかもしれない。

都市部郊外でのこの光景からは、政治的であると同時に道徳的な教訓を導き出せる。一つの現実の二面性が結びつくのだ。移民によって多様化が進んだ国民（自分たちの違いを誇示したい人とそうでない人がいる）という面と同時に、われわれ共通の人間性のために集まった血が分け隔てなく利用されることに同意する国民である。民族的な出自の多様化と共有財という感覚である。すなわち、献血の場合では、国の献血事業団という公的機関により、われわれの社会における二つの両立しうる振る舞いが結びつくのだ。こうした出来事は充分に語られていない。

役に立つ移民から当然の権利をもつ移民へ

ミシェル・アジエ（フランスの人類学者）が言うように、移民は「街をつくる」[6]。より一般的に言うと、移民は社会をつくる。移民の存在と統合は、彼らの経済的な有用性を理由にして正当化しなければならないのか。この点に関して、私は興ざめな事実を述べる。すなわち、戦後の復興期以降、移民の経済への貢献は中立であり、社会保障の収支に関しても同様である。だが、この中立を肯定すること自体がすでに重要な意味をもつ。というのは、エセ経済学者は「移民のコスト」に関して天文学的な数字を流布し続けているからだ。人口面では、移民は人口増に寄与し（戦後以降、人口増の三分の一）、世代の再生に補完的な役割を担っている。ただし、「大規模な補充」とは程遠い。若い移民は、ベビー・ブームの終焉後の少子化から生じる「下からの人口の高齢化」をわずかに阻止する一方で、一九七〇年代以降の平均寿命の急伸による「上からの人口の高齢化」に対してはまったくの無力である。移民は人口の高齢化に対し、微力かつ部分的な措置でしかない。

こうしたことは、経済学者や人口学者が移民の利点を客観的に訴えてくれると思っていた人々にとっては期待外れだったかもしれない。しかし、移民問題に取り組む人道支援団体で活動する人々に対して、私は自身の立場を単刀直入に述べておきたい。功利主義に基づく議論によって移民を正当化することはできない（対話者が功利主義的な視点でしか物事を考えないという理由から、この論点を利用することが正攻法だとしても、それは正当化できない）。それよりも法律の論理を引き合いに出すべきだ。フランスにやってくる移民の圧倒的多数は、フランスに来る権利があるからやってくるという事実を全面的に受け止めるべきなのだ。

「多様性」という効用は、理性に基づく利益計算というよりも、個人的な哲学や企業文化に属することだ。こうした効用をきちんと証明したまともな研究は一切ない。たとえば、韓国人の客には韓国系の販売員を、また、イスラーム系の患者にはイスラーム系の看護師を担当させるなど、顧客に応じて従業員を「多様化させる」企業戦略は、ようするに「同じ人種をあてがう」ことである。このような区分は人口の混合に反する。多様性という口実のもとに、社会活動を民族に基づいて分割するだけである。同じ理屈は均質性の効用を説く議論であっても可能だろう。規範的な例を挙げると、団員が男性だけ、あるいは女性だけのオーケストラの演奏は、当然の帰結として、男女混合のオーケストラよりも劣ると真剣に考える者がいるだろうか。今日、女性の団員を雇わなければならないとすれば、それは多様性の目的を果たすためではなく、単に権利の平等に基づく要求によるものだろう。「多様性に関するビジネス・ケース」を功利主義的な観点から論じると、企業は人材を多様化させようとするかもしれない。だが、これは物事の本質に触れていないばかりか、物事の本質を見えにくくする恐れさえある。

一般的に、経済的、人口学的な観点から移民を擁護する場合も同様である。「われわれ〔移民〕のいない一日」という啓発活動が、移民や彼らの子供が存在しなければすべての産業分野が機能しないと訴えたように、彼らの存在が経済活動にとって不可欠なのは事実だ。[7] しかし、その理由は彼らが多様性に寄与するからではなく、移民と元来のフランス人は、すでに就業人口の構成要素になっているからだ。これは、男性と女性、若者と年長者、エリートと叩き上げ、パリ市民と地方の人々、本国人と海外県人などと同様である。これらの構成要素で無駄なものは一つもない。どの要素であっても「われわれのいない一日」を企画できるが、そのようなことをしてまで証明する必要はないだろう。わが国の生活や仕事の場において、われわれは移民に賛成か反対かを論じるべきではもうないのだ。移民は日常の風景の一部なのである。

移民に賛成でも反対でもなく

移民に賛成なのか反対なのか。この段階を通過すれば、われわれの公的な議論は成熟した段階に達する。現在、移民は、高齢化、都市部の拡大、コミュニケーション手段の急速な発展と同様に、恒常的な現実なのだ。好むと好まざるにかかわらず、フランス人口の四分の一を占める移民は、他の構成要素と同じく、人口の欠かせない構成要素の一つである。このことを称賛あるいは非難することに、一体どんな意味があるのか。

だが、それは移民に関する一連の問題を議論してはいけないという意味ではない。議論すべきテーマとしては、次のようなものが考えられる。入国条件、実施すべき管理、受け入れと統合の体制を構築するための最良の方法、権利と義務の学習、人種差別の撤廃、職業訓練、移民の地理的な分散、移民の第一世代と比較する第二世代の境遇、経済、社会、教育、言語、文化、市民活動における統合の成功と失敗などである。宗教の多様性を認めれば、普遍的な価値観や基本的な権利が社会に根づくだろう。たとえこの問題が移民に関する疑問が中心になっても、その方法について語り合うべきだ。今後は、大量に押し寄せる難民の動きを事前に察知し、受け入れに関してわが国の応分の負担を果たす必要もある。その際、フランス国内だけでなく、現地でも活動することになるかもしれない。

ところで、それらの問題はどれも重要だが、わが国の歴史的遺産には基本的人権など存在しないかのようにこれを無視し、「移民のいない社会」、あるいは「移民を最大限に減らす」という幼稚な夢は回答にはなりえない。

移民に賛成でも反対でもなく、われわれは移民とともに暮らすのである。

訳者あとがき

本書は、フランスで出版された *Avec l'immigration : mesurer, débattre, agir*（édition la découverte, 2017）の全訳である。原書のタイトルは、「移民とともに――計測し、討論し、行動する」という意味になる。

著者フランソワ・エランは、一九五三年フランス北部の都市ラン生まれのフランス人だ。フランスの名門校エコール・ノルマル・シュペリウールで哲学を専攻した後、社会科学高等研究院（ＥＨＥＳＳ）にて社会人類学で博士号を取得した。本書の記述にあるように、一九九三年から一九九八年にかけて仏国立統計経済研究所（ＩＮＳＥＥ）の人口調査部の部長を務めた後、一九九九年から二〇〇九年にかけて仏国立人口学研究所（ＩＮＥＤ）の所長を歴任した。哲学を専攻した人物が国の科学研究機関のトップを務めるのは、文化大国フランスならではのことだろう。

二〇一七年には、コレージュ・ド・フランスの教授に任命された。新設された「移民と社会」という講座を受けもつことになり、二〇一八年四月五日には就任記念の講義が行なわれた。ちなみに、コレージュ・ド・フランスの教授は、当該の研究分野でフランスの最高権威であることを意味する。現在も、コレージュ・ド・フランスやＩＮＥＤなどで研究活動に従事している。

本書の意義は、おもに二〇〇〇年以降のフランスの移民政策を、フランスの移民問題の専門家が振り返っている点にある。

ご存じのように、フランスでは昨今、テロ事件、政教分離、イスラーム人口の増加、失業、格差社会などに関連し、移民が大きな社会問題になっている。フランスでも極右団体やポピュリストが移民問題をテコにして勢力を拡大し、社会の分断化が深刻になっている。移民問題の本質とは何か。著者エランは、本書において移民問題に関する誤解を丁寧に解説している。移民政策によって調整可能なことは何か。逆に、不可能なことは何か。

本書では、人口学、法学、経済学、社会学、歴史など、さまざまな観点から移民という社会現象を検証している。具体的には、サルコジの積極的な移民政策は、どうして効果を発揮しなかったのか。国民を説得する際に、どのような弁論術が用いられたのか。一部の国民はなぜ極右を支持するのか。著者が考える国民のアイデンティティとは何か。これらに関する回答を明記したのが本書であり、移民問題に向き合わざるをえない日本の読者は、本書から「後発性の利益」を得ることができる。

移民受け入れに断固反対しようとも、日本は移民を呼びよせる強烈な磁場であり、これに抗うのは至難の業だと考えたほうがよいだろう。もちろん、日本の事情はフランスとは大きく異なる。フランスは古くからの移民受入国であり、旧植民地の存在など、フランスの歴史、宗教、文化は、日本とは異なるからだ。さらには、人口の少子高齢化、経済成長の低迷、人工知能（ＡＩ）やロボットの活用など、移民問題を取り巻く諸条件は劇的に変化するだろう。それでも、本書はフランスが犯した間違いを避けるための道標になるはずだ。

本書でも繰り返し指摘しているように、少なくとも言えるのは、移民の人権をないがしろにする政策はいずれ機能しなくなるということだ。ようするに、これはスイスの作家マックス・フリッシュの「スイス経済は労働者を呼んだのに、来たのは人間だった」という有名な文句に要約される。モノ、マネー、情報のやり取りの自由化が加速するなか、ヒトの移動だけを制限することは、今後さらに困難になる。同時に、民主国における人権の遵守は、国籍、宗教、イデオロギーなどを問わずに無条件に保障されるようになる。人間としての基本的な権利である人権を蹂躙することは許されないのだ。日本においても受け入れる移民を単なる労働力として下級市民のように扱う政策は機能しないだろう。

移民問題をめぐる意見の対立は激化しやすい。だからこそ、デカルトの『方法序説』の一節にあるように「良識と学識を兼ね備えた人々」による冷静な分析と討論が必要なのだ。私は本書がそのための一助になると確信している。さまざまな立場の人々が本書を手に取ってくれることを願っている。

本書の翻訳に関して、私はほぼ毎日のようにエラン氏の教えを乞うた。この場を借りて感謝申し上げる。訳注の作成については、エラン氏のコメントを参照したことを申し添えておく。もちろん、誤訳や訳注の内容に誤りがあるとすれば、それらはすべて私の責任である。

最後に、白水社編集部の和久田頼男氏に感謝申し上げる。

二〇一九年二月一一日（私の父の誕生日）

林　昌宏

[註記]

日本語版への序文

[1] 一冊目は、『移民の時代』(フランソワ・エラン著、林昌宏訳、明石書店、2008年)。

[2] P. Connor et J. M. Krogstad, "Many worldwide oppose more migration – both into and out of their countries", *Fact Tank*, Pew Research Center, Dec. 10, 2018 [survey of 27 nations conducted in Spring 2018].

[3] 次を参照のこと。Erin Aeran Chung, "Japan and South Korea: Immigration control and immigrant incorporation" in J. Hollifield, P. Martin, P. Orrenius (eds.), *Controlling immigration. A global perspective*, Stanford University Press, 3^d edition, pp. 399-421 [suivi de deux commentaires critiques par Dietrich Thränhardt et Midori Okabe]..

はじめに

[1] 国際移住機関(IOM)の『行方不明になった移民プロジェクト』の推定値:
https://missingmigrants.iom.int/

[2] Nathalie GUIBERT et Hélène SALLON,「フランス軍は、イラクとシリアで少なくとも2500人のイスラーム国のジハード主義者を殺害した」。*Le Monde*, 13 décembre 2016. これらのNGOによる犠牲者の数の推定方法とNGOの財源については、次を参照のこと。
http://www.everycasualty.org/: http://www.everycasualty.org/

[3] 第三国とは、EU、そしてスイス、ノルウェー、アイスランドなどに属さない国を指し、私は、「非ヨーロッパ」、「ヨーロッパ圏外」、「ヨーロッパ共同体外」の移民という表現も用いる。

[4] 私は、移民に関する入門書を執筆し、そのなかで各種データの扱いについて解説した。読者の参考になれば幸いである。François HERAN, *Parlons immigration en 30 questions*, La documentation françoise, Paris, 2016 (2e éd. Refondue). 2005年以降の20万人の移民流入者の動機については、同書37ページのグラフを参照のこと。

[5] 内務省のインターネット・サイト上に公開されているデータより。
https://www.immigration.interieur.gouv.fr/ « Statistiques » のタブを開く。

[6] この時期、移民政策を担当した大臣は、ブリス・オルトフー、エリック・ベッソン、クロード・ゲアンだった。サルコジ大統領が彼らにかけた圧力については、移民および安全対策を担当した大統領官邸秘書官の衝撃的な証言を参照のこと。Maxime TANDONNET, *Au Coeur du volcan. Carnes de l'Elysée, 2007-2012*, Flammarion, Paris, 2014.

[7] 移民政策の詳細な分析については、『移民の時代』を参照のこと。

[8] 2016年6月8日にOFPRAが発表した数値。

[9] Nicolas SARKOZY, meeting à Saint-Georges d'Orques (Hérault), 16 mai 2015, cité dans *L'Express* du 29 mai.

[10]「難民の受け入れに対して、ヨーロッパは規模とアプローチを変えるべきだ」。Elsa Freyssenet et Virginie Robert, *Les Echos*, 3 septembre 2015. また、「経済移民——主流派の大きな懸念」、*Libération*,13 septembre 2015 (tribunes accesibles en ligne).

[11] この情報は、とくに2013年の夏、パリ地域に貼られた国立移民歴史博物館のポスターを通じて拡散した。ポスターの一枚には、「フランス人の四人に一人は移民出身者である」というスローガンが掲げてあった。

[12] Hervé Le Bras, *Le Démon des origines. Démographie et extrême droite,* Ed.de L'aube, La Tour d'Aigues, 1998, conclusion.

[13] 研究者は、第二世代を « seconde génération » ではなく « deuxième génération » と表現する。というのは、世代はさらに続くからだ。アカデミー・フランセーズが選択するこのわずかな違いは、言語に厳格なリトレ〔19九世紀の文献学者〕なら批判しただろう。これを正当化するには、あまりにも例外が多い。たとえば、二等兵(soldat de 2e classe)という表現はあるが、三等兵は存在しない。これとは逆に、第二学年(élèvede seconde〔中等教育の第五学年〕)と第三学年(troisième〔中等教育の第四学年〕)は存在する。では、第二次世界大戦(la Seconde Guerre mondiale)が「本当の最後(der des ders)」になるという保証はあるのだろうか。

[14] Alain TARRIUS, *Les Nouveaux Cosmopolitismes. Mobilités, identités, territoires*, Ed. De l'Aube, La Tour d'Aigues, 2000 (un titre parmi d'autres dans une oeuvre abondante).

[15] Cris BEAUCHEMIN, « Migrations entre l'Afrique et l'Europe (MAFE) : Réflexions sur la conception et les limites d'une d'enquête multisituée », *Population*, 70 (1), 2015, p. 13-39.

[16]「政治家は嘘をつくことを強要される。なぜなら、民主主義では、政治家は絶えず嘘をつき、これに消極的に加担する国民は、騙されて満足するからだ。国民は騙されないと不満なのである。「大衆」は、事態は改善に向かうという言葉を聞きたいのだ。たとえ妄想であっても、問題は解決されるという約束が聞きたいのである(……)。彼らは、政治家が解決策のない状態だと述べるのを嫌がるのだ」(Marc ANGENOT, *Dialogues de sourds : traité d'antilogique*, Mille et Une Nuits, Paris, 2008, p. 147).

[17] これは、アラン・フィンケルクロートのエッセイのまえがきのタイトルだ。このノスタルジーあふれるタイトルは、凋落する現代という変化を嘆く気持ちを表わす。たとえば、「地下鉄車内の風景はそうあるべき風景でなくなった」、「ヨーロッパはそうあるべきヨーロッパでなくなった」、「教育現場はそうあるべき教育現場でなくなった」などだ。変化そのものが変化したというフィンケルクロートの言い回しは巧妙だ。彼によると、かつては若者が変化の担い手だったが(例:1968年5月の学生運動)、今日では変化は外部から押しつけられる「望ましくない変化」になったという。彼が言いたのは移民の台頭であり、これがフランス社会を根底から変化させているということだ。*L'Identité malheureuse*, Stock, Paris, 2013. 私はこれをさらに分析する。

[18] 次の革新的な研究を参照のこと。Dana DIMNESCU, « Le migrant connecté : pour un manigeste épistémologique », *Migrations Société*, 17 (102), p.275-293. 同様に次も参照のこと。彼女が*Revue*

européenne des migrations internationales に執筆した « Les traces de la dispersion », 30 (3-4), 2014.

[19] Chaïm PERELMAN et Lucie OLBRECHT-TYTECA, *Traité de l'argumentation. La nouvelle rhétorique,* 6ᵉ éd., Editions de l'Université de Bruxelles, Bruxelles 2008 (1ʳᵉ éd., PUF, Paris, 1958) ;『反動のレトリック』、アルバート・ハーシュマン著、岩崎稔訳、法政大学出版局、1997年。Ruth AMOSSY, L'Argumentation dans le discours, 3ᵉ[1] éd. Rév., Armand Colin, 2010 (1ʳᵉ éd. 2000) ; 前掲書、Marc ANGENOT, *Dialogues de sourds*.

[20] このテーマに関する参照文献集としては次を参照のこと。Antoine PECOUD et Paul de GUCHTENEIRE (dir.), *Migrations sans frontières. Essais sur la libre circulation des personnes*, UNESCO, Paris, 2009. 私は批判的な批評を『アナール』誌に書いた。Sciences sociales 69 (2), avril-juin 2014, p. 584-586. フランスではこうした研究はパリ政治学院の国際関係研究所のカトリーヌ・ウィトル・ド・ヴェンデンの研究が有名である。彼女は移動の普遍的権利の実現のために粘り強く活動している。2013年から2015年にかけてエレーヌ・ティオレがフランス国立研究機構の資金を活用して指揮した「移動と移住のガバナンス(Mobglob)計画」も同様の考えに基づく。人類学者ミシェル・アジエもこの計画に積極的に関与している。

[21]『離脱・発言・忠誠――企業・組織・国家における衰退への反応』、アルバート・ハーシュマン著、矢野修一訳、ミネルヴァ書房、2005年。

I　サルコジ時代の移民政策(2002～2004年、2005～2012年)

第1章　選択的移民政策の失敗

[1] Joao CARVALHO et Andrew GEDDES, « La politique d'immigration sous Sarkozy. Le retour à l'identité nationale », *in* Jacques DE MAILLARD et Yves SUREL(dir.), *Les Politiques publiques sous Sarkozy*, Presses de Sciences Po, Paris, 2012, p. 279-298.

[2] COLLECTIF, *Cette France-là*, 2 vol., La Découverte, Paris, 2009 et 2010 (également accessible en ligne).

[3] Nicolas SARKOZY, *La France pour la vie*, Plon, Paris, 2016.

[4] Nicolas SARKOZY, *Tout pour la France*, Plon, Paris, 2016.

[5] 同書。p. 71-73.

[6] Éric ZEMMOUR, *Mélancolie française*, Fayard/Denoël, Paris, 2010.

[7] Éric ZEMMOUR, *Le Sucide français*, Albin Michel, Paris, 2014.

[8] 前掲書。Alain FINKIELKRAUT, *L'identité malheureuse*.

[9] 1993年8月24日のパスクワ法により、家族呼び寄せの条件に一夫多妻制の禁止、残高証明の条件と家族で暮らす予定の住居に関して市長の見解を求めることが追加された。

[10] 欧州委員会、EU圏内における第三国からの滞在者の家族呼び寄せの権利に関する政策提案書、2011年11月15日。

[11] 2012年2月29日、AEDHは、EU圏に滞在する第三国人がもつ家族を呼び寄せる権利に関する欧州委員会の政策提案書に対してコメントを表明した。

[12] Sandra GRUNER-DOMIC, « Beschäftigung statt Ausbildung. Ausländische Arbeiter und Arbeiterinnen in der DDR (1961 bis 1989) », *in* Jan MOTTE, Rainer OHLIGER, Anne VON OSWALD (dir.), *50 Jahre Bundesrepublik, 50 Jahre Einwanderung*, Campus Verlag, Francfort/New York, 1999, p. 215-240.

[13] Hélène THIOLLET, « Identité nationale et nationalisme ordinaire en Arabie saoudite : la nation saoudienne et ses immigrés », *Raisons politiques*, n° 37 (1), 2010, p. 89-101.

[14]「行動する者が同時に自己評価するとは、まったくもっておめでたい制度だ(……)。ある種の居心地のよさが醸し出されるに違いない」(2009年1月22日にニコラ・サルコジが大統領官邸で行なった「研究に関する国家戦略」の演説より)。

[15] 前掲書、『移民の時代』、フランソワ・エラン著、林昌宏訳、明石書店、2008年。

[16] Christian DUMONT, chef de l'opposition municipal UMP à Montpellier, débattant avec la Cimade, *La Gazette de Montpellier*, n° 1009, 17 octobre 2007.

[17] 2007年5月5日、マルセイユでの移民に関する(内務大臣だった)ニコラ・サルコジのそれまでの移民政策に対する演説。

[18] このテーマに関して二つの分析がある。Danièle LOCHAK, « Le tri des étrangers : un discours récurrent », *Plein droit*, n° 69, juillet 2006, et Eric FASSIN, « "Immigration subie" : l'invention du problème », *Le Monde diplomatique*, novembre 2009.

[19] Gilles SAINT-PAUL, *Immigration, qualifications et marché du travail*, rapport du Conseil d'analyse économique, juin 2009, p.46.

[20] SECRETARIAT GENERAL DU COMITE INTERMINISTERIEL DE CONTROLE DE L'IMMIGRATION (CICI), *Rapport au Parlement. Les orientations de la politique de l'immigration et de l'intégration*, La Documentation française, Paris, mars 2011, p. 41.

[21] 同上。P. 59.

[22] 前掲書。Maxime TANDONNET, *Au Coeur du volcan*, p.332.

[23] 同上。P.332 et 335.

[24] Claude GUEANT, Conférence de presse sur la politique migratoire, Lyon, 24 juin 2011, propos rapportés par la chaîne BFM-TV.

[25] Sondage Harris, *Le Monde*, 5 mars 2011.

[26] Marine LE PEN, communiqué, site du Front national, http://www.frontnational.com/, mars 2011.

[27] Marine LE PEN, « Guéant : des mots contre l'immigration de travail mais des actes pour la favoriser comme jamais ! », communiqué, du Front national, 24 mai 2011.

[28] 同上。

[29] Jean-François LEGER et Yves BREEM, « Une mesure du nombre annuel de nouveau actifs

étrangers en France », *Espace, populations, sociétés*, n° 3, 2013, p. 39-56.

第2章　主意主義の限界

[1] 前掲書。Maxime TANDONNET, *Au couer du volcan*, p. 131.
[2] 同上。p. 314.
[3] 同上。p. 216-227.
[4] 同上。p. 217.
[5] 同上。p.316.
[6] Ariane CHEMIN et Vanessa SCHEIDER, *Le Mauvais Génie*, Fayard, Paris, 2015.

2　サルコジ後、あるいは彼の負の遺産

第3章　「受け入れ容量」という詭弁にしがみつく共和党員

[1] « Jean-françois Copé fustige “les reculades” de Nicola Sarkozy », *Le Monde*, 11 septembre 2016.
[2] http://www.nk-m2017.fr/（2016年夏に閲覧）
[3] François FILLON, *Un projet pour la France*, novembre 2016, p. 104-107（www.fillon2017.fr）
[4] Jean TIROLE, *Economie du bien commun*, Presses universitaires de France, Paris, 2016.〔ジャン・ティロール『良き社会のための経済学』村井章子訳、日本経済出版、2018年〕
[5] 同上、p.345.
[6] たとえば、移民支援団体（GISTI）で活動する法律家クレール・ロディエは、経済学者アンドレ・ジルベルベルグの研究を根拠に、移民とフランスで生まれた者たちとの間でパイを分割するというお決まりの考えに異議を述べている（*Migrants et réfugiés : réponse aux indécis, aux inquiets et aux réticents*, La Découverte, Paris, p. 70）.
[7] 前掲書、Nicolas SARKOZY, *Tout pour la France*. 同書25ページでは「労働を生み出すのは労働だ。ワークシェアリングは間違った考えだ」と述べたのに対し、同書61ページでは「わが国にもう新たな雇用はない。われわれは自分たちの優先事項を選択しなければならない」と語り、同書74ページでは「経済移民を阻止せよ」と訴えた。
[8] Jacques VERON, *Démographie et écologie*, La Découverte, Paris, 2013.
[9] Gerge M. FOSTER, « Peasant society and the image of limited good », *American Anthropologist,* 67 (2), 1965, p.293-315.

第4章　移民問題に直面して狼狽する左派

［1］職務質問に関して、2016年11月9日に破棄院が下した一連の判決は画期的だった。「事前に客観的な説明のない、実際の、あるいは想定の出自にかかわる身体的な特徴に基づく職務質問は人種差別である。これは大きな過ちであり、国の責任だ」。

［2］Gérard DAVET et Fabrice Lhomme, « *Un président ne devrait pas dire ça...* », *Les secrets d'un quinquennat*, Stock, Paris, 2016, entretien du 23 juillet 2014.

［3］www.benoithamon2017.fr/（2017年1月に閲覧）。

［4］www.arnaudmontebourg2017.fr（2017年1月に閲覧）。

［5］Déclaration à *L'Emission politique*, France 2, 22 septembre 2016.

［6］Jean-Luc MELENCHON, *L'Avenir en commun. Le programme de la France insoumise*, Seil, Paris, 2016.

［7］「アモンはメランションの移民問題に関する考えを《深刻だ》と見なす」。AFP, 18 octobre 2016.

［8］« Une perspective réaliste, la liberté d'installation et de circulation », *L'Anticapitaliste*, n° 29, 16 juillet 2015.

［9］Emmanuel MACRON, *Révolution*, XO, Paris, 2016.

第5章　国民戦線（ＦＮ）の現実離れした政策

［1］「移民流入を食い止めろ、フランスのアイデンティティを強化せよ」。http://www.frontnational.com/（2016年8月に閲覧）。

［2］サルコジは、自身の元アドバイザーで極右のパトリック・ビュイッソンから同じ批判を浴びた。もっとも、ビュイッソンの批判は、単純でありながらもより洗練されたものだった。*La Cause du people, L'histoire interdite de la présidence Sarkozy*, Perrin, Paris, 2016.

［3］Nicolas SARKOZY, « l'identité de la France », discours prononcé devant le collectif France fière, 24 mai 2016.

［4］Marine LE PEN, « Les vrais chiffres de l'iimigration en France », conférence de presse du 21 février 2011 (http://www.frontnational.com/).

［5］Florian PHILIPPOT, interview sur la chaîne i-Télé, 4 novembre 2015.

［6］Cédric MATHIOT, « Le FN et la limitation à 10 000 immigrés : la grande imposture », *Liberation*, 5 novembre 2015.

［7］Marine LE PEN, voeux à la presse, 4 janvier 2017.

［8］Nathalie KOSCIUSKO-MORIZET, *Le Front antinational*, Editions du Moment, Paris, 2011.

［9］Guillaume BACHELAY et Najat VALLAUD-BELKACEM, *Réagissez ! Répondre au FN de A à Z*, éd. Jean-Claude Gawasewitch, Paris, 2011.

[10] Michel WIEVIORKA, *Le Séisme : Marine Le Pen au pouvoir*, Laffont, Paris, 2016.これより少し前に、マンガでもそうしたシナリオが描かれた。François DURPAIRE et Farid BOUDJELLAL, *La Présidente*, Les Arènes, Paris, 2015. 双方の作品に共通する点は多いが、おもな違いは、ヴィヴィオルカの作品は社会運動に大きな役割をもたせる一方、マンガは控えめである。次の作品はもう少し軽いタッチである。*Les Deux Cents jours de Marine Le Pen*, Plon, Paris, 2011.

[11] Hervé LE BRAS, *Le Pari du FN*, Editions Autrement, Paris, 2015.

[12] ボオドレール著、『悪の華』の「旅」、鈴木信太郎訳、岩波文庫、1961年、422ページ。

[13] 2014年3月、国民戦線は十数都市の地方議会選で勝利した。社会党のサラ・プルーストとエルサ・ディ・メオは、国民戦線の活動について報告書をまとめた。Le Livre noir : 18 mois de gestion municipal par le Front national, décembre 2015, disponible sur http://www.parti-socialiste.fr/ このサイトでは、ハラールの商売の蔑視と移民支援団体への補助金の打ち切りを通じて、国民戦線の移民政策に対する疑問が扱われている。

[14] 前掲書、Ariane CHEMIN et Vanessa SCHNEIDER, *La Mauvais Génie*. 大統領官邸での隠し録音が見つかったことで「信用を失った」パトリック・ビュイッソンは、ニコラ・サルコジの側近から外された。2016年10月に出版されたビュイッソンの復讐を記した本は討論の役にはまったく立たない(前掲書、*La Cause du peuple*)。

[15] 移民と治安についての助言者であるタンドネは、スピーチの執筆を秘書官に委ねた。タンドネ以外の執筆者(アンリ・ゲノ、マリー・ド・ガント、カミーユ・パスカル《彼女は2011年に採用されたに過ぎない》)は、2013年以降、自分たちの回顧録を発表して「大統領任期中の物語」を綴った。移民問題の決定に関して最も情報量に富むのは、タンドネの著書だ。

[16] 前掲書、Maxime TANDONNET, *Au ceur du volcan*, p. 317. Voir aussi p.129, 133, 196.

[17] 次を参照のこと。James HOLLIFIELD, *Immigrants, Markets and Sates. The Political Economy of Postwar Europe*, Harvad University Press, Cambridge(MA)/London, 1992 et « Immigration et logiques d'Etats dans les relations internationales », *Etudes internationales*, 24 (1), 1993, p. 31-50.

[18] 同上、p. 32.

[19] François FILLON, débat avec Elisabeth Lévy, BFM-TV, 16 novembre 2014.

3 人口学と権力——騒乱に巻き込まれる国立人口学研究所(INED)

第6章 個人的な体験、職業人としての経験

[1] François DUBET, *Ce qui nous unit*, Seuil/La République des idées, Paris, 2016.

[2] Chantal BRUTEL, « La localisation géographique des immigrés : une forte concentration dans

l'aire urbaine de Paris », *Insee-Première*, n° 1591, avril 2016. 移民の両親とともに暮らす子供の割合の上昇については、次を参照のこと。Bernard AUBRY et Michèle TRIBALAT, « Les concentrations ethniques en France : évolution 1968-2005 », *Espace, Populations, Sociétés*, p.493-507.

[3] Nicolas SARKOZY, Valeurs actuelles, 12 août 2016. あるジャーナリストは、2012年の大統領選挙戦の際にも、サルコジがサン=ジェルマン大通りの地区に住む住民を嘲笑したことを取り上げ、第一回投票において、この地区の住民でサルコジに投票したのは45%、フランソワ・オランドに投票したのは27%だと述べ、この地区の住民の「寛大な精神」を皮肉った(Jean-Marie POTTER, « Boulevard Saint-Germain : ces affreux "bobos" qui votent Sarkozy à 45 % », *Slate.fr*, 26 avril 2012)。

[4] 次を参照のこと。Christophe GUILLUY, *Le Crépuscule de la France d'en haut*, Flammarion, 2016. フランス社会断絶の最大の原因は「ボボ」だとして、彼らを糾弾している。格差は居住地区よりもボボに原因があるという。次の記事を参照のこと。Michel GUERRIN, « Haro sur le bobo », *Le Monde*, 21 octobre 2016.

[5] この調査は、TNS Sofres社が『ル・モンド』、フランス・インフォ、カナル・プリュスのために1003人の成人を対象に行なった。« Baromètre 2016 d'image du front national » sur https://www.tns-sofres.com/

[6] Sondage Ipsos, septembre 2015, décrit dans *Ipsos Ideas Spotlight* (en ligne), octobre 2015.

[7] この記述はClifford YOUNGの研究に基づく。« It's nativism : Explaining the drivers of Trump's popular support »〔移民排斥主義――トランプ高支持率の要因の説明〕, Ipsos Ideas Spotlight (en ligne), juin 2016. 総合スコアを作成するための質問の詳細は巻末の付録を参照のこと。

[8] German LOPEZ, « Polls show many – even most – Trump supporters really are deeply hostile to Muslims and nonwhites »〔調査結果からは、トランプ支持者の多く、いや大半は、イスラーム教徒と非白人に対して非常に敵対的であることがわかる〕, site Vox. Com, 12 septembre 2016.

[9] Jean BAUBEROT, *La Laïcité falsifiée*, La Découverte, Paris, 2014.

[10] « Comment la folle rumeur du 9-3 s'est répandue », *L'Express*, 23 octobre 2013. La notice Wikipédia « Rumeur du 9-3 » (consultée en octobre 2016) est particulièrement documentée.

[11] ペギーダは、« Patriotische Europäer gegen die Islamisierung des Abendlandes »の頭文字。「西洋のイスラーム化に反対するヨーロッパ愛国者」という意味。「ドイツのための選択肢 « Alternative für Deutschland »」という政党は、2016年に州議会議員選挙で勝利して躍進したが、この政党に対する支持率は、ドイツの東(ザクセン=アンハルト州の24%、メクレンブルク=フォアポンメルン州の21%)と西(ラインラント=プファルツ州の13%、バーデン=ヴュルテンベルク州の15%)とで大きな開きがある。

[12] CNISは、国会議員、統計学者、労働組合、職業団体からなる。国会議員が座長を務め、専門分野ごとに分割されるCNISは、調査の実施に裁定を下す。一方、CNILは17名のメンバーからなり(議会、会計検査院、破棄院、国務院、専門家など)、個人のデータ保護に関する1978年の情報と自由に関する法律が遵守されているかを審議する。

[13] Jean-Luc RICHARD, « Rester en France, devenir français, voter : trois étapes de l'intégration des enfants d'immigrés », *Economie et Statistique*, n° 316-317, 1998, p. 151-162.

[14] Michèle TRIBALAT, *Faire France. Une enquête sur les immigrés et leurs enfants*.préface de Marceau Long, La Découverte, Paris, 1995, ainsi que : *De l'immigration à l'assimilation. Enquête sur les poplulations d'origine étrangèreen France* (avec la participation de Patrick Simon et Benoît Riandey), La Découverte/ Ined, Paris, 1996.

[15] 次を参照のこと。 https://teo.site.ined.fr/en/

[16] 順番に列挙すると次の通りだ。Claude Allègre, Roger-Gérard Schwartzenberg, FrançoisLoos, Claudie Haigneré François d'Aubert, François Goulard, Valérie Pécresse.

[17] Béatrice TOUCHELAY, « La fabuleuse histoire de l'indice des prix de détail en France », Entreprises et histoire, 2015/2, n° 79, p.135-146.

[18] João CARVALHO et Andrew GEDDES, « La politique d'immigration sous Sarkozy », art.cit., p.5.

第7章　研究への一斉射撃

[1] Nicolas SARKOZY, « Démographie et politique », *Agir. Revue de la Société de stratégie*, n° 29, janvier 2007, p.11-16.

[2] 次を除く。Eric FASSIN et Michel FEHER, au chapitre final de l'ouvrage déjà cité *Cette France-là*, vol. 1 (accessible en ligne).

[3] Nicolas SARKOZY, « Démographie et politique », art.cit.,p. 5.

[4] 前述したエリック・ゼムールのベストセラーのタイトル。しかし、この論述形式は、フランスの出生主義に反対する論者たちが利用するお馴染みのものである。

[5] 前掲書。Maxime TANDONNET, *Au cœur du volcan*, p. 122-123.

[6] 実際の名前はジェラール＝フランソワ・デュモン。デュモンは地理学者であり、雑誌『人口と未来』の編集責任者である。

[7] Maxime TANDONNET, *Migrations, la nouvelle vague*, L'Harmattan, Paris, 2003.

[8] Objet de l'enquête approfondie d'Ivan JABLONKA, *Laëtitia ou la fin des hommes*, Seuil, Paris, 2016

[9] ミッシェル・トリバラも、ル・ブラーズと同じ攻撃を次の著書で展開している。*Statistiques ethniques, une querelle bien française*, L'Artilleur, Paris, 2016.

[10] Hervé Le Bras et al., « La statistique, piège ethnique », *Le Monde*, 9 septembre 2007.

[11] Cris BEAUCHEMIN, Christelle HAMEL et Patrick SIMON(dir.), *Trajectoires et origines, Enquête sur la diversité des poplulations en France*, préface de François Héran, Ined, Paris, 2016.

[12] 2007年秋に憲法評議会が民族統計に関するオルトフー修正案を禁じる判断を示した際に、メディアでは「生い立ちと出自（TeO）」計画に対する大規模な反対運動が起きた。この反対運動で中心的な役割を担ったのは「フランス労働総同盟（CGT）」と非営利組織「SOS-Racism」だっ

た。振り返って考えても、労働組合〔CGT〕と非営利組織は、闘う標的を誤った。私は今でも、彼らは研究者たちを非難すべきではなかったと考えている。彼らは研究者たちと団結して差別のメカニズムと実態を解き明かすべきだったのだ。私は上記の註[11]の掲げた著書の序文において、この一連のことについて詳述し、深く分析した。

[13] Benjamin CONSTANT, intervention à la Chambre des députés, *Le Constitutionnel*, 23 mars 1822.

[14] Jacques VERON, « " Eclaire l'action " ? La démographie selon Alfred Sauvy au fil des rééditions de La Population », *Revue Quetelet*, 3 (1), Louvain, octobre 2015 , p.7 -49.

[15] 前掲文、Nicolas SARKOZY, «Démogrqphie et politique».

[16] Anicet LE PORS, « Les fonctionnaires, citoyens de plein droit », *Le Monde*, 1er février 2008. 国のアドバイザーであり、大臣を務めたことのあるこの記事の著者によると、そうした義務の範囲と限度は、公務員倫理規定によって定められているという。

[17] Didier POURQUERY, « Juste un mot : les sachants », blog du *Huffington Post*, 29 septembre 2014.

4 数字を操る？

第8章 1990年代以降のデータの飛躍

[1] 第10章で紹介するように、2004年以降は、毎年行なわれるようになった。

[2] 私は基本データをまとめた入門書を執筆した。前掲書、*Parlons immigration en 30 questions*, 2e éd. Refondue. この本の巻末には、移民の国内および世界の統計データに関する参考文献集が掲載されている。

[3] Marc BLOCH, « Réflexions d'un historien sur les fausses nouvelles de la guerre », *Revue de synthèse historique*, t. 33, 1921, repris dans *L'Histoire, la guerre, la résistance*, Gallimard, « Quarto », Paris, 2006, p. 315. マルク・ブロックはそのときの経験から『*Apologie pour l'histoire*』にこの原則法を導き出した。「懐疑的なのは、知的でも実りある態度でもなく、信じやすい態度の表われだ」(同書、p.905)。

[4] Marine LE PEN, « Les vrais chiffres de l'immigration en France », conférence de presse du 21 février 2011 (http://www.frontnational.com/).

[5] 詳細な分析の参考資料として、次を挙げさせていただく。François HERAN, *Inégalités et discriminations. Pour un usage critique et responsable de l'outil statistique*, Rapport du Comité pour la mesure de la diversité et l'évalutation des discriminations, La documentation française, Paris, février 2010 (accessible en ligne).

[6] 家族や世代間の関係に関する調査(2005年、2008年、2011年)、フランス海外県における移

民、家族、高齢化に関する調査(2009年から2010年)、「生い立ちと出自(TeO)」調査(2008年から2009年)は、INSEEとINEDが共同で行なった。

[7] François FILLON, *Journal du dimanche*, 20 septembre 2015.

[8] しかしながら、例外もある。アラン・ジュペの著書『*Pour un Etat fort*』(J.-C. Lattès,Paris, 2016)には、巻末に質の高い統計資料が掲載してある。女性ジャーナリストに民族統計について質問を受けたアラン・ジュペはINSEEのデータで充分だと答えた(189ページ)。2016年秋の大統領予備選のために中道右派の候補たちが出版した政策綱領本のなかでは、ジュペの著書はこの分野において格段の情報量だった。

第9章 国民の統計のために

[1] Alain SUPIOT, *La Gouvernance par les nombres. Cours au Collège de France(2012-2014)*, Fayard, Paris, 2015.

[2] Une référence majeure : Alxis SOIRE, *Accueillir ou reconduire. Enquête sur les guichets de l'immigration*, Raisons d'agir, Paris, 2008. Voir également Isabelle BRUNO et Emmanuel DIDIER, *Benchmarking : l'Etat sous pression statistique*, La Découverte, Paris, 2013.

[3] Jacky FAYOLLE, « Vers la fin de l'histoire de la statistique ? A propos de : Alain Supiot, *La Gouvernance par les nombres* », site La Vie des idées, mars 2016.

[4] Histoire résumée dans François HERAN, « Qu'est-ce que la démographie ? Voyage historique et critique au pied des pyramides », *in* Yves MICHAUD (dir.), *Université de tous les savoirs,* vol. 2, Odile Jacob, Paris, 2000, p. 171-187. Ouvrage de référence : Eric BRIAN, *La Mesure de l'Etat. Administrateurs et géomètrers au XVIIIe siècle*, Albin Michel, Paris, 1994.

[5] この点については、次を参照のこと。Paul-André ROSENTAL, « L'argument démographique. Population et histoire politique au XXe siècle », *Vingtième Siècle. Revue d'histoire*, 95 (3), 2007, p.3-14.

[6] エマニュエル・トッドも同様の見方をしている。『最後の転落』、エマニュエル・トッド著、石崎晴己、中野茂訳、藤原書店、2013年。

[7] Speranta DUMITRU, « Des visas, pas de l'aide ! De la migration comme substitut à l'aide au développement », *Ethique publique*, 15 (2), 2013 (revue en ligne).

[8] Ruwen OGIEN, *L'Ethique aujourd'hui. Maximalistes et minimalists*, Gallimard, coll. « Folio essai », Paris, 2007.

[9] そうした操作に関する驚くべき実情については次を参照のこと。Les premiers chapitres de Loïc BLONDIAUX, La Fabrique de l'opinion, *Une histoire sociale des sondages*, Seuil, Paris, 1998.

[10] INEDはこの同時多発テロ事件で博士号取得準備者の一人を失った。また国立研究機構の私の同僚であるヴァレリア・ソレッサンは配偶者と一緒だったときに被弾し、大けがをした。全治まで長い時間がかかった。

[11] Bilan dressé dans *CNRS-Hebdo*, 25 février 2016.

[12] 次を参照のこと。前掲書、Damon MAYAFFRE, *Nicolas Sarkozy : mesure et démesure du discours (2007-2012)*, p.84, 110,112.

[13] 次を参照のこと。Bernard LAHIRE, *Pour la sociologie. Et pour en finir avec une prétendue « culture de l'excuse »*, La Découverte, Paris, 2016.

[14] 私が思い浮かべるのは次の研究者たちである。Farhad Khosrokhavar, Olivier Roy, Gilles Kepel, François Burgat, Bernard Rougier, Claire de Galembert, Nilüfer Göle, Cherif Ferjani ou Samir Amghar.

5 数字による論争？

第10章 刷新された国勢調査をめぐる不毛の闘い

[1] INSEEは分厚い定期刊行物に調査報告を掲載している。« Le recensement rénové : avancées méthodologiques et apports à la connaissance », *Economie et Statistique*, n° 483-484-485, avril 2016. 調査報告の冒頭には、組織と法律の面で改革を指揮したアラン・ゴディノとジャン=ミシェル・デュールが紹介されている。改革の方針は1996年にジャン=クロード・デヴィルとミシェル・ジャコによって立てられた。

[2] Chantal BRUTEL, « L'analyse des flux migratoires entre la France et l'etranger entre 2006 et 2013 : un accroissement des mobilités », *Insee-Analyses*, n° 22, octobre 2015. 改良された国勢調査は2004年に始まり、サイクルは五年だった。最初の参照年は、2004年から2008年のサイクルの中央値である2006年である。

[3] POPULATION DIVISION, UNITED NATIONS SECRETARIAT, *Replacement migrations : is it a solution to declining and ageing population?*, United Nations, New York, 2000.

[4] 「国連の最新のレポートでは、今から2015年までにヨーロッパに1億5900万人の移民を受け入れることを推奨している。そんなことをすれば自国民が移民に包囲される恐れがある。国際色を高めようというアイデアなのだろうが、国の特徴が失われてしまう」(2002年7月の『*Nouvelle Revue d'histoire*』でのジャック・デュパキエのインタビューより)。

[5] 「私は元レジスタンスだ。フランスを愛する私は、1975年以降の出生数の急減を大変心配している」。そしてさらに「人工妊娠中絶の合法化による出生数の急減により、合計特殊出生率はおよそ1.8になった」(前掲書)。

[6] この調査は、T、R、Aで始まる苗字の人々から開始したため、このように呼ばれた。

[7] Jerôme BOURDIEU, Lionel KESZTENBAUM et Gilles POSTEL-VINAY, *L'Enquête TRA, histoire d'un outil, un outil pour l'histoire*, tome I (1793-1902), Ined,Paris, 2014.

[8] Michèle TRIBALAT, *Les Yeux grands fermés. L'immigration en France*, Denoël, Paris, 2010. Le problème, techniquement complexe, a fait l'objet d'une étude récente : Julyan ARBEL et Vianney COSTEMALLE, « Estimation des flux d'immigration : réconciliation de deux sources par une approche bayésienne », *Economie et statistique*, n° 483-5, avril 2016, p. 121-149.

[9] 前掲論文、Chantal BRUTEL, « L'analyse des flux migratoires... ».

第11章 無知によってすべてを一刀両断にするエリック・ゼムール

[1] Fabrice CAHEN, *Gouverner les moeurs. La lute contre l'avortement en France, 1890-1950*, Ined, Paris, 2016.

[2] 前掲書、Eric ZEMMOUR, *Mélancolie française*, p.218 (je souligne).

[3] Eric ZEMMOUR, interview sur la station RTL, 21 juin 2010.

[4] François HERAN et Gilles PISON, « Deux enfants par femme dans la France de 2006 : la faute aux immigrées ? », *Population et société*, n° 432, mars 2007（この論証では、私はエリック・ゼムールが+0.1%を1000分の1の増加だと理解しているという仮説を立てた）。

[5] 引用に関して奇妙な位置にカギ括弧がついている。「合計特殊出生率はほぼ刷新された」、2008年8月21付の『フィガロ』紙。

[6] Jean-Marie LE PEN, disocurs du 21 janvier 2007, rapporté par *Le Monde* du 23 janvier.

[7] 同様の指摘は次を参照のこと。Alfred DITTGEN, « Nombres irrationnels : l'arroseur arrosé », *Lettre d'information de l'association Pénombre*, n° 45, avril 2007.

[8] Bernard AUBRY et Christophe BERGOUIGNAN, « L'evolution de la population de la France depuis 1946 : tendances et perspectives », *in* Christophe BERGOUIGNAN *et al., La Polulation de la France. Evolutions démographiques depuis 1946*, t. 1, CUDEP, Bordeaux, 2005, p. 49-76 ; Michèle TRIBALAT, « Fécondité des immigrées et apport démographique de l'immigration étrangère », *ibid*, t. 2, p. 727-767 ; Catherine BEAUMEL et Pascale BREUIL-GENIER, « De 55 à 65 millions d'habitants : pourquoi la population de la France a-t-elle augmenté plus vite que celle de ses voisins ? », *France, portrait social*, Insee, Paris, 2011, p.25-32.

[9] Ainsi dans François HERAN, « La société française a-t-elle besoin de l'apport démographique des migrations ? », *in* Marie POINSOT et Serge WEBER (dir.), *Migrations et mutations de la société française : l'état des savoirs*, La Découverte, Paris, 2014, p. 277-286.

[10] 前掲書、Eric ZEMMOUR, *Mélancolie française*, p. 216.

[11] 同上。

[12] 私の入門書の冒頭の部分を参照のこと。前掲書、François HERAN, *Parlons immigration en 30 questions*.

[13] 一つの例を挙げる。Dominique MEURS, Ariane PAILHE, et Patrick SIMON, « Persistance des inégalités entre générations liées à l'immigration : l'accès à l'emploi des immigrés et de

leurs descendants en France », *Population*, 61 (5-6), 2006, p. 763-801.

[14] 2009年6月にパリの最も人通りの激しい場所（北駅とシャトレのRER駅）で実施した調査とのこと。調査方法と結果については次を参照のこと。Fabien JOBARD, René LEVY, John LAMBERTH et Sophie NEVANEN, « Mesurer les discriminations selon l'apparence : une analyse des contrôles d'identité à Paris », *Population* 67 (3), 2012, p. 423-451.

[15] Philippe BILGER, « Eric Zemmour ou le trublion officiel », blog personnel, 17 mars 2010.

[16] « La lettre de Jean-Pierre Chevènement dans le procès d'Eric Zemmour », https://www.chevenement.fr/, 3 janvier 2011.

[17] フランスの警察は、実践的な理由から人物の身体的な特徴を12種類に区分して管理することを容認されている。白人（コーカソイド）、地中海人、ジプシー、中東人、マグレブ系北アフリカ人、ユーララシア系アジア人、アメリカ州先住民、インド人、メスティーソームラート、黒人、ポリネシア人、メラネシア人－カナック人である。現在では、このファイル命名規則を実行するカノンジ・ソフトウェアは、「調書作成犯罪に関する情報処理システム（STIC）」に統合されている。

第12章　刑務所内の移民の比率——偽りのタブー

[1] 次を参照のこと。François HERAN, « Du public, du privé et de l'intime dans l'enquête Famille 1999 : témoignage d'un concepteur sur une enquête qui revient de loin », préface à Cécile LEFEVRE et Alexandra FILHON (dir.), *Histoire de familles, histoires familiales : les résultats de l'enquête Famille de 1999*, Ined. Paris, 2005, p.xi-xxxviii.

[2] Francine CASSAN, Laurent TOULEMON et Annie KENSEY, « L'histoire familiale des hommes détenus », *Insee-Première*, n° 706, avril 2000, ainsi que : « La prison : un risque plus fort pour les classes populaires », *Cahiers de démographie pénitentiare*, n° 9, 2000.

[3] たとえば、次を参照のこと。Le Jarrapport Integratie 2014 (Rapport annuel sur l'intégration) publié par la CBS, le Bureau central de statistiques des Pays-Bas, La Haye, novembre 2014, p. 70-73. La base de données en ligne *World Prison Brief*, hébergée par l'Institute for Criminal Policy Research de l'université de Londres, permet de comparer la part des étrangers (et non des immigrès) dans les populations incarcérées. La France occupe un rang intermédiaire en Europe〔移民の投獄比率に関して、フランスはヨーロッパ諸国で中位に位置する〕。

[4] Natacha POLONY, « "Ouvrez des écoles, vous fermerez des prisons" : qui a fait mentir Victor Hugo ? », blog du *Figaro*, 9 septembre 2010.

[5] 前掲書、François HERAN, *Parlons immigration en 30 questions*, p.97.

[6] たとえば次を参照のこと。Sophie BODY-GENDROT, « Ethnicity, crime, and immigration in France », *in* Sandra BUCERIUS et Michael TONRY (dir.), *The Oxford Handbook of Ethnicity, Crime, and Immigration*, Oxford University Press, Oxford, 2014, p. 708-737.

[7] *Rapport 2014 de l'Observatoire national de la déliquance et des réponses pénales*, Institut national

des hautes études de la sécurité et de la justice, Paris, 2014.

[8] Farhad KHOSROKHAVAR, *Prisons en France. Violence, radicalization, déhumanisation... Quand surveillants et détenus parlent*, Robert Laffont, Paris, 2016.

[9] Fabien JOBARD et Sophie NEVANEN, « La couleur du jugement.Discriminations dans les décisions judiciares en matière d'infractions à agents de la force publique (1965-2005) », *Revue française de sociologie*, 48 (2), 2007, p.243-272.

第13章　「補充移民」は、人口予測に関する陰謀論者の解釈か

[1] 前掲書、POPULATION DIVISION, UNITED SECRETARIAT, *Replacement migrations.*

[2] 同上。P. 4 (« out of reach, beacouse of the extraordinarly large numbers of migrants that would be required »).

[3] *Le Monde*, 6 janvier 2000.

[4] *Libération*, 22 mars 2000.

[5] http://www.frontnational.com/, août 2000 : Page disparue depuis, mais accesible sur divers sites d'achives.

[6] Jean-Marie LE PEN, discours du 27 janvier 2002.

[7] Marine LE PEN, Meeting de Strasbourg, 9 septembre 2015.

[8] Marine LE PEN, RTL, septembre 2015.

[9] Henri LERIDON, « Vieillissement démographique et migrations : quand les Nations unies veulent remplir le tonneau des Danaïdes », *Population et sociétés*, n° 358, juin 2000.

[10] 前掲書、Alain FINKIELKRAUT, *L'Identité malheureuse*, p. 21 et 214.

6　徹底的な議論──関係者と論証

[1] Patrick Weil, Jean-Charles Bonnet, Ralph Schor, Janine Ponty, Gérard Noiriel, Philippe Dewitte, Nancy Green, Benjamin Stora, Yvan Gastaut, Marie-Claude Blanc-Chaléard, Philippe Rygiel, Laure Teulières, Delphine Diaz...

第14章　「全員に関係する口論のテーマ」

[1] 前掲書、Marc ANGENOT, *Dialogue de sourds.*

[2] モンテスキュー著、『ペルシア人の手紙』(1721)、n° 75.

[3] Cédric VILLANI, *Théorème vivant*, Grasset et Fasquelle, Paris, 2012.

[4] Marine LE PEN, interview à France Bleu, 3 octobre 2013.

[5] 前掲書、Nicolas SARKOZY, *La France pour la vie.*

[6] Sylvain CREPON, Alexandre DEZE, Nonna MAYER(dir.)は、マリーヌ・ル・ペンの国民戦線が父親の遺産と決別したかどうかを調査した。*Les Faux-Semblants du Front national. Sociologie d'un parti politique*, Sciences Po, Paris, 2015. 彼らは否定的な見解を示している。Cécile ALDUYの語彙分析でも同じ結果だった。*Marine LE PEN prise aux mots. Décryptage du nouveau discours frontiste*, Seuil, Paris, 2015（国民戦線はイスラームを標的にするために脱宗教の原則や女性の権利に言及するようになったとしても、ジャン=マリー・ル・ペン時代の思潮が確認できる）。

第15章　あらゆる階層での論争

[1] 前掲書、Nicolas SARKOZY, *La France pour la vie.*

[2] 前掲書、Nicolas SARKOZY, *Tout pour la France.*

[3] Alain JUPPE, *Pour un Etat fort*, J.C. Lattès, 2016.

[4] François Fillon, *Faire*, albin Michel, 2015, et *Vaincre le totalitarisme islamique*, Albin Michel, 2016.

[5] Gilles-William GOLDNADEL, blog personnel, 1er mars 2016.

[6] 前掲書、Damon MAYAFFRE, *Nicolas Sarkozy : mesure et démesure du discours (2007-2012)*, p. 124-130, 138.

[7] Samuel LAURENT et Alexandre LECHENET, « La gauche domine le Web politique », *Le Monde*, 2 février 2012. La mobilisation à gauche étant retombée, cette étude est largement obsolète.

[8] 前掲書、Marc ANGENOT, *Dialogues de sourds.*

第16章　悪の肖像

[1] Laurent PERNOT, *La Rhétorique dans l'Antiquité*, Le Livre de Poche, Paris, 2000.

[2] Ainsi le traité de Frans VAN EEMEREN, Rob GROOTENDORST et Francisca S. HENKEMANS, *Argumentation : Analysis, Evaluation, Presentation*, Lawrence Erlbaum, Mahwah (NJ)/Lomdres, 2000.

[3] François DE SMET, *Reductio ad Hitlerum. Essai sur la loi de Godwin*, PUF, Paris, 2014 (voir l'interview de l'auteur dans *Les Inrocks*, 16 août 2014).

[4] « Peut-on parler d' "islamo-fascisme", comme le fait Manuel Valls ? », interview de Jean-Yves Camus, *Les Inrocks*, 16 février 2015.

[5] Maxime TANDONNET, « Faut-il faire des "prières pour la France" ? », blog sur *Wordpress.com*, 15 août 2016.

[6] 前掲書、Chaïm PERELMAN et Lucie OLBRECHTS-TYTECA, *Traité de l'argumentation*.

[7] マリアーに修正案に対する論争はEmmanuel DE JONGEが分析した。« Polémiques, valeurs et évidences. Le combat de mots dans l'ère contemporaine des droits de l'Homme », *in* Luce ALBERT et Loïc NICOLAS (dir.), *Polémique et rhétorique de l'Antiquité à nos jours*, De Boeck/Duculot, Bruxelles, 2010, p. 399-411.

[8] Gye SORMAN, « Les réfugiés d'aujourd'hui me rappellent mon père fuyant le nazisme », *Le Monde*, 3 septembre 2015.

[9] Denis PESCHANSKI, « La récurrence des déplacements forcés de population et des massacres de masse », *La Croix*, 25 septembre 2015.

[10] ワシントンにあるホロコースト記念博物館のホロコーストのマルチメディア百科全書のフランス語版のサイトには、エヴィアン会議の内容が詳述してある。937人のユダヤ人難民を乗せたセントルイス号の航海に関する資料も参考になる。ハンブルクを出航したこの客船は、1939年5月にキューバに到着したが、ハバナの港への接岸を拒否され、フロリダ沖を当てもなくさまよった後、ヨーロッパへ戻った。移民受け入れ枠が大幅に削減されたのだ(これはレオナルド・パドゥーラの小説のテーマになっている。*Hérétiques, Métailié*, Paris, 2014)。

[11] Alain BLUM et Martine MESPOULET, *L'Anarchie bureaucratique. Statistique et pouvoir sous Staline*, La Découverte, Paris, 2003.

[12] 人口学者の独立性に命を投げ打った人々は次の通り。Mikhail Kurman, Ivan Kraval, Olimpii Kvitkine, Lazar Brandgendler, Ivan Vermenitchev.

第17章 狂気、滑りやすい坂論、逆効果

[1] 前掲書、Chaïm PERELMAN et Lucie OLBRECHT-TYTECA, *Traité de l'argumentation*

[2] 前掲書、Marc ANGENOT, *Dialogue de sourds*, p.24-35. そして次も参照のこと。*La Parole pamphlétaire. Typologie des discours modernes*, Payot, Paris, 1982.

[3] Nicolas SARKOZY, meeting du 16 mai 2015 à Saint-Geroges d'Orques, près de Montpellier.

[4] 前掲書、Nicolas SARKOZY, *Tout pour la France*, p.74.

[5] Nicolas SARKOZY, *Le Figaro*, 9 mai 2016.

[6] Marine LE PEN, Radio-Canada, 23 mars 2013.

[7] Marine LE PEN, Canal Plus, 31 mars 2013.

[8] Marine LE PEN, http://www.frontnational.com/ 11 mai 2015.

[9] Gilles-william GOLDNADEL, site Figarovox, 29 août 2016.

[10] ジュリアン・スオードーは、社会政治小説『ダワ』(Robert Laffont, Paris, 2014)の著者である。この小説のテーマは、国の治安部隊が振るう暴力とイスラーム過激派のテロとの衝突である。衝突の原因は、都市部郊外の社会的な排除にあるという。同様の趣旨でさらに強烈なものとしてノエル・マメールの告発がある。「ブルキニ、彼らは狂った」(2016年8月30日のブログ)。

[11] 2016年10月27日付けの週刊誌『ヌーベル・オプセルヴァトゥール』の表紙のタイトルは、ドナルド・トランプの似顔絵とともに「なぜアメリカは狂ったのか」だった。

[12] Marine LE PEN, programme pour les élections régionales, *La Voix du Nord*, 10 novembre 2015.

[13] Philippe MARTEL, *Le Journal du dimanche*, 3 novembre 2014.

[14]「民族統計の作成というタブーを打ち破るべき」というフランソワ・フィヨンのインタビューに対する「エヴリン」という名乗るインターネット・ユーザーのコメント。*Journal du dimanche*, 20 septembre 2015.

[15] Eric MANDONNET et Ludovic VIGOGNE, *Ça m'emmerde, ce truc*〔それにはうんざりだ〕*: 14 jours dans la vie de Nicolas Sarkozy*, Grasset, Paris, 2012（本のタイトルは、最終テレビ討論会を前にした候補者〔サルコジ〕の不安を暗喩している。テレビ討論会では、〔厳しい質問を投げかけないサルコジの引き立て役になる〕ジャーナリストでなく、本物の反論者と対峙することになるからだ。この本は、規則に従うジャーナリスティックな調査は、科学的な調査の貴重な味方であり、逆も然りであることを再確認させてくれる）。

[16] 同上。

[17] Christophe GUILLUY, *Atlas des nouvelles fractures sociales en France*, Autrement, Paris, 2004 et *Fractures françaises*, Bourin, Paris, 2010. La thèse sera développée ensuite dans *La France périphérique. Comment on a sacrifié les classes populaires*, Flammarion, Paris, 2014 et, sous une forme toujours plus pamphlétaire, dans *Le Crépuscule de la France d'en haut*, Flammarion, Paris, 2016.

[18] 次を参照のこと。Le site « geoconfluences » de l'Ecole normale supérieure de Lyon.

[19] Bernard MANIN, « Volonté générale ou délibération ? Esquisse d'une théorie de la délibération politique », *Le Débat*, n° 33, janvier 1985, p.82.16年後、この記事をめぐって著者との熱い会談が繰り広げられた。« L'idée de démocratie délibérative dans la science politique contemporaine. Introduction, généalogie et éléments critiques. Entretien avec Bernard Manin », *Politix*, 15 (57), 2002, p. 37-55.

[20] 前掲書、Nicolas SARKOZY, *La France pour la vie*, p. 108-109 (je souligne).

[21] Marine LE PEN, discours prononcé, à Bompas (Pyénées-Orientales) le 11 mars 2011, extrait diffusé par France 2, *Envoyé spécial*, 14 janvier 2016.

[22] 参照文献として、Douglas WALTON, *Slippery Slope Arguments*, Clarendon Press, Oxford, 1992. を参照。カナダのいくつかの大学で教鞭をとったこの著者は、議論の類型学について50冊ほどの著作がある（http://www.dougwalton.ca/books.htm ）。

[23] Cécile CHAMBRAUD, « Religion au travail : les crispations su font plus fortes depuis les attentats », *Lemonde.fr*, 13 septembre 2016.

[24] Marine LE PEN, « Les vrais chiffres de l'immigration en France », conférence de presse du 21 février 2011 (http://www.frontnational.com/)

[25]『反動のレトリック』、アルバート・ハーシュマン著、岩崎稔訳、法政大学出版局、1997年。

[26] Raymond BOUDON, « La rhétorique est-elle réactionnaire ? », *Le Débat*, n° 69, 1992/2, n° 69, p.87-95, suivi d'une réponse de Hirschman, p. 96-102.

[27] Pierre CAHUC et André ZYLBERBERG, *Le Négationnisme économique,* Flammarion, Paris, 2016.

これらの著者によると、実験経済学では、労働時間の短縮が雇用にプラスの影響をおよぼすことはないという。この本の出版(2016年9月)後、フランスの経済学会を引き裂いた論争は、私のテーマではない。分析の信頼性については、次を参照のこと。Matthieu Chemin, Etienne Wasmer (2009) et sa discussion par Olivier Godechot et Philippe Askenazy (2016, http://www.jourdan.ens.fr/~askenazy/).

7 統合の時代

第18章 対照的な統合

[1] Cécile JOLLY, Frédéric LAINR et Yves BREEM, *L'Emploi et les métiers des immigrés*, document de travail du Centre d'analyse stratégique, n° 1, février 2012.

[2] Yves BREEM, « activité des immigrés en 2012 », *Infos migrations*, n° 60, février 2014 (département des statistiques, des études et de la documentation du ministère de l'Intérieur).

[3] EUROSTAT, *Indicateurs sur l'intégration des migrants : une étude-pilote*, Luxembourg, 2011. Dans le même registre, consulter aussi, OECD, *Les Indicateurs de l'intégration des immigrés 2015 : trouver ses marques*, Paris, 2015.Le dispositif Silc (*Statistics on Income and Living Conditions*) est un ensemble d'enquêtes menées dans l'Union européenne sous l'égide d'Eurostat et centrées sur l'étude de la pauvreté.

[4] Dominique SCHNAPPER, *Qu'est ce-que l'intégration ?*, Folio actuel, Paris, 2007.

[5] ミシェル・トリバラは、INEDは「生い立ちと出自(TeO)」という調査にこうした分析を充分に利用していないと批判している。しかし、この調査には、それらの統計手法が体系的、かつ適宜に利用されている。Michèle TRIBALAT, « La diversité des populations en France », *Commentaire*, n° 155, 2016/3, p. 698–703).

[6] Yael BRINBAUM, Geraldine FARGES et Elise TENRET, « Trajectoires scolaires des élèves issus de l'immigration : quelles évolutions ? », *in* CONSEIL NATIONAL D'EVALUATION DU SYSTEME SCOLAIRE, *Comment l'école amplifie les inégalités sociales et migratoires*, Paris, septembre 2016 (en ligne).

[7] François HERAN, « L'Ecole, les jeunes et les parents. Approches à partir de l'énquête Education. Présentation générale », *Economie et statistique*, 293, 1996/1, p. 13-14 ; Louis-André VALLET et Jean-Paul CAILLE, « Niveau en français et en mathématiques des élèves étrangers ou issus de l'immigration », *ibid.*, p. 137-153.

[8] 前掲記事、Dominique MEURS, Ariane PAILHE et Patrick SIMON, « Persistance des inégalités entre générations liées à l'immigration ».

[9] Marine-anne VALFORT, « Discriminations religieuses à l'embauche : une réalité », rapport pour l'Institut Montaigne, Paris, octobre 2015.

第19章 同化／統合、過大評価された議論

[1] François HERAN, « La démographie et son vocabulaire au fil des siècles : une exploration numérique », *Population et sociétés*, n° 505, novembre 2013, ainsi que « Les mots de la démographie des origines à nos jours : une exploration numérique », *Population* 70 (3), 2015, p. 525-566 (en particulier la figure 28).

[2] Virginie SILHOUETTE-DERCOURT, « Parler pour consommer ? Enquête ethnographique au coeur d'un parcours d'intégration pour adultes migrants », *Revue française du marketing*, 2016, 1 (4).

[3] Michèle TRIBALAT, *Assimilation : la fin du modèle français*, L'Artilleur, Paris, 2013.

[4] Nicola SARKOZY, intervention du 24 mai 2016 devant le collectif «France fière ».

[5] たとえば、滞在期間の重要性は、2009年から2013年にかけて厚生省と内務省が6100人の新たな移民を対象に行なった「新たにやってくる人々の統合に関する進捗調査(ELIPA)」によっても明らかである。

[6] 結婚による帰化や直接的な要求による帰化は除外する。この二つはここで展開する論証と問題なく一致する。

[7] 「国籍の取得は、受動的でなく自発的でなければならない」(元内務大臣ブリス・オルトフーのコメント。2015年9月13日付の『パリジャン』より。

第20章 連帯と憐れみ

[1] *Causer*, 5 October 2015.

[2] Chantal DELSOL, « L'emotion, la morale et la politique », site Figaro Vox, 4 septembre 2015.

[3] ウェーバーは、1918年11月にミュンヘンにおいて権力を掌握したスパルタクス団の若者たちを聴衆にした講演会で述べた。

[4] 最近の例では次を参照のこと。Yves MICHAUD, *Contre la bienveillance*, Stock, Paris, 2016.

[5] しかしながら、次を参照のこと。Luc BOLTANSKI, *L'Amour et la justice comme compétences, Métailié*, Paris, 1990.社会学の枠組みにおいて考えられるモデル全体における選択的な行動モデルとして、慈悲(慈悲の古い呼び方であるアガペーが使われている)の概念を本格的に扱った珍しい研究。

[6] Michel AGIER, *Anthropologie de la ville*, Presses universitaires de France, Paris, 2015.

[7] 前掲記事。François HERAN, « La société française a-t-elle besoin de l'apport démographique des migrations ? », p. 277-286.

装丁　刈谷悠三＋角田奈央［neucitora］

訳者略歴

林昌宏

一九六五年、名古屋市生まれ。翻訳家。立命館大学経済学部経済学科卒。主要訳書に、フランソワ・エラン『移民の時代――フランス人口学者の視点』（明石書店）、ブルーノ・パリエ『医療制度改革』（白水社）、ダニエル・コーエン『経済成長という呪い』（東洋経済新報社）、ジャック・アタリ『海の歴史』（プレジデント社）など。

移民とともに

計測・討論・行動するための人口統計学

二〇一九年 三月一五日 印刷
二〇一九年 四月一〇日 発行

著者 フランソワ・エラン
訳者 © 林《はやし》 昌《まさ》 宏《ひろ》
発行者 及川直志
印刷・製本所 図書印刷株式会社
発行所 株式会社 白水社

東京都千代田区神田小川町三の二四
電話 営業部〇三（三二九一）七八一一
編集部〇三（三二九一）七八二一
振替 〇〇一九〇・五・三三二二八
郵便番号 一〇一・〇〇五二
www.hakusuisha.co.jp

乱丁・落丁本は、送料小社負担にてお取り替えいたします。

ISBN978-4-560-09691-8

Printed in Japan